宁波市鄞州区

艺术教育排头兵

教育部 义务教育及普通高中
音乐课程标准研制、修订组
王安国
2019.9.22.

TOWARDS

QUALITY

ART

EDUCATION

走向优质的艺术教育

浙江省宁波市鄞州区艺术教育创新实验

王建平　仇建辉　编著

南京师范大学出版社
NANJING NORMAL UNIVERSITY PRESS

图书在版编目(CIP)数据

走向优质的艺术教育 ：浙江省宁波市鄞州区艺术教育创新实验 / 王建平，仇建辉编著. — 南京 ：南京师范大学出版社，2020.9

ISBN 978-7-5651-4700-5

Ⅰ. ①走… Ⅱ. ①王… ②仇… Ⅲ. ①艺术教育—教案(教育)—中小学 Ⅳ. ①G633.950.2

中国版本图书馆 CIP 数据核字(2020)第 159345 号

书　　名	走向优质的艺术教育 浙江省宁波市鄞州区艺术教育创新实验
作　　者	王建平　仇建辉
策划编辑	何黎娟
责任编辑	杨　洋
出版发行	南京师范大学出版社有限责任公司
地　　址	江苏省南京市玄武区后宰门西村 9 号(邮编:210016)
电　　话	(025)83598919(总编办)　83598412(营销部)
网　　址	http://press.njnu.edu.cn
电子信箱	nspzbb@njnu.edu.cn
照　　排	南京开卷文化传媒有限公司
印　　刷	江苏中山印务有限公司
开　　本	787 毫米×960 毫米　1/16
印　　张	16.75
字　　数	257 千
版　　次	2020 年 9 月第 1 版　2020 年 9 月第 1 次印刷
书　　号	ISBN 978-7-5651-4700-5
定　　价	53.90 元

出 版 人　张志刚

序 言

点赞鄞州的艺术教育

尹少淳

经过新中国70年尤其是改革开放40年的高速发展，中国已经成为全球第二大经济体。教育的整体环境和条件发生了根本的变化，对人的培养目标也进一步提高和完善。随着家庭收入不断增加，生活质量不断改善，恩格尔系数不断下降，使得每一个家庭有更多的资金用于孩子的教育，其中就包括美育。

美育已经成为国家教育方针中重要的组成部分，成为学生发展的刚性需求。中共中央、国务院以及教育部制定并颁发了多个文件，保障美育的贯彻。美育实施的力度和效度不断加大。其中，艺术教育正是美育的主渠道和主阵地。因此，美育的贯彻是各学科课程的任务，更是艺术课程义不容辞的责任。

浙江省宁波市的鄞州区，从全国范围看，应属于经济发达之地，2019年度位列全国综合实力百强区第4位。基于我们对经济发展与美育及艺术教育的相关性的理解，鄞州区也是较早地从全面发展的视野关注美育及艺术教育的地方。

在“品质教育，学在鄞州”的发展定位之下，鄞州区的学校艺术教育形成了“一校一品”“一校多品”的局面，总结出加强领导、建立机制、优化配备、多措并举、严格标准、课题引领、立足高端、培育基地、重视普及、突出重点、着眼质量、评估跟进等一系列行之有效的方法和举措，推进了鄞州区艺术教育的高速发展，形成了鄞州艺术教育的崭新面貌。

其中一个显著的变化，就是形成了一支非常优秀的艺术教师团队。这些教师热爱艺术教育工作，以创新的态度探索艺术教育的课程内容、教学方法，收获颇多，丰富了鄞州区乃至全国艺术教育的“思想与方法库”，突出了鄞州艺术教育的标杆地位。

鄞州区高品质的艺术教育工作，真正受益的是鄞州区的中小学生，更进一步说，受益的是鄞州人的艺术生活和鄞州区社会的审美发展。

鄞州艺术教育，值得点赞！

2019 年 9 月 19 日

（作者系教育部义务教育及普通高中美术课程标准研制、修订组组长）

前 言

艺术教育是美育实施的重要途径，其陶冶人之性情、开启人之心智、提升人之素养，以美促善、以美促美，促进人的全面发展。2018年9月，习近平总书记在全国教育大会上就“五育”之一的美育工作明确指出：“要全面加强和改进学校美育，坚持以美育人、以文化人，提高学生审美和人文素养。”同时，习近平总书记从坚定理想信念、厚植爱国主义情怀、加强品德修养、增强综合素质等方面提出了要求，为提高育人质量指明了方向。国家对艺术教育的重视，推进了全国各地对艺术教育及其价值的重新定位，各地也不断进行着一系列的建设与改革。在艺术教育大环境下，教育界聚焦的热点话题就是如何通过有效的、具备可操作性的方法来推进艺术教育。

鄞州是书法家沙孟海、油画家沙耆、大提琴家马友友、小提琴家俞丽拿、指挥家俞峰等艺术家的故乡，一直以来高度重视艺术教育。2018年，鄞州区入选浙江省首批艺术教育实验区。这些年来，我们责任担当，敢为人先，不断给自身以新要求，全面落实艺术实验区相关工作。一是健全管理机制，制定相关政策文件，从实际出发做好顶层设计，借助课题研究促进改革和落实，在组织、制度、资源、师资、经费、评价等方面深化艺术教育改革。二是专注于项目化的艺术教育，关注拓展性课程的实施，重视培育艺术教育基地学校和中华优秀文化艺术传承学校。三是发挥乡土文化优势，依托鄞州区隽永的人文积淀，焕发乡村艺术教育活力，打造艺术教育品牌。逐步构建一个开放包容、实验创新、多元互融的艺术教育体系，以创新的理念和稳步的实践持续生长，知行合一地走向优质的艺术教育。

鄞州区的艺术教育发展改革成果良好，特色鲜明，有许多的尝试与突破，以各种创新载体拓宽了艺术教育的渠道，涌现了一批有成效、有操作性的创新课程实施案例。因此，我们本着相互交流、共同学习的初心，编著此书，将鄞州区艺术教育的点点星光收入其中，这既是鄞州区艺术教育实验的缩影式纪实，也是一种文本式的艺术教育探讨与交流。希望通过本书能与各区域相互研究学习、互通有无，对一线的艺术教育工作者有所启示与帮助。

本书具有以下特点：一是现实性，响应国家艺术教育的相关政策和理念，符合当代艺术教育趋势；二是创新性，原汁原味地呈现鄞州区艺术教育创新实践案例；三是操作性，理论与实践结合，有一整套可操作的艺术教育实践方式；四是应用性，提供相关艺术课程及艺术教学概况，可供学习参考，迁移应用。

本书共分十四个章节，生动翔实地记录了鄞州区艺术教育的做法和经验，主要涵盖以下几方面内容。

一、渗透式的品质化艺术教育理念

鄞州区针对艺术教育制订了整体性目标，致力于打造有品质的艺术教育品牌，通过师资队伍建设、开展课题研究、品牌学校引领、探索评价体系等手段积极培育特色，以实现艺术教育方法个别化、艺术教育途径多元化、艺术师资队伍专业化。通过本书可以了解到，鄞州区重视艺术教育品质化发展，不是眉毛胡子一把抓、粗放式的发展艺术教育，而是有所选择，特色定位，精准发挥，将品质化的艺术教育理念渗透在艺术项目、艺术课程、艺术教学、艺术师资培养、艺术硬件建设等鄞州艺术教育的方方面面。从整体的架构到具体的实施，书中呈现的鄞州区艺术教育实践案例，无一不是鄞州教育人追求高品质艺术教育发展的真实写照。

二、艺术课程项目化创建的经验分享

鄞州区一直致力于培育、建设和深化艺术教育课程项目，重视在艺术教育课程中植入精神内涵、哲学思维与文化观照。随着国家文化强国要求的提出，鄞州区更加注重艺术教育的民族性特征，将历史悠久的传统艺术与创新的艺术趋势相结合，创设生活化的情境艺术课程，注重多元艺术体验，让学生感受生活处处有艺术，真正发挥艺术的审美性与社会功能性。

其一，美在于德，德艺双馨，鄞州艺术教育以德为先，我们可以在本书中读到融合美术与德育的项目课程“美·德”教育。其二，我们在书中分享了各类“传统与未来对话”的艺术项目课程，既有“脚踏实地，汲取国粹”的艺术课程：书法、篆刻、传拓、戏曲等，又有“仰望星空，面向未来”的艺术项目：纸为媒、A-plait 微电影、陶艺 3D 创客等一系列以发展学生综合能力为目的，具有综合性、启发性、前瞻性的艺术项目。其三，我们在书中呈现了鄞州区优秀艺术基地学校形成“一校一品”或“一校多品”的经验做法，还原他们是如何挖掘、整合、开发一系列既符合本校特色又有潜力的艺术项目的，“一枝独秀”的同时又可“百花齐放”，充分保障学生艺术发展的个性化与多元化。其四，我们鼓励艺术教育走到广阔天地中去，从校内走向校外，介绍了艺术公益营销空间的打造，使读者可以了解如何组织学生自主策划、营销、服务、管理校外艺术实践空间，实现自我艺术价值兑现，奉献爱心，产生自我认同感。

三、乡村艺术教育的创新案例共享

乡村艺术教育资源的相对薄弱是各地区都存在的现状，鄞州区除了保障专项资金用于艺术教育软硬件配置以外，更注重“授人以渔”。在本地资源中寻找特色，化薄弱为优势，向阳而生，小路通向阳关道。

其一，充分挖掘传统艺术这块沃土，探寻地方艺术特色，传承中华民族的传统文化，让地方戏曲——越剧唱响课堂。其二，探寻别开生面、富有生趣的乡村艺术教育新环境，让孩子可以玩味乡土，深耕情怀，在青山绿水竹林间习得一门充满艺术感的竹编好手艺。其三，鄞州孕育了众多艺术名家，乡村的孩子同样可以接触高雅艺术，孩子们可以把自己对故乡的爱用油画来表达、用大提琴奏响滨海古镇，与其他国家的同龄人共享快乐。在书中我们可以读到如何利用好乡村中广阔的艺术天地，在相对薄弱的条件下，将具有乡土情怀、朴实稚拙的艺术教育元素进行资源整合与优化，以提供给大家更多的乡村艺术教育灵感和发展经验。

书中呈现的艺术教育创新课程是鄞州区艺术教育的一个缩影，但可以提供些许艺术教育的启示。鄞州区将一如既往深入而扎实地开展艺术教育，让我区的孩子们享受到优质的艺术教育，以美储德，以美益智，以美健体，成为全面、和谐且持续发展的人；并持续打造有格局、有视野、有文化品位的艺术教育大环境，实现我们一直追求的目标——走向优质的艺术教育。

目 录

绪论

Art Education

——让艺术之花全面绽放

2015 年 9 月,《国务院办公厅关于全面加强和改进学校美育工作的意见》指出:各地要将美育作为实现教育现代化的一项重要任务摆在突出位置,认真履行发展美育的职责,将美育发展纳入政府重要议事日程。2018 年 5 月,鄞州区成为浙江省首批艺术教育实验区之一。同月,鄞州区下达了《宁波市鄞州区政府人民政府办公室关于开展省级学校艺术教育实验区工作的实施意见》,明确实施艺术教育改革试点的具体任务。为更好开展此项工作,我区教育局筹划、组建课题组,以课题研究带动艺术实验区各项工作开展:挖掘资源,整合与优化,推进各类艺术项目全面开展,带动乡土艺术教育的转型,提高艺术实验区的综合成绩,形成以"品质・项目・乡土"为特色的鄞州艺术实验区教育模式。

我区学校历来重视发展学生的艺术素养,以艺术普及和个性教育互为补充,着力促进学生艺术素养的综合提升,已形成较好的艺术特色,部分学校在区域内已取得一定成绩,这为艺术教育实验区的建设提供了扎实的基础。

随着艺术教育实验区各项课题工作的启动,我区明晰了相应的研究方向和目标:

一是构建具有鄞州特色的九年一贯制义务教育学段的高品质艺术教育体系。改革与创新,落实中小学艺术教育项目的设计与开发,重视中小学艺术教育衔接,推进城乡艺术教育整体均衡发展。

二是积极开发培育艺术精品项目。挖掘本地有特色、有优势、有影响力的教育素材,进行艺术项目的开发,创建项目基地学校及校外艺术实践阵地,通过"艺术之旅"等研学形式,实现鄞州区学生艺术综合素养的提升。

三是重视乡土艺术教育,发展具有乡土特色的农村艺术教育。提升农村艺术教育质量,促进农村艺术教育转型。

一、提艺术教育品牌质量

(一) 全方位的艺术教育体系搭建

从理论上而言,艺术教育是通过一系列相关教育活动,培养人们的审美意识和创造精神，丰富想象力，提升思维能力，提高生活情趣，塑造健全的人格，增强对艺术的感知与欣赏、表现与创造、交流与合作等方面的能力。

艺术教育家罗恩菲德说："在艺术教育里，艺术只是一种达到目标的方法，而不是一个目标；艺术教育的目标是使人在创造的过程中，变得更富有创造力，而不管这种创造力将施于何处。"过往的艺术教育趋向单一化、简单化，只重视艺术教育过程中的理性知识和技能传授，把传授专业技能技巧作为掌握知识、发展理智的根本途径。但我们都知道，艺术教育忌进行单纯的技能训练，被动接受的艺术教育在当下已经越来越不合时宜，会抵消和压抑直觉的认识作用，浪费学生原本生动的灵感与潜在的天赋，难以培养出充满艺术个性的学生，同时也限制了学生的感性思维。

我区从既有的一些艺术教育问题与矛盾出发，研究与实践并行，搭建全方位的艺术教育体系。该体系的搭建是将国家艺术教育体系与区域艺术教育体系有机融合，制定高品质的艺术课程体系、教材体系、教学体系、评价体系等。具体地说，各种平台体系搭建的基础均以学生为出发点。首先，丰富艺术类课程，将单一的课程进行有效的分类，同时结合地方特色进行进一步优化，以点带面，整合资源，实现课程的多样性。其次，结合学生身心发展规律，有针对性地选择教材，以教育部审定的义务教育教材为主，选修课程和校本课程为辅，研究其特性和规律，将一部分教材内容进行丰富，形成一个有效的阶段性学习体系。再次，整个体系中至关重要的环节是课程的实施和教学的开展。在这一环节中，要打破传统，细分教学进程，将知识结构、教学框架、内容设计、方法设计、过程设计到结果评价这一系列的进程进行合理安排，让课堂始终处于高效、和谐的氛围中。最后，结合课程开展、教材理解、教学吸收进行评价，在评价这一环节中，又可从过程、终结、展示等环节进行综合评价，让每一位学生都能发挥自己的长处，展示自己的优势。

全方位的艺术教育体系搭建，能促使学生个性潜能优势的充分发挥，促进学生个性特长和谐发展，最大限度地发挥艺术教育的作用，提高全体学生的艺术素养和审美能力，使每个学生都能感受到成功的喜悦，享受艺术课堂带来的成就感，为学生的成长搭建一个好平台。

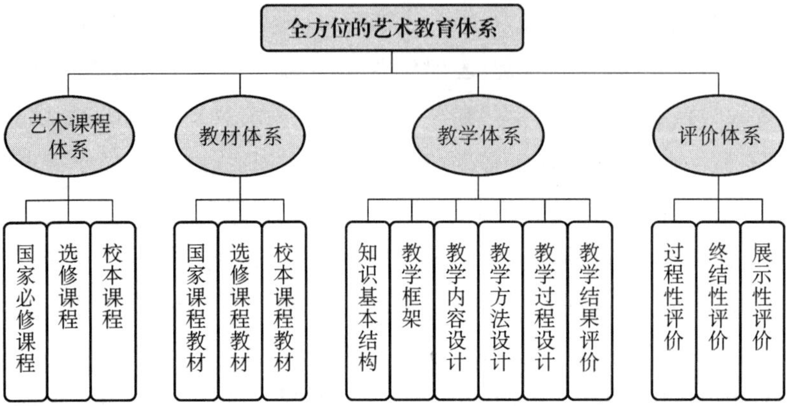

全方位的艺术教育体系

（二）艺术教育体系的特色化建设

所谓特色化建设，还是应该落实到一个地区的自有资源与特长上来设计、整合、开发、形成。首先，特色化应该体现有特点、有感触、有吸收、有提升。如果特色化的建设无法带来提升与帮助，那么就应该坚决摒弃。所以，特色化建设必须合理、规范、有准则。我们在建设特色化艺术教育体系时，不仅要涵盖国家课程，还应该充分考虑当地特点、特色。例如，名人效应带来的催化作用，地方文化带来的熏陶作用，校园文化带来的指引作用等。这些特色资源使艺术教育教学综合化程度得到有效提升，艺术教育深度融合，展示了课程设置的特色化。在这样的课程体系下，学生与课程双向选择的互动性加强，针对不同的学生，给予不同的学习角度，这又是该体系丰富、立体、多样的特色化体现。兴趣是激发学习的动力，丰富的课程设置能让学生的注意力更加集中，并以此来叩开艺术大门，为艺术教育的进程开好头，指好路。

与此同时，在教学之余，我们通过开展科学有效的教研活动，进一步促进艺术教育体系特色化的建设。每位课程设计者都带着对整堂课的设计进行教研活动，大家各抒己见，在取长补短、畅所欲言的教研活动中汲取精华。通过教研活动，使每一堂课的设计都围绕着学生的成长和发展，大家共同构建出一堂堂学生喜爱的艺术课，逐渐形成特色鲜明的、学生喜爱的、共同发展的特色化艺术教育体系。

再者，开展好常规艺术课程之外的艺术活动，也是艺术教育体系特色化建设的重要一环。可以从各个传统节日入手，也可以以学校设定的活动为契机，开展好每一次传统节日和活动中的艺术类项目，组织好绘画、表演、歌唱、书法等一系列活动。通过这些精彩丰富的活动，展示学生技能，增强学生自信，丰富学生课余生活，使校园艺术教育特色更加鲜明。

除此之外，进行以提升艺术教学体系为目标的各项改革，注重学生艺术技能、艺术过程方法、艺术情感态度价值观的培养，提升艺术教学的有效性，促进区域内学生的艺术素养品质化发展。艺术评价体系注重过程性评价、展示性评价、总结性评价，通过积极有效的课堂评价、艺术素养抽测、艺术展演、艺术展览等形式，收集艺术教育成果反馈、夯实艺术教育成效并形成艺术教育良性循环。

例如，华东师范大学宁波艺术实验学校围绕着“一校一品”特色课程及“雅教育”校园文化建设的需要，建立了一套既适合教学，又具有一定逻辑架构的“雅之韵”课程体系，设置了“雅视、雅音、雅形”三类课程，且分别呈现出各自的特色。

“雅之韵”艺术课程

“雅之韵”课程	课程内容
雅视课程	古法造纸、纸浆智造、缤纷染纸、纸版拓印、剪纸工坊、纸藤编织、衍纸部落、纸形纸塑、百变折纸
雅音课程	声乐(独唱、合唱)、器乐(钢琴、小提琴、大提琴、小号、单簧管、长笛、小军鼓、中国鼓、二胡、琵琶、竹笛等)
雅形课程	中国民族民间舞蹈、芭蕾基训、少儿原创舞蹈

该校紧紧围绕“品学优、身心健、艺见长”的育人目标，面向全体学生创设丰富多彩的艺术课程。依据学生艺术兴趣和艺术能力水平，“雅之韵”课程分为“有趣层级课程(分科施教，达成课标)、兴趣层级课程(关注个性，培养特长)和志趣层级课程(提高水准，培育精英)”，在“有趣、兴趣、志趣”三个层级中，教学内容逐步递进，呈现出各自的特点。学校实行艺术课程的走班制，学生可自己选择个性化的艺术课，实现了“人人有一张艺术课程表”！

"雅之韵"课程分层一览表

层级	课程性质	教学对象	上课形式	主要学科内容	师资
有趣层级课程	基础课程	所有学生	班级授课,分科	音乐、美术	本校艺术教师、外聘艺术教育专家
兴趣层级课程	拓展课程	所有学生	选修,年级走班	音乐、美术、舞蹈、戏剧	
志趣层级课程	拓展课程	部分学生	选修,全校走班	音乐、美术、舞蹈	

(三) 中小学艺术教育体系的衔接

艺术教育不同于科学教育和思想教育,它不是单纯的艺术知识传授或艺术技能培养,而是一种旨在培养学生审美能力、创造能力、合作意识,促进性格形成,帮助学生初步形成正确的世界观、人生观、价值观的教育。艺术教育的特点决定了艺术课堂教学所采用的方法要有别于其他学科,艺术教育更为讲究的是情感的投入与心灵的交流。中小学作为艺术教育启蒙的场所,担负着学生技能和审美能力培养的重任。小学的艺术教育重视动手能力的培养,中学的艺术教育则应侧重于审美情趣的提升。但通过课堂观察,我们发现前者往往会更吸引学生的兴趣,这就导致对学生能力的培养只停留在表面,无法真正培养其对艺术的兴趣和追求。那么如何将两者有效结合,两者衔接的作用又该如何体现呢?

想要促进艺术教育可持续发展的"长程视野",关键在于找准中小学艺术教育体系的连接点、共同点,加强中小学艺术教育的互动和衔接。在小学阶段,可以选择性地引入和渗透一部分初中的艺术课程,例如,可以邀请中学的艺术类教师进行互动教学,讲解中学课程中相对较浅或者与小学课程有所关联的内容,特别是选取一些培养审美能力的艺术课程,进行适当的适应性教学,密切观察小学阶段学生对初中课程的接受程度以及体验效果,这在一定程度上可以保证中小学艺术学习过程无明显"断层"。再比如,可以组织中小学学生共同创作作品,积极组织各类、各级、各年龄段之间的活动,让中小学学生彼此交流想法、双向互动、共同探讨、互相分享。

通过中小学学生的交流与互动,加上系统配合,分阶段、分层次的艺术教育，使学生的艺术成长过程连续、无碍、协调发展，保证了中小学艺术教育内容的饱满和丰富。小学生对中学的艺术教育充满期待，初步认识和了解到中学艺术教育的特性，同时，在每一次活动的互相合作后，自身动手能力得到提升，审美能力也能初步建立。而中学生则能重新审视自己的艺术综合能力，激发学习兴趣，进一步提升自己的艺术素养。

基础的艺术教育可能会影响到每一个孩子的未来选择，做好中小学艺术教育的衔接，设计好每个至关重要的环节，环环相扣，让每个孩子都能沉浸在艺术的氛围中，流连于艺术的殿堂，充分感受艺术学习带来的欢乐，并指引他们走向自己所热爱的方向。

二、担美育传承与创新时代使命

（一）开发艺术精品课程

在传统意义上，艺术包括八大门类：文学、绘画、音乐、舞蹈、雕塑、建筑、戏剧、电影。艺术课程以“促进学生艺术能力和人文素养的综合发展”为总目标，让学生积累艺术知识，掌握技能与方法，能理解和尊重文化艺术的多样性，具有发现、感知、欣赏、评价美的意识和基本能力，具有健康的审美价值取向，具有艺术表达和创意表现的兴趣和意识。

根据艺术八大门类，结合鄞州当地优势与资源，各校围绕已有艺术教学经验与成果，开设了一系列艺术课程，如：书法、油画、大提琴、民族舞、陶艺、音乐剧、微电影、文创设计等，力求实现艺术校本课程与艺术社团相互补充，将艺术社团活动课程化，以点带面培养艺术人才。同时，我们着手整合、设计、培育多个有辐射引领作用的市、区级艺术教育精品项目或课程，并对有潜力、有影响力的课程进行基地化建设。

鄞州区咸祥镇中心小学以“小友友”大提琴社团为载体着力推进艺术教育。从 2014 年 3 月至今，该校不忘初心、知难而进、持之以恒，在乡镇小学艺术教育的探索实践中交出了一份优异的答卷。该校学生频频在省、市及全国各类比赛中获奖。“小友友”大提琴社团促进了马友友祖居的修复工作，推动了美国纽约 COS 乐团访华演出，更促成所在古镇成为“大提琴小镇”。

行知实验小学开展了两课时连上的校级陶艺社团——陶博馆综合体验项目。校陶艺社团开展综合体验与创作活动：制作带纽陶瓷印章、模印卡通小动物、探究“小尿娃”的原理并制作、模拟考古、陶艺 3D 打印修复、古陶瓷讲座、拉坯体验等。2019 年 5 月，学校还策划举办了“抟泥幻化”校陶艺展。

有着百年历史的越剧是国家级非物质文化遗产，是我国重要的地方戏曲剧种，也是中华民族优秀传统文化的重要组成部分，有着独特的艺术风格和广泛的社会影响力。鄞州区东南小学依托地方特色，组建越剧社团，逐步提高学生的越剧鉴赏力和表现力。几年来，东南小学“小梅花”越剧社团渐渐在其他社团中脱颖而出，精彩唱段曾作为开场节目参加了首届“相约梨园”优秀剧目展演，越剧唱段《我家有个小九妹》《穆桂英挂帅》也在央视戏曲频道播出的《快乐戏园》节目中亮相。

塘溪镇第二中心小学地处的塘溪镇有满山的竹林，为传承和发展当地历史悠久的竹编技艺，该校积极筹备鄞州区工艺竹编传承基地，并开展“基于乡土竹编文化的校本课程开发的实践研究”课题；设置专门的竹编制作室和竹编作品展览室，配备相应设备；聘请区非物质文化遗产工艺竹编传承人叶良康师傅来校指导竹编教学，优越的硬件设施与师资条件推动了校本课程的优质开发与实施。

（二）培育艺术项目基地

挖掘具有乡土特色的、有艺术影响力的人物和艺术门类，探索培育品牌特色学校，形成“一校一品”“一校多品”，带动区域整体艺术氛围品质提升，创建艺术教育培育基地学校，有针对性地展开艺术教学，并结合学生发展需求、社会进步需求及艺术发展前景，实现项目基地建设预期化、前进化和未来化。如：鄞州区实验小学教育集团的管乐与创意插画“二品”项目、宋诏桥小学的合唱培育项目、王笙舲小学的油画特色培育项目、东南小学的漫画培育项目、华泰小学的“图像创艺”培育项目等，形成各有“一品”或“多品”的百花齐放的艺术教育局面。

鄞州区王笙舲小学地处宁波郊区云龙镇，为了让农村的孩子能对接上世界美术语言，打开更开阔的艺术之门，十年间，该校不忘初心，坚持油画进校园，通过体验、欣赏、感悟、创作等环节，搭建孩子与高雅艺术的通道。学校在本校的微信公众号上开设了油画教学栏目，学生和家长可以通过手机视频进行自学，打破了时间和空间的限制，构建了立体化的学习模式，并通过自媒体将学校的油画项目推向社会，引起了良好反响。2018 年，该校正式成为鄞州区艺术教育油画项目培育基地。

传承非物质文化遗产，加强中华优秀传统文化教育，积极创建非物质文化遗产传承项目基地学校、中华优秀文化艺术传承学校、校园艺术文化示范校，寻找各校优秀艺术文化传承项目。如：姜山镇中学的竹编艺术传承项目、华泰小学的金银彩绣艺术及甬剧传承项目、宁波市第七中学的传统篆刻艺术项目、东吴镇中学的留青竹刻艺术项目、行知实验小学的陶艺传承项目等，均在优秀文化艺术传承方面做出了一定的成绩。

宁波七中开设的篆刻与传拓艺术项目，深受学生的欢迎和家长的赞许。篆刻是书法教学中重要的课程，篆刻艺术课程的开发，弘扬了民族文化，提高了学生素养。自 2004 年以来，该校已有一百余名学生在教育行政部门举办的各级各类书法篆刻比赛中获奖。传拓是将石碑或器物上的文字图案复制在纸上的一种技术，它能最大限度地还原实物原貌，对我国传统文化的传承产生了极为重要的影响。开展传拓技艺的教学，从价值层面挖掘拓片中蕴含的文化内涵，感受传统的审美理念，能拓宽学生视野，深层次推进艺术学习体验，增强学生对优秀传统文化的理解与认同。

（三）拓展校外教育资源

依托社会优质艺术资源开展实践活动，分批创建校外艺术实践基地、非遗传承实践基地，拓展学生的艺术认知；充分利用鄞州辖区已有的艺术场馆，如宁波市博物馆、宁波服装博物馆、沙孟海书学院、鄞州区非遗馆、鄞州区金银彩绣艺术馆、鄞州区朱金漆木雕艺术馆、千工甬式家具博物馆等；组建专家团队，邀请艺术家、民间艺人、高校艺术教师进校园，组建艺术家工作室及区艺术教育委员会，提升学校艺术教育活动专业化指导水平。

2018年6月,鄞州区姜山镇茅山小学的“星星音乐会”(第三季)大型合唱专场演唱会在宁波文化广场大剧院举行。同年8月,大提琴演奏家秦立巍大师公开课在华东师范大学宁波艺术实验学校举办,两百多位中小学大提琴爱好者参加了大师课。同年9月,86版《西游记》电视连续剧中孙悟空的扮演者、著名表演艺术家六小龄童走进鄞州区第二实验小学和宋诏桥小学,传承中华文化。

2019年6月18日,主题为“品质·乡土·印象”的鄞州区王笙舲小学油画作品展在李元摄影艺术馆开展,画展现场展示了50位同学的69幅油画作品,其中有8幅作品来自王笙舲小学的结对学校——香港保良局田家炳小学。另有8幅王笙舲小学学生的油画作品被送往香港,参加同年7月举行的“跨越两地的色彩之桥”油画展。画展引起了强烈反响。

为实现各校艺术资源共享,进一步推进我区学校艺术教育实验工作,让更多艺术教育项目基地和中华优秀艺术传承项目建设的成果辐射全区,促进全区艺术教育工作深入开展。我们开展了“艺术之旅”研学活动,以各校艺术项目为主题,开展丰富的实践体验课程,特色项目涵盖陶艺、纸艺、木艺、篆刻、书法、大提琴、民乐、油画等。如:荷花庄小学的翰墨之旅——书法交流项目,华东师范大学宁波艺术实验学校“纸为媒”——纸艺体验主题交流项目,春晓中学的沥粉贴金彩绘特色艺术实践课程体验活动,咸祥镇中心小学承办海滨小镇的大提琴之旅项目等。我区依据各学校的艺术特色和优势,充分发挥活动的体验性与实践性,让学生在体验中提升综合素养,全面发展。

三、促乡村艺术教育变革

(一)资源优化,提升乡村艺术教育配置

乡村中蕴藏着艺术教育的“根”与“情怀”,发展乡土艺术教育特色是提升教育品质不可或缺的一部分。但曾经的乡土艺术教育的发展往往受教学设施简陋、师资力量薄弱等客观条件限制。因此,促乡土艺术教育之变革,

要先从优化资源，提升配置做起。

第一，优化师资，确保提升教学水平。

教师是教育资源中主要的软件资源，是直接面向学生传授知识的主体，教师整体水平的高低直接影响了教育的整体质量的好坏。由于农村物质条件匮乏、地理位置偏远等问题，许多优秀的年轻教师都不愿意到农村或偏远山区长期任教；加之，农村教师相比于城市教师缺少良好的竞争氛围与更紧迫的教学节奏，对教学工作的研究、个人素养的提升等方面不紧不慢，不够重视。这就形成一个矛盾体，年轻优秀的教师不愿到农村任教，农村大多现任教师也不能对教学工作做到专业化、创新化的指导。乡土艺术教育的变革需要一批优秀的引路人。一方面，要提升农村师资力量，开展城乡艺术教师交流，优秀教师下乡支教等活动，优化师资队伍；另一方面，加大扶持力度，开展农村教师教育培训，提供提升平台，助力教师成长。

第二，加大财政投入经费，优化客观办学条件。

从近几年的农村基础教育的发展状况来看，学校艺术教育设施已得到不断完善，但相比宁波市区和其他一线城市学校的教学设施，就显得匮乏了许多。城区学校的艺术功能教室各有分工，国画室、书法室、手工坊、合唱室、舞蹈房等一应俱全，艺术教学资源与材料准备齐全妥当，学生的艺术学习体验远远高于只有两个综合艺术教室的乡村学校。现如今，虽然国家财政对于基础教育的重视与投入一直在不断提升，但农村基础教育的经费投入仍然处于较低水平，有限的教育经费可能更多地被用于城市的基础教育，“巧妇难为无米之炊”，艺术教育的发展离不开资金的投入与支持。乡村基础艺术教育水平本来就低于城区水平，客观条件的限制与物质资源的匮乏则将这种差距拉大。因此，更要花大力气提升乡村艺术教育设备设施，完善场地、器材等资源配置，让乡村学生同样享有艺术学习的优质环境。

第三，促进资源良性流动，缩小城乡艺术差距。

城乡艺术教育因地制宜，各有千秋尽展颜。城区艺术教育能借助优质的教学配置，给学生更良好的学习体验；乡村艺术教育能凝聚当地特色，传承优秀艺术项目。城乡艺术教育间的流动，可促成互补式的艺术教学模式，带动乡土教育高速变革。我区积极开展“艺术之旅”等研学活动，根据各校的艺术教育基地或中华优秀艺术传承项目特色，有针对性地选择 1～2 个适合成班制开展的艺术类实践项目，通过游览、授课、实践等方式开展艺术教学。该研学活动采用校内艺术项目与校外艺术实践互为补充的教育模式，可带动区域内教育资源良性流动。优质平台的搭建，又能促进地方文化特色进一步向高效化、具体化发展。通过相关举措可以缩小城乡艺术教育差距，促进城乡艺术教育均衡发展。

（二）因地制宜，挖掘乡土艺术教育资源

相比城区学校，乡村学校由于受客观条件限制，教学设施不够齐全、优质生源数量较少等因素都导致了乡村艺术教育的止步不前。在完善硬件设施的同时，乡村教育可以把握得天独厚的自然资源并另辟蹊径，将可遇不可求的自然财富与艺术教育相融合，因地制宜，变革乡土艺术教育，走出“教科书是唯一课程资源”的思维定式，引导学生走向自然、认识自然、利用自然，开“源”建“库”。

第一，抓住乡村地域特色，寻找独特的艺术资源。

“大自然是最好的老师！”广阔的乡村是一个取之不尽的艺术资源库，我们应该多引导学生留心观察、体验脚下的土地，学会摄取身边的画面，感知身边的风景。美丽的田野、农家小院、小桥流水、古树青砖、野草花木、瓜果蔬菜、鸡鸭牛羊都可以作为观察和描绘的对象。带领学生实地体验，取身边的景，告诉他们观察的方法，让他们观察多姿的生活，体验生活的美丽，感受生活的快乐，用自己的真情实感去描绘生活、创造生活。只要留心，丰富且生动的艺术教育资源就在脚下，就在身边！

第二，把握乡土地域特色，引自然资源进课堂。

乡村学校能投入在艺术教育中的资金不多，艺术教育材料、资源远不及城市学校。但只要细心，就会发现身边有许多取之不尽、用之不竭的天然艺术教学材料：树叶、鹅卵石、竹子、陶土、稻草……把这些唾手可得的实用材料作为艺术教学的教具和学具引进课堂，不仅能够因地制宜地发展地域特色，更能让学生感受家乡文化，更好地追寻艺术世界的“根”。

罗丹曾言：“生活中不是缺少美，而是缺少发现美的眼睛。”把美丽的自

然与富有创造力的儿童艺术教育融为一体，既丰富了艺术教育内容，也促进了乡村艺术教育发展。乡村学校利用石头资源开展石头画实践，以石头画表现乡村风景，真正在实践感知中描绘生活；利用自然陶土资源，学习传统陶艺制作，传承传统文化和手艺；利用当地民歌民俗，学习传统歌唱技法，开辟独特歌唱道路……实践证明，留心加细心地利用乡村人文、自然资源，开展富有乡村特色的艺术教学活动，不仅使乡村艺术教学独树一帜，充满活力与生命力，还提高了孩子们欣赏美、感受美、创造美的能力，是开展乡村艺术教育改革的重要方法。

第三，挖掘地方历史，转化成艺术教育资源。

每一方土地都蕴藏着独特的历史文化，梳理与挖掘地方文化特长与艺术人物，将其转化成具有本土性、生活性和多样性的乡土艺术教育资源，为乡土艺术教育实现高品质发展助力。如著名大提琴家马友友先生的故乡——咸祥镇，当地小学开展大提琴特色教学，承办海滨小镇大提琴艺术之旅项目，发展当地大提琴特色；塘溪镇第二中心小学探访地方名人故居，考察当地竹制家具的普及和传承，并结合竹林资源开展竹艺巧编课程，传承“非遗”文化等。我区充分挖掘具有乡土特色的、有艺术影响力的人物和艺术门类，开展品牌学校建设探索，积极培育学校特色，实现乡土艺术教育特色引领与升级转型。

（三）以点带面，促进乡土艺术教育转型与发展

由点切入，发展乡土特色的艺术教育，用身边的艺术感染学生，提升大部分学生艺术学习的兴趣与效率，带动学校整体艺术氛围的发展，打开乡土艺术教育转型的局面。

校内以艺术兴趣小组为着力点，从小范围入手扩大艺术影响力，加强校园艺术渗透力。再通过举办校园艺术展览、音乐品鉴会等，将艺术教育的丰硕成果展现给校内师生，用情感熏陶带动校园艺术教育的整体化、规模化发展。在当地学生整体艺术素养提升和学校艺术特色氛围形成的基础上，以艺术展示、艺术宣讲、音乐演出、作品陈列等形式，对当地乡村艺术氛围产生辐射、引领作用。以点带面，由浅入深，促进乡土艺术教育全面化、深度化

发展。

如咸祥镇中心小学2014年成立“小友友”大提琴社团，根据学校的地域文化特色编写大提琴教材《琴韵》。在聘请专家进校做讲座时，邀请家长参加，以学生的学带动家长的学，以家长的学带动乡镇整体艺术氛围的提升，共促乡土艺术的发展。又如塘溪镇第二中心小学结合自身地理优势，开展“基于乡土竹编文化的校本课程开发的实践研究”课题，传承和发展工艺竹编技术，营造竹文化校园，使竹编工艺在全校师生中得到普及。学校还设置了专门的竹编制作室和竹编作品展览室供学生、家长、来访者参观并了解竹编文化。2014年，学校又集中力量，选派专人对博大精深的竹文化进行深入研究，编写出《访竹》一书，参考书本，在教学中做到“点面结合，多方渗透”，利用40分钟的竹文化课堂对全体学生进行竹编文化知识的普及，用“一书”带“一校”，促进全面发展。在注意校内发展的同时，充分利用家长、村落、媒体等力量为学生创造出更丰富的活动形式，给他们更加广阔的展示空间，为乡土艺术教育添砖加瓦。

四、铺艺术教育均衡发展道路

(一) 促进城乡艺术教育交流融合

以城区艺术之光点亮乡村。以城乡学校结对发展为抓手，打破农村学校艺术教育封闭发展格局，采取艺术联盟、学校艺术活动结对等形式，遴选一批城区中优质的艺术基地校(艺术项目)与乡村学校、薄弱学校、新建学校结对，实行跨城乡“一对一”结对发展。

用乡村艺术元素反哺城区艺术教育。利用好乡村中广阔的艺术天地，将具有乡土情怀的艺术教育元素，通过资源互换，丰富与补充城区的艺术教育，提供更多的艺术教育灵感和艺术教育发展视角。

加大城乡艺术教育科研融合力度。设立艺术研究相关课题及各类子课题，通过课题研究带动城乡之间艺术教育联盟综合发展，持续推动区域艺术教育联盟常态化、科学化、合理化。

(二) 加大乡村艺术教育扶持力度

以优质资源辐射为依托,打破优质教育资源独享格局。通过科学论证,在充分尊重学校意愿的前提下,探索契约制学校委托管理创新模式,坚持以县域互动联盟为基本框架,充分发挥名校和优质学校的示范、引领、辐射功能,分层次、有重点地推动名校领办薄弱学校、优质学校托管农村学校,大力实施优质教育资源远程推广计划。

在经费和政策方面给予乡村艺术教育更多的支持。设立教育互动发展、教育体制改革试点、名校集团发展等专项经费,多形式奖励在互动交流中做出贡献的学校;在提拔任用、职称评定、评优评先等方面给予到农村支教的教师政策倾斜。

建立优化管理系统,实现长期可持续扶持。紧紧围绕“促进教育理念、管理方式、人员力量多元融合”目标,通过建立“一对一”“一对多”和“多对多”艺术教育联盟互动发展关系,创新探索“以区县联盟为框架、学校结对发展为基础、干部教师交流为核心、优质资源辐射为重点、现代信息技术为支撑”的城乡艺术教育融合发展模式,积极构建“区域整体联动、学校结对发展、人员异地交流、优质辐射帮扶、资源共建共享”的教育联盟格局,有力推动区域艺术教育共进、城乡艺术教育融合发展。

(三) 均衡配置城乡艺术教育资源

实现艺术教育资源均衡配置,一方面要通过调配,缓解全区城乡间艺术教育发展不平衡;另一方面要创造条件,提高乡村艺术教育资源自我挖掘的能力,加快乡村艺术教育发展步伐。保证乡村学生同样享受到学校及周边较高配置的艺术文化教育资源,积极完善乡村中小学艺术教师队伍配备、管理和素质提升,使乡村艺术教育在硬件、软件上均得到切实保障。

区教育、文化等相关部门还积极拓展乡村学生校内及校外活动,在生源集中的地方开设第二课堂,邀请城乡学校结对,定期交流沟通,互相学习。组织丰富的活动,让全区城乡学生一同感受艺术教育和传统非遗文化的魅力。组织艺术教育志愿者下乡开展校外艺术教育,将图书、文艺表演、非遗项目等送到基层，让乡村学生有更多接触艺术教育和文化熏陶的机会。

注重结果监测，通过校际均衡监测、城乡艺术教育一体化监测等方式，全面、科学、及时地评价和反馈区域义务教育均衡发展情况。每年对艺术教育相关评价性数据进行监测，通过数据统计和不定期的抽查，形成均衡监测体系，通过该监测体系可发现区域内不同学校之间、城乡之间的艺术教育差距，以及差距大小和变化趋势，以便于精准扶助弱势学校及其弱势方面。以监测结果为依据做出预警或提出行政干预措施、建议，形成推动教育均衡发展的持续动力。

第一章

Art Education

教师培训——打造艺术教师队伍发展新高地

宁波市鄞州区教育局

艺术教育,教师先行。教师的发展能有效地促进学校艺术文化和学生艺术素养的提高,进一步提升艺术教育发展水平。在艺术教师队伍专业化建设中,转变教师的思想与认知至关重要。为了高质量推进浙江省艺术教育实验区工作,宁波市鄞州区从区政府层面组织实施中小学艺术教师高端培养工程,着力打造一支高水平的艺术教师队伍。

针对艺术课程的教学要求,鄞州区一方面通过优秀课程资源的引入、学习、交流和共享,让艺术教师增长见识,针对艺术课程教学中的问题大家集思广益,寻找有效的解决方法;另一方面,通过举办各种形式的艺术课程培训活动,如艺术课程教学研讨会、艺术课程教法创新研讨会、艺术课程资源开发研讨会等,让艺术教师多参与、多实践、多反思、多吸收,解决艺术课程教学中遇到的难题,并结合展示、赛课等激励性活动,让艺术教师们展示自己的教学水平,共享对艺术课程的理解,实现教师间不同教法的互相借鉴。此外,加强区域内、外艺术课程教学交流,让艺术教师走出校门,学习其他学校的优秀教学经验,拓宽艺术教师的教研范围,让更多的教师从艺术课程教学实践中获得进步。

一、理念的开阔与理论的建构

新时代的艺术教育之路坚定而自信,艺术教师的培养之路更是百舸争流、筑梦扬帆。为打造艺术教育强区,2019 年 1 月 4 日,借鄞州区获得浙江

鄞州(省艺术教育实验)区中小学艺术教师高端班开班仪式

省艺术教育实验区的东风，在区教师进修学校，鄞州区中小学艺术教师高端班隆重开班。该培训项目中，参加的学员由全区艺术教师自主申报、学校推荐、区教育局审定后发文确定，成长导师由省特级教师周琦和周信达老师担任。

高端班的第一阶段培训以专家学术讲座为主，学员们在聆听讲座的过程中，领略当今世界艺术教育的先进理念，追寻全面发展的核心素养的时代脉搏，探讨艺术课堂教学的有效策略与路径。

(一) 知名专家解读核心素养的理念

核心素养的提出，顺应了国际教育发展的趋势，也顺应了时代的发展要求。学校教育应更关注社会，引导学生解决现实问题，帮助学生形成解决21世纪社会中各种复杂问题的能力。美术学科五大核心素养，即“图像识读”“美术表现”“审美判断”“创意实践”和“文化理解”。基于美术学科核心素养的美术教学，旨在把学生培养成具有审美意识、创造能力和生命灵性的人，是借助视觉形象的方式，陶冶学生的审美情操，辅翼道德，帮助他们成就职业梦想，追求人生幸福。

主题式学习是学生围绕一个或多个经过结构化的主题进行学习的一种学习方式。在这种学习方式中，主题成为学习的核心，而围绕该主题的结构化内容成了学习的主要对象。主题式学习的前身可追溯至20世纪60年代的医学院教育，但其理念则源于杜威进步主义学派所强调的“做中学”学习方式，并以活动、专题及解决问题等方式作为学习的主轴。

教育部《普通高中美术课程标准》《义务教育美术课程标准》研制组组长、首都师范大学博士生导师尹少淳教授，在高端班上所做的《核心素养取向的学习常态——主题式学习》讲座中，以全流域的思维，从教育家杜威出发最终又回到杜威，幽默风趣地解读核心素养的背景、发展及意义。通过大量案例解读现阶段美术教育应改变的固有思维，用科学的态度讨论主题式学习的重要性，阐述主题式学习的含义、作用、特点，通过与其他学习方式、国外美术教学课程的对比等提出新时代美术教学的新观念。尹教授认为我们的美术教育要将知识与技能放在任务情境中去学习，通过主题—问题情境—设置学习目标—选择知识—获取知识技能—运用技法—评价，将问题放在情境中的学习，才是有用的学习。

学员们静静聆听、细细领会主题式学习与落实美术学科核心素养的关系、作用及意义，将原本一知半解的美术核心素养知识梳理清晰，认识到核心素养的设立背景、发展与意义。教学不应是纸上谈兵，而是能做到授人以渔，让学生学会在不同情境中选定学习目标，获取并运用知识技能，使美术教育生活化，更具活力。

当前美术教学发展倡导用问题引发探究，以探究促进深度学习。然而现实美术教学中课堂问题是否都有用？所谓的探究是否是真探究？如何创设问题的情境，才能走向真探索的美术学习方式？

“变化”这个词就是核心素养的来源。时间的流逝，时代的发展，生活的日新月异，同样，教育也在发生着变化，核心素养由此而出现。教育部《普通高中美术课程标准》《义务教育美术课程标准》修订组学术秘书、首都师范大学美术教育系副主任段鹏博士在讲座中提到，时代在进步，社会在变化，美术学科也处在不断更新和嬗变的过程中，艺术至今没公认的定义。段博士在讲座中分三个部分为我们解读了核心素养：一是核心素养美术教学提出的关键背景；二是核心素养本位美术教学方法建议；三是基于核心素养的美术教学案例分享。段博士从中西方美术史的发展出发，通过科技和艺术的对比，用“剃头”“理发”“美发”比喻“双基时期”“三维时期”“核心素养时期”，生动形象地向学员们讲解了为什么我们需要核心素养下的教育，其实这就是从最开始基本的“物”需要到现在的“人”需要。通过段博士的解读，学员们拨开云雾看清了缘由。

此外，段博士也把三个时期下的美术教学案例进行逐一对比，使学员们直观明了地领悟核心素养的美术教学是怎样的，段博士用核心素养形成路径图来展示核心素养的美术教学应是如何建构的。

结合《千里江山图》课堂教学案例，段博士指出，在“双基时期”老师们可能会直接简单粗暴地抛出《千里江山图》，让学生们记住这幅作品；在“三维时期”老师们会这样抛出一个问题：《千里江山图》美在哪里？但最后在教学中仍然回归以老师为主体的课堂；而在“核心素养时期”，老师会创设一个情

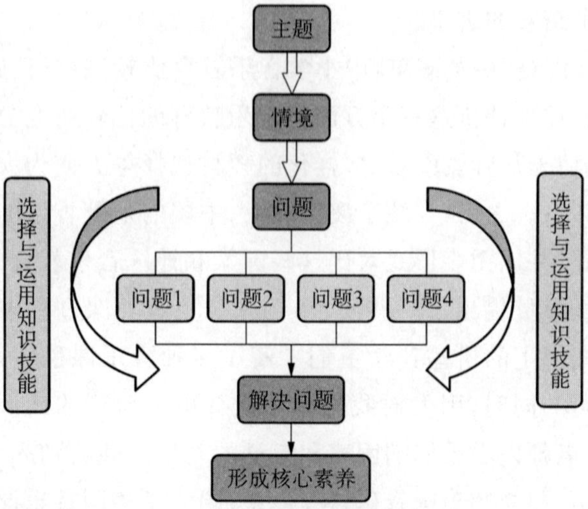

核心素养形成路径图

境，让学生提出问题，比如说：前段时间故宫博物院展出了《千里江山图》，老师排了3个小时的队只看到了5分钟，这样做有必要吗？提出这样一个具有争议的问题让学生去思考，这类问题的答案是多样的而不是刻板单一的。接着，让学生一个个解决接下来的问题，对这幅画进行探索和深入赏析，这样核心素养所要求的解决问题的能力就会在学生身上显现。

很多老师都有个疑问，怎样的美术教学才是核心素养下的美术教学呢？教师在平时的课堂教学中该怎么做？在讲座中，段博士提供了答案，即“发现问题—分析问题—解决问题”。核心素养的培养就是在解决问题的过程中被逐渐强化的，而美术教学下的核心素养除了传授学生学习知识和技能，更多的是让学生形成一种自主探究的学习能力，找到解决问题的方法和途径。当然，前提是老师也需要有发现问题的能力而不是单纯的提问。

（二）介绍国际课程体系和评价指标

在国际视野中，音乐教育的改革和发展有哪些优点，我们应该怎样参考和借鉴？针对以上问题，英国UCL-IOE（伦敦大学教育学院）音乐教育哲学博士、香港教育大学RCTCO研究中心副主任杨阳教授和香港教育大学在读博士、美国波士顿音乐学院音乐教育硕士张乐瑄老师为鄞州区音乐教师带来了精彩的讲座。

杨阳博士围绕“中英澳美：中小学音乐教育比较”展开话题，从课程系统、教学模式、评估评价这三个方面将音乐教育的比较研究分享给在场学员。首先，杨博士从师资配置、多样化的教材选择等方面为大家介绍英国的音乐课程体系。之后，介绍了澳大利亚、中国内地及香港的音乐教学宗旨与课程设置，并以图表形式对比这些国家和地区音乐教育的核心要素，同时也对在场学员提出了一些要求，例如要注重上课过程中的情景化和体验感等。杨博士的讲座让学员们了解了多种音乐课程体系，使学员们拓宽教学视野的同时，引发对我国音乐教育更为深刻的认识和思考。紧接着，张乐瑄老师以学员们的困惑和自己的教学实践为切入点，分享了自己的教学经历，并介绍美国音乐课程体系，阐明了美国音乐课程评估评价标准化、规范化、权威化、可更改化的特点。对于学校音乐教室的设计，张老师根据美国的音乐教育现状以及自身的实践经历，认为应当勇于改变传统的空间布局模式，可将音乐教室进行区域化分割，如分为活动区域、听讲区域、合唱区域等。张老师鼓励学员们对于音乐课程的改革应当充满自信。

讲座之后，鄞州区名师郭瑾带来了一堂一年级的综合课《法国号》，杨博士对这堂课进行了精彩的点评。随后，针对省特级教师、区音乐教研员周琦老师负责的“小学低段音乐要素行为目标体系的重构与实践研究”课题，讲座专家与我区教师一起进行了深入的研讨。杨博士认为该课题的实践研究走在了全国音乐教育的最前沿，打破了传统音乐课单一的教学模式，大大提高了学生学习兴趣，提升了学生的音乐素养。最后，杨博士强调：在音乐教学的过程中，我们要多关注音乐课程内容的多样性、音乐教学途径的灵活性、学习评估系统的有效性以及音乐学习成就获得的特殊性，而这些也正是我们在实践过程中需要不断协调的难题。

（三）正高级特级教师的经验分享

中国美术家协会会员、宁波市美术家协会油画艺委会副主任、正高级特级教师骆建钧老师，结合多年来艺术创作和艺术教育经验，给鄞州区的教师带来了关于审美力培养的精彩讲座。讲座期间，骆老师用轻松幽默的话语营造了愉悦的氛围。首先，他从审美力的重要性着手，提出审美力也是一个人的核心竞争力，缺乏审美力的人，容易缺乏礼仪感、没有情趣、内心贫瘠而麻木；而有审美力的人，即使环境艰苦，但精神丰富，能够在平凡中发现美，也会充满情趣。接着，他又对"美术到底学什么"这个问题进行分析，讲解了从技能到知识再到三维目标（情感），形成核心素养，最后培养审美核心竞争力的过程。之后，骆老师又从"怎样提高审美品格"的角度，建议学员们学习形式美的基础理论，关注和研究现代美学，欣赏一流作品、鉴别低俗作品，从而提升审美能力。最后，骆老师就"审美力提升怎么教"的问题，以"画线条"为例展开论述。他认为，教学中应引导学生切莫从技法角度描绘线条，而应从情感出发，用不同粗细、力度、曲直的线条来表达自己的个性、态度和想法，把心灵的感受转化为线条和图像，并且要让学生不断地画，画得越复杂越好，把简单变为复杂，培养学生的观察力，激发他们想画、并且能不断画下去的动力。骆老师还与学员们分享了他保加利亚之行的见闻，对比了国内外画家对艺术表现的不同态度。

浙江外国语学院美术·文化创意研究所所长洪复旦教授对当今素质教育中美术与美术教育的现状进行分析，解读了社会对美术的误读，提出美术的根本是要回归生活，让生活更有力量。洪复旦教授就"美术是什么"展开对比分析，他认为美术不再是"纯艺"的概念，西方人称其为现代艺术而非现代美术。我们可以通过欣赏中西方的画作和新形式的作品，感受美术的独特力量，只有关注美术学科本体，才能更好地感受美术，发挥美术的独特魅力，用美术的力量改善我们的生活。

二、教学技能与教学研究双修

在前沿高端理论学习与研究的璀璨星空下，鄞州区中小学的艺术教师们仍不忘脚踏实地，他们一手拿画笔，一手拿粉笔，教学探索与技术实践双向同修，创作和教学双翅共振齐飞。

（一）教学基本功指导

在美术高端培训班上，中国当代水墨艺术家陈凌广教授热情洋溢地向学员们阐述延绵数千年的中国水墨艺术是如何向世界展示东方人文理想与魅力的。他认为艺术会渗透进人类精神的深层，水墨画也不例外，审美文化是社会矛盾的精神反映，也是促进历史变革的力量，在讨论“什么是水墨精神”时，必须确立哪些艺术精神是具有积极意义的。“水墨精神”内涵包括了集体无意识的民族情绪、怀旧情结、历史记忆，在中华文化遭遇现代文明的矛盾与危机时，它起到了精神慰藉的作用。道家重“心”略“物”的思想，奠定了中国山水画甚至整个中国传统艺术重表现而轻再现的美学观念。当代艺术的火热场面，无形中也导致了中国现代水墨艺术领域的主要观点形成，即中国当代水墨如果要参与全球性的文化交流，就必须将中国传统水墨画系统内部的问题转换为对现代艺术与当代生活的研究。

陈教授运用大量案例分析了西方美术史的发展历程，使在座的学员们领悟到中国绘画在适应全球化发展的语境中，应如何保留自身特点的同时不断融合其他的绘画要素。

在接下来的教学环节中，学员们在陈凌广教授的水墨画示范中感受到了他独特的艺术观，同时也打破了自身对传统中国画的固有认识。学员们跟随着导师的演示，全神贯注地创作，经过线描、泼彩、渲染、勾染等步骤，一幅幅富有生命力的作品跃然于纸上，散发着夺目的光芒。陈凌广教授还悉心为每一位学员提供了优化调整方案，特别对色块深浅的分配以及画面虚实的表现进行了讲解和示范，学员们从中得到了新的领悟，再次调整画面细节，最终使水墨画作品呈现出强烈的艺术性和当代性。该

高端班学员培训时创作的水墨画作品

课程更是将培训推向了一个新的艺术高度，学员们进行了一次水墨画的实验性尝试，体验了水墨画中综合材料的运用，更新了对中国传统绘画的观念。

中国美术家协会会员、宁海县美术家协会主席、宁海县美术教研员陈滨老师带领工作室成员给美术高端班老师进行了中国画的创作指导。通过分组面对面示范的方式，导师们分别对山水和花鸟小品创作进行了详尽、耐心指导。短短的一天时间里，每一个学员都顺利且高质量地完成了作品，有山水小品、写意荷花、工笔草虫、白描蝴蝶等。陈老师对学员们的每一件作品都提出了宝贵的建议。

学员们在导师们的引领下研修精进，专业水平和综合素养都得到了全面的提高。

（二）公开课与专家点评

在推进核心素养教育理念趋势下，要以立德树人为根本任务，通过以美育人，引导学生以自主、合作、探究的方式参与美术学习，学会在现实生活情境中发现、提出和分析问题，综合运用美术学科及跨学科知识与技能解决问题。艺术教师需要站在教育的终点去思考教育的起点，关注学习的目标，以学生为课程设计的重心，根据学生的学习和理解来思考整个课程与教学。

段鹏博士的《追求理解的学校美术教育》讲座，阐释了核心素养理念下的美术课程目标，让我们明白“理解”的真正内涵，同时，讲座中呈现的各种丰富而又鲜活的实例，让一线教师们明白若想要课堂成功，必须不断站在学习者的角度，理解学生在学习上的困惑与困难，并通过精心设计的教学环节，使学生的能力获得发展。

在公开课环节，瞻岐镇中心小学的李力人老师展示了一堂二年级的美术课《潺潺的小溪流》。李老师先从撕纸游戏开始，趣味导入，然后通过视频让学生用线条区分缓慢的小溪水和湍急的小溪水，并欣赏齐白石的作品，让学生在名家作品的指引下，循序渐进地通过撕、贴、画，感受美术学习的趣味。

宁波市“晨风奖”获得者、宁波华茂学校袁翊老师的《动漫魔力》一课，通过有趣的自编故事引入动漫表情的学习，进而利用计算机软件来进行绘画创作的练习和展示，过程中学生不时发出开心的笑声，寓教于乐地掌握了拟人的绘画手法并收获了知识和技能。

余姚美术骨干教师张狄青老师带来了《会说话的图》一课。张老师生动幽默的语言让整节课都生动活泼，他从安全标识的基本形状、基本色彩、图形符号的设计入手，让学生对安全标识有了清晰的了解，再以校园环境为切入点引导学生设计，使课堂深入到了生活当中，也使学生对安全知识有了进一步认知。

课堂教学展示结束后，北京市美术骨干教师、北京市美术教育委员会委员、北京海淀实验中学李露花老师进行了精彩的点评。李老师以美术核心素养为评课的切入点，从美术课程如何富有成效地把美术素养落地、如何对美术课程进行二次开发，如何将美术结合生活进行教学等方面，结合公开课展示的课堂教学提出了建议，拓展了学员们对美术课堂认识的深度与广度，并激发美术教师对核心素养下的美术课堂进行新的思考。

追求持续理解的美术课堂，教师需要转变为理解力的教练或合作学习者。不再仅仅是内容知识、技能和行动的提供者，而是学习意义获得的检查者和学习行为与迁移的引领者；不再仅仅局限于自身经验或教科书的内容编排，而是在教学目标导向、课程标准的目标引导下，逐层分析并具体到课程单元之中，注重学生的持续理解、行为与知识迁移。将评估设计先于课程教学与设计，不仅有利于国家教育目标在课堂实践中落实，更是指向了学生学习结果的成效，对于今天我们开展核心素养下的美术教育具有重要的借鉴和参考意义。

（三）教学研究专项培训

1. 教学研究论文的写作与投稿

教学研究向来是一线教师的短板，究其原因，主要有二：一是一线教师在主观上认识不够，认为把课上好才是最重要的工作方向；二是在客观环境中，缺少架起日常教学与教学研究的桥梁，不能整合为之。殊不知，日常教学与教学研究实为一个共同体，因为基于课堂实践的教学研究才是一线教师的真研究;更因为有了研究后的课堂教学,才会更加深入浅出。

“美术教学一课研究”,即是美术课堂教学与美术教学研究一体化的课题研究,旨在让一线美术教师能通过一节公开课的教学,生发出具有个人教学特色的案例论文,并逐步积累成相关主题研究,让教学研究反哺课堂教学,从而使师生共同成长。一堂课从教学设计、教学案例到课堂实践,再到课堂教学论文的形成、课题的撰写,形成“一体化”。鄞州区教研室美术教研员、高端班成长导师周信达老师长期致力于该课题的研究。学员们在周信达导师的引领下,开始探索撰写教学研究论文。

培训中,先由王笙舲小学汤妙老师执教浙美版《美术》六年级下册中的《色彩风景》一课。根据学校油画教学特色,汤老师对该课进行了二次开发,将学校特色融入课堂,既符合了“以生为本”的教学理念,同时又和浙江省教育厅对学校拓展性课程的要求不谋而合。汤老师对文本进行了深入解读,找准了后印象主义画家凡·高以及他的《星月夜》作为切入点,对名作中的色彩和笔触进行了解析,使学生通过欣赏、探究、感悟、思考、实践等环节,掌握色彩风景的绘画技法,理解通过绘画表达自己情感的创作方式。

四十分钟的课堂结束后,参加活动的近百名学员被分成了八个小组,进行圆桌沙龙,对汤妙老师执教的《色彩风景》一课展开研讨。学员们解读本堂课的教学案例,对教学目标、重难点进行仔细研究,再选择其中环节进行详细研讨:教学环节的设计是否合理,教学行为是否解决了教学目标,对这个环节有哪些建设性建议……整个会场充满了浓浓的学术研讨氛围。

随后,开展论文撰写的相关讲座。来自嘉兴的沈永政特级教师进行了题为《基于课堂情景的论文撰写》的讲座,沈老师高屋建瓴地向学员们介绍了写论文的技能与方法,让在座的学员受益匪浅。《中国美术教育》杂志社的崔卫主编则从“教育逻辑、美术教育的逻辑、学生发展的逻辑”出发,对《色彩风景》一课的合理性、可行性和有效性进行分析,并提出了撰写成论文的独到建议,引起学员的共鸣。

高质量的论文摘要可以阐明论文大意,吸引编辑和读者,甚至直接影响着论文能否被选用。《教学月刊》杂志社的吴颂华主编,紧紧围绕“教学论文的写作与投稿技巧”展开讲解,从论文的六要素着手,介绍了题名、署名、摘要、关键词、参考文献在论文写作中的规范性和技巧性，又针对正文着重讲解了如何选题、如何写作。吴主编介绍了教学论文几种常用的写作方法，即聚焦教学案例的解剖型写作、依托教学实录的展示型写作、总结教学经验的提炼型写作、针对教学困惑的探索型写作、寻求教学改进的科研型写作。讲座使高端班学员对教学论文的写作和投稿有了更为规范化的认知，及时发现了以往写作中的问题，并在培训中准确地找到了解决方法。

音乐论文的写作和课题研究一直是广大音乐教师在专业发展中较为薄弱的环节，《中小学音乐教育》编辑部主任丁淑兰老师的《怎样的音乐投稿论文容易被录用》讲座，为提升区音乐教师的论文写作能力和论文投稿的录用率提供了建设性意见。丁主任解析了期刊的审稿流程，从与期刊方向不符、数据老、文字重复率高、一稿多投以及文章缺乏创新性等多个方面总结了常见的退稿原因，从选题、题目、摘要、引言、研究方法、数据来源与处理等多个角度讲解了提高音乐教学论文投稿录用率的策略。丁主任深入浅出的讲座，让学员们对期刊投审稿相关问题有了全面的了解，并明确了论文的写作与投稿的方向。

2. 课题项目经验分享

课题看似比论文更难操作，令艺术教师们避而远之。此次高端培训班中，在导师周信达的引领和组织下，各相关学校的教师分享介绍了各自的课题组织与实施的经验，从主题论坛中开启了基于学校艺术拓展课程开发与实践的课题研究。

首先，王笙舲小学汤妙老师分享了该校油画拓展性课程建议一路走来的心路历程，即在教学中始终尊重学生的个性发展，发挥学生的优点，让兴趣与绘画相融合。从不被看好到今天的好成绩，在艺术的这方热土上，王笙舲小学一路坚持并绽放光彩，其中的付出和努力可想而知。

紧接着，东吴镇中心小学郑军老师畅谈纸浆画，带给我们诸多启发；华东师范大学宁波艺术实验学校罗丽老师通过对学生美术课堂作业的布置与展示，将学生作品呈现出最美好的一面的方式，让我们惊艳；江东外国语小学黄雪景老师对传统国画革新，让学生体验不一样的水墨世界，引发我们思考;华东师范大学宁波艺术实验学校余应勇老师用一个课堂案例让我们了解到了"茶馆式"教学的魅力;蓝青小学徐莹莹老师介绍了本校开发的"APT"课程,原来美术课程也可以融合多元素的内容,让家校变得如此紧密,让我们眼前一亮;鄞州区第二实验小学胡蕾老师对"纸塑"综合材料运用的多个案例,让我们感受到了学生的童真童趣。

最后,宁波市四眼碶小学张挺峰老师为我们讲述了"基于儿童美术作业解析与课程构建研究",以孩子的美术发展记录为据点,阐述儿童美术发展的规律,带给我们另一番美的体验。

三、高端培训班的丰硕成果

中小学艺术教师高端班培训历时半年多,集中培训近 12 天,学员们收获的不仅是如何上好一堂课、写好一篇论文、做好一项课题研究,更是对艺术教育的全新理解和认识,走向一种研究式的教学生活。

(一) 培训促进理念的更新

新课程理念对教师已有的知识结构以及综合文化基础与素养都提出了十分严格的要求。"走向综合"是新课程改革最基本的理念,不但本学科知识要进行综合,而且学科之间,以及与最新知识发展领域、学生的社会生活经验等也要进行交叉与融合。美术不是单一的学科,而是与其他学科有着密切的联系,我们应使学生通过美术的学习,促进其他学科共同发展进步,提高学生的综合素质。

浙江省特级教师、宁波市美术教研员陶育义老师为学员们所做的题为《"综合・探索"美术学习领域的教学思考》讲座,从教学目标定位、教学方法两方面分析"综合・探索"学习美术课程的特点。陶老师首先站在全世界共同提倡的跨学科核心素养——"合作、交往、创造性和批判思维"的高度,反观"综合・探索"学习领域课程的教学目标。随后,陶老师引用中外科研资料,讲述"议题中心教学法"在"综合・探索"学习领域中的优势与实施要求,"综合・探索"学习领域的课程特点需要教师改变思维定式,寻找美术各门类、美术与其他学科、美术与现实社会之间的连接点，设计出丰富多彩的课程。结合“综合·探索”学习领域课程特点，陶老师还建议在教学过程中，要特别注重以学生为主体的研讨和探求，引导学生积极探索美术与其他学科、美术与社会生活相结合的方法，开展跨学科学习活动。陶老师认为要跳出“三个领域”看“综合·探索”，从综合的角度看“三个领域”，更要跳出学科看学科，跳出教育看教育，给了学员们很多启发。

（二）培训促进行动的改变

每一个孩子都喜欢画画，每一个孩子都想载歌载舞。毕加索说：“每一个孩子都是天生的艺术家。”然而，在民工子弟学校里，由于师资的不均衡，很多孩子的艺术兴趣和天赋，往往被埋没在学科学习中。为了让这些孩子能在艺术的世界里“探一探头”，高端班的美术教师们在培训结束后积极开展送教活动，希望通过大家的共同努力，让更多的孩子一起来享受艺术的魅力。这一送教活动促进了《关于加强民工子弟学校艺术教育的建议》的落实，进一步均衡我区艺术教育发展，提升民工子弟学校的艺术教育水平。

美术老师们的每一次送教，都与大箱小包同行，目的是让孩子们“空着手”来上课，“满着手”把作品带回家，与家人分享艺术学习的独特快乐与幸福。比如，四眼碶小学张挺峰老师在送教去朝晖学校时，从一张一年级孩子的课间涂鸦引入教学，引导孩子们剪一个对称的爱心；再剪两个爱心、多个爱心，并根据大小变化、线面搭配和正负形等方法来贴一贴，组合成爱心卡；最后运用点、线、面来画一画，装饰爱心卡。让孩子们平常的涂鸦小稿，经过美术课的学习，获得技法和形式语言上的发展，也让孩子们的心愿有了更美好的承载之物。在高端班培训期间，短短半年里，已有二十多位学员老师们参与送教活动，受教学生近千人。

（三）研究式教学培训的成果

当下的教师多面临工作烦琐机械、个人发展机会有限、教育成效滞后等问题，这些问题直接导致教师职业幸福指数偏低。我们倡导教师们过一种幸福的研究性教育生活，即善于在日常工作中发现问题，重拾教育敏感；研究教育生活中小问题、真问题的解决方法；把研究出来的设想或成果付诸实践，面对不同的教育对象检验不同的教育效果，不断改进；研究多样的成果记录方式，摘取职业成长的果实，书写幸福教育生涯。

在鄞州区中小学艺术教师高端班开班的半年时间里，学员们的素养得到极大的提升，美术高端班学员在各级各类评比中硕果累累：宁波市第七中学侯拓老师在宁波市2019年初中美术优质课评比中获得宁波市一等奖；高端班学员在区级以上立项课题13项，规划课题16项；论文在省级以上获奖或发表9篇，其中宁波市第七中学徐静老师、东吴镇中心小学钱文倩老师的论文在教育部主管的全国唯一美术教育核心期刊《中国美术教育》（双月刊）上发表，宁波新城第一实验学校屠宁老师、江东外国语小学黄雪景老师的教学案例点评也在该刊发表；江东中心小学黄颖老师的论文获得2019年度浙江省优秀教育教学论文评比一等奖；等等。

鄞州区中小学艺术（美术）高端班学员教研课题汇总表

序号	立项号	课题名称	单位	负责人
1	KT2019103	核心素养时代美术教学融合德育的实践研究	鄞州区实验中学	陈玲微
2	KT2019104	本土资源在小学美术情境教学中的应用与研究	宁波市四眼碶小学	陈瑞雪
3	KT2019105	小学教学中陶艺结合综合材料的探索与研究	鄞州区江东中心小学	黄颖
4	KT2019106	德育在美术教学中的渗透研究	鄞州区邱隘实验小学	沙巧楠
5	KT2019107	扎染工艺在小学美术教学中的创新应用研究	鄞州区学士小学	陈霞
6	KT2019108	小学美术硬纸板创意教学策略研究	鄞州区堇山小学教育集团	李霜菊
7	KT2019109	基于云空间的美术教学共同体建设研究	鄞州区惠风书院	毛佳巍
8	KT2019110	人物画创作在初中美术教学中的整合与实践	鄞州区云龙镇中心初级中学	曹瑛
9	KT2019111	“纸塑＋”综合材料校本课程创新实践与研究	鄞州第二实验小学教育集团	胡蕾

续　表

序号	立项号	课题名称	单位	负责人
10	KT2019112	农村小学"最土陶艺"三维度课程的研究与实践	鄞州区东吴镇中心小学	郑军
11	KT2019113	基于多元理论下的儿童水墨画教学的研究与实践	鄞州区塘溪镇第二中心小学	周亚军
12	KT2019114	小学美术写生教学中"三生教育"的实践与研究	鄞州区首南第一小学	周鸿辉
13	KT2019115	小学第一学段创意儿童画教学的实践研究	鄞州区云龙镇甲南小学	俞丹

鄞州区艺术(美术)教师高端班学员规划课题汇总

序号	学校	姓名	课题名称	备注
1	鄞州外国语中学	李晨辉	现代派绘画"多元创作精神"在初中美术教学中的研究与实践	区规划立项 序号 YZYS1902
2	宁波市第七中学	徐静		
3	华东师范大学宁波艺术实验学校	余应勇	缤纷染纸数字化课程建设的实践与研究	区规划立项 序号 YZGH19005
4	华东师范大学宁波艺术实验学校	罗丽		
5	宁波市四眼碶小学	张挺峰	基于儿童图式语言的水墨画教学实践研究	区规划立项 序号 YZYS1907
6	鄞州区江东外国语小学	黄雪景	小学水墨拓展课程"小墨点"的开发研究	区规划立项 序号 YZYS1909
7	宁波市李惠利小学	忻佩红		
8	宁波市镇安小学	林小桃	小学美术文创设计拓展课程的开发研究	区规划立项 序号 YZYS1911
9	宁波市新城第一实验学校	屠宁	新艺+:义务段学生艺术多元化的拓展性研究	区规划立项 序号 YZYS1903
10	鄞州区蓝青小学	徐莹莹	小学美玩拓展课程的开发研究	区规划立项 序号 YZYS1913
11	鄞州区东钱湖镇中心小学钱湖人家小学	裘琦	"色环的应用"——小学美术色彩理论教学的探索与研究	宁波市教科研立项课题
12	鄞州区潘火街道东南小学	陈林	少儿漫画微课程开发与应用研究	区规划立项 序号 YZGH18060

续　表

序号	学校	姓名	课题名称	备注
13	鄞州区惠风书院	毛佳巍	基于云空间的美术教学共同体建设研究	区规划立项 序号 YZYS1916
14	鄞州区云龙镇 王笙舲小学	汤妙		
15	宁波市新城 第一实验学校	范赡尹	“湿拓画”在小学低段美术教学中的应用与实践研究	区规划立项 序号 2018YKJ23
16	宁波市白鹤小学	毕莹	互联网背景下漫画育德的再探究	区规划立项 序号 YZGH19025

第二章 『美·德』教育——美育与德育结合理念的实施

Art Education

鄞州实验中学

近代，王国维、梁启超、蔡元培等一批国学大师和教育家倡导美育和德育融合，以健康高雅的美和艺术来拯救人心，培养高尚的人格。朱光潜明确指出“美育为德育的基础”，并强调道德的养成要从怡情养性做起。当前，《关于全面加强和改进学校美育工作的意见》明确提出，“把培育和践行社会主义核心价值观融入学校美育全过程，根植中华优秀传统文化深厚土壤，汲取人类文明优秀成果，引领学生树立正确的审美观念、陶冶高尚的道德情操、培育深厚的民族情感”，进一步明确了学校美育与道德人格培养的内在关系，从国家层面高度重视美育与德育的融合。

教育的本质应是造就真善美之人，这也是立德树人的目的所在。落实立德树人这个根本任务，把握美育和德育是关键。鄞州实验中学自建校以来，以“因性育人·厚德自强”为办学理念，坚持美育和德育相结合，提出了“美·德”教育的理念，并和学校的办学策略——德育导师制、全面课程制、多元激励制等相结合，“美”与“德”相辅相成，力求培养整体素质好、活动能力强、发展后劲足的品正学芳、多元发展的初中毕业生。

2017 年，鄞州区出台浙江省首个《中小学生习惯养成学段重点目标》，将九年义务教育阶段分为小学低段、小学中段、小学高段和初中段四个阶段，学生需要遵守学习习惯、行为习惯、情态习惯、生活习惯、安全健康习惯和志愿服务习惯六个维度 80 条细则，每个年龄段都有相应的标准和考量。其中，中学生的习惯养成重点目标为鄞州实验中学落实“美·德”教育指引了方向，细化了目标。

一、导师制与“美·德”教育

中学生习惯养成重点目标

一级目标	二级目标		具体内容
一、学习习惯	1	课前准备	培养自学三能力（学案导学、同伴查验、问题生成）
	2	课堂状态	养成课堂三力（小组合作力、分类分层展示力、定向定标评价力）
	3	课外作业	优化作业三讲究（优化时间统筹，优化自主学习策略，优化思维导图整理）

续 表

一级目标	二级目标		具体内容
二、行为习惯	4	待人有礼	遵守校规校纪与公共秩序，尊重并感谢别人的付出，乐为集体活动出力，能与他人合作完成小组任务，追求高雅
	5	行为有德	尊老爱幼，尊重残疾人，尽力帮助他人，至少不给他人添麻烦；悦己乐群，积极向上，不挑拨生事，不传流言蜚语；异性交往举止有度
	6	爱护公物	能科学使用和保护多媒体设备、实验设备，能劝阻破坏公物行为，协助老师发现和修缮部分被损坏的公物
	7	保护环境	能开展环境保护调研，扩大和加深环保认知，对社会的重大环保话题做出正面响应，在家乡、社区开展环保行动，并低碳出行
三、情态习惯	8	热爱祖国	了解党史国情，关心国家时政，维护国家荣誉，增强国家安全意识，认同和传承中华优秀传统文化
	9	钟爱家乡	开展综合社会实践，调研宁波、鄞州或自己所在乡村的发展状态和发展方向
	10	关爱父母	充分理解和信任父母的爱，甘于为父母分忧，尝试帮助父母解困
四、生活习惯	11	注重仪表	不戴金银首饰，不烫发染发、不穿奇装异服，不涂脂抹粉，仪表阳光、端庄、清丽
	12	参与家务	能参与自己力所能及的家务，当父母不在家时基本能自力更生不饿肚子，能恰当招待来访的亲友
	13	合理作息	每天保证9小时睡眠；课间要保证眼睛、脊柱和肌肉的休息与调节；夏令时节能提高教室里集体午休效果，提高下午听课或晚间自学的注意力
五、安全健康习惯	14	自我认识	自主运用或求助运用心理调节的基本方法，平稳调节青春期的自我情绪和人际关系
	15	自我保护	不擅自携带文具以外的刀具和锐器进校，不参与争斗；理性上网，不轻易相信网友；对相关活动或动作能预见可能会发生的危险并有保护措施或应急预案
	16	自我锻炼	认真学做课间操和眼保健操，每天保证“阳光运动一小时”，至少掌握两项体育技能或一项体育特长，并达到年龄段体质、运动标准；正确使用共享单车
	17	自我求助	迅速、准确拨打常用的公共求助电话和重要亲友的电话，能说清现状、位置、程度，向对方提供完整信息和救助方案，并积极实施基本的自保措施，沉着冷静，机智应对；能独立参加逃生、心肺复苏演练

续　表

一级目标	二级目标		具体内容
六、志愿服务习惯	18	志愿认知	丰富志愿者内涵、风貌、能力的理解，为志愿者代言
	19	志愿体验	加入社会志愿者组织，能积极响应社会需求或团队组织召唤，参加专题性或专业性的“志愿超市”活动
	20	志愿能力	每年参加“志愿超市”需求的志愿活动 20 个小时，形成良好的服务技能和习惯

“‘薪火传扬与传帮带’‘因材施教与导师制’‘博观约取与答疑制’，尽管是教育变革中的三个场景，但却涵盖了师者之间、师生之间的关爱与新挑战下的执着。它们犹如参天大树长出的新枝，是传统在现代教育中的一抹绿意，一丛生机。”这是《德育报》对鄞州实验中学的德育导师制做专版报道时所刊登的编者按。鄞州实验中学自 2007 年建校以来即实行德育导师制，由任课老师担任班级的德育导师，一个班级配备一名首席导师、两名德育导师，形成每个学生有导师，每个教师是导师的局面。艺术教育是美育的主要途径，在注重个性化的艺术教育面前，德育导师制以其“全面育人、全员育人、全程育人”的“三全”特色彰显德育的个性化，有着传统班主任制度无法比拟的巨大优势，与学校的“美 · 德”教育有着天然契合点。

(一) 教师全员参与

朱光潜在《谈美感教育》中写道：“美育为德育的必由之路，是德育的基础功夫。”鄞州实验中学让班级的任课教师担任该班的导师，以“德育小班”的形式开展各种各样的德育、教学活动，全面关心学生的成长和发展，形成“全员育人”的格局。传统教学管理制度中，美术、音乐等艺术教师往往游离于班主任工作之外，失去了参与班级德育的机会，从而容易将美育局限于美术课堂教学之中。德育导师制向青年教师、艺术教师“下放”了班级的管理权，使他们找到自己在学校德育教育中的位置，增强了他们的归属感。所有老师都参与了班级建设，并有自己对口负责的学生，教育任务明确，可以深入挖掘学生的成长兴趣和发展方向，唤醒学生的发展需求，真正做到了“零距离”育人。

在该校美术老师陈老师在其担任导师的班级中，以漫画形式探索中学生行为习惯养成方式，经过三年一轮的实践，该班学生在美的熏陶中，提升了美术素养，发展了审美情趣，更改善了行为习惯，提升了德育实效。陈老师以思维导图为核心，将习惯养成贯穿整个德育过程。根据《中小学生习惯养成学段重点目标》中六个维度，将学生分为六大组，每组“认领”一个习惯养成的一级目标，结合思维导图，进行合作探究。以思维导图为核心，整个过程通过“知习惯，初读漫画——思习惯，了解漫画——谈习惯，构思漫画——画习惯，创作漫画——展习惯，分享漫画”这一条主线，每个环节德育、美育并存，循序渐进地开展“美·德”教育，让学生在接受美育的同时乐于接受德育。导师将学生的优秀作品不仅在班级内展示，还在学校的电子屏幕中滚动播放，展示优秀学生作品的同时，也是对习惯养成重点目标的一种宣传。

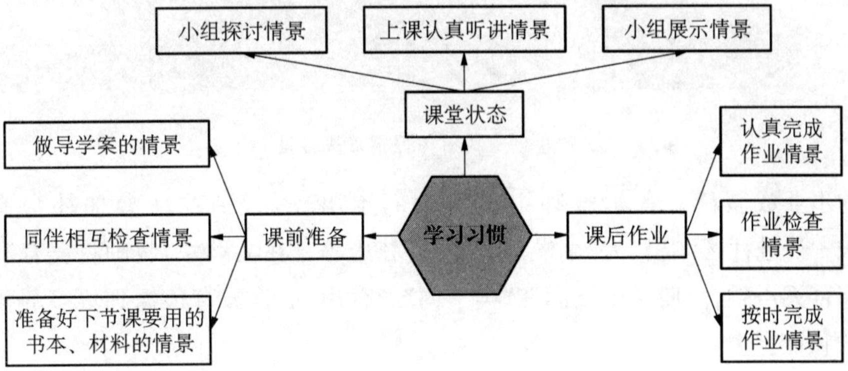

“学习习惯”养成探究思维导图

该校鼓励教师们组织策划师生共同参与的活动。如植树节制作树卡活动，学生将自己的心愿挂在树上，有的写上了文明标语，有的写上了对自然之美的热爱，在美术实践中，将美育与德育融合，还有“垃圾分类”口袋书设计、“五水共治”宣传画比赛等活动。

这类活动，既锻炼了教师在组织、策划、沟通、团队合作等方面的能力，更使教师们主动走进学生的日常生活，看到学生在课堂外的另一面，从而探索出真正适合每位学生特点的教学方式。教师能“跳出教学看教学，跳出教学管教学”，在更高层面上看待自己日常的教学工作，增强教师

学生创作的行为习惯养成漫画

的事业成就感。音乐教师组织学生们走出校门，到社区参加社会实践——进社区演出、为“小候鸟”演奏管弦乐等。在活动中，教师将美育和德育无声融合，使学生浸润在“美·德”教育中，更将教育传播到更多的孩子和社会中。

德育导师带领学生们到社区为“小候鸟”演出

(二) 关注每个学生

初中三年的学习和生活中，鄞州实验中学学生的身边总有一个导师时刻关注着他们的发展。导师承担着受导学生的心理疏导者、思想引领者、行为纠正者、生活帮助者、学习辅导者、家校沟通者的多重角色，形成“全面育人”的格局，成效显著。

给予一个人多一点关爱，或许能改变他的一生。曾经的“鄞实摄影家”金同学在初中时尽管是“学困生”，却从不自卑，因为他遇到了导师徐老师。虽然徐老师是英语老师，但同样有一双发现美的眼睛，她发掘了金同学的摄影天赋，并给予他自由发展爱好的宽容空间。金同学毕业的时候，将一个U盘交给了徐老师，里面是他三年来给学校每一个大型活动所拍摄的照片。孩子的有心和成长是对导师的最好回报。古人云，亲其师信其道。什么样的导师，就能教出什么样的学生。导师所带出来的学生在言行举止、行为习惯、世界观、价值观等诸多方面与导师都有着相似性。学生因为喜爱老师，进而模仿老师，想成为和老师一样的人。现就读于上海音乐学院的才女王同学遇到了音乐李老师，最终选择了“不走寻常路”，这样的例子还有很多。

导师关注每一个学生，关注每个学生的多个方面，不放弃每一个学生，特别是当一些学生出现了行为偏差的时候，导师们会像父母一样不离不弃。部分来自单亲家庭、重组家庭的学生，他们在家庭中得不到或者缺少关爱，导师会给特殊家庭的孩子更多的关爱，保护他们更为脆弱的自尊心。

导师在学习上、生活上、思想上等全方位地关怀学生，经常与学生进行谈话沟通，有计划地、有意识地对他们进行了解和指导，并适时组织集体活动，使教育能如春风化雨般润物细无声，导师成了学生可信赖的朋友，同时也让“美·德”教育变得更加具体、更加亲切而有效。

(三) 九年全程贯穿

鄞州实验中学的德育导师从七年级起确立，一直贯穿初中三年，全过程关注学生的成长，形成“全程育人”的格局。传统艺术教育往往采用师徒制，其优点一是感性与实践性相结合，二是德行与人性相融合，徒弟在学到艺术技艺的同时，也学会了做人。全程育人与师徒制有着某些天然的相似，师生一结三年，全程相处，缔结"师徒"般的深情厚谊，导师制的全程育人，还伴随着师生之间、生生之间的"传帮带"。除了行政班级的德育小班之外，该校还探索形成以社团为主要形式的跨班、跨年级混龄编制的德育小班，社团的指导老师就是他们的导师，也是他们的"师傅"。在新老成员之间，老带新、手把手，让技艺流传，更让感情交融。除此之外，该校还针对性地设立了一系列主题活动，在集中的活动中，促成"美·德"教育的不断渗透。

该校从"处世、处事、立身"的三维目标来确定德育主题活动的设计，涵盖初中三个学年六个学期。七年级的学生刚进入初中学习，自我意识初步发展，拟定的主题是"学而有道""和谐相处"。八年级的学生综合素养有了一定提升，自我意识觉醒，两性意识开始显现，对应的主题是"艺海冲浪""豆蔻年华"。九年级的学生学习与发展挑战性高，往往会出现人际关系敏感的情况，需要教师的关怀与支持，主题设定为"突破自我""迎接挑战"。

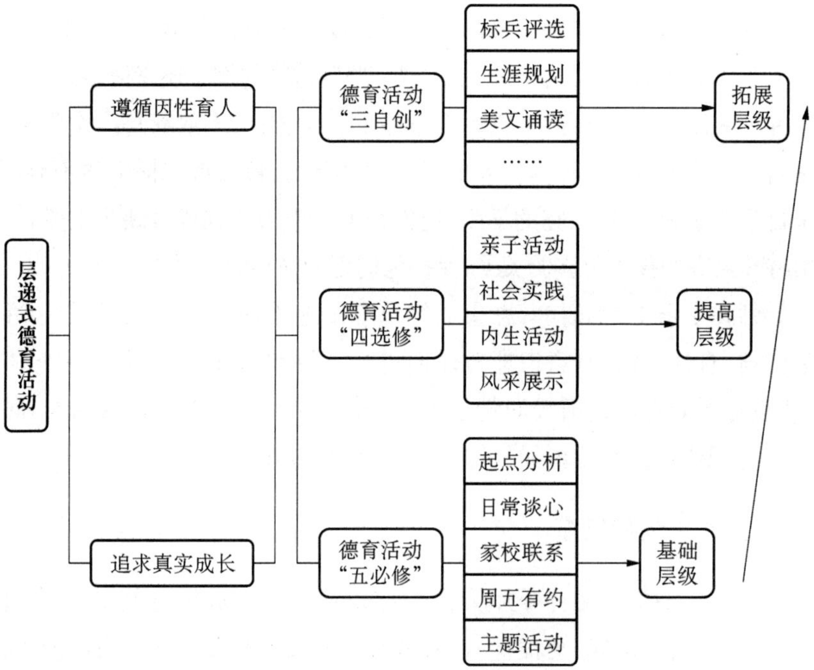

鄞州实验中学的层递式德育活动体系

在具体实施中，学校将德育活动按照“五必修”“四选修”“三自创”的体系进行设计。其中，“五必修”指的是日常谈心、家校联系等导师每一天、每一周、每一学期必做的五件事，此为基础层级的德育活动；“四选修”指的是每一个学年中，导师要根据德育处给出的四个活动类型，选择适合自己德育小班的活动主题、活动内容、活动地点、活动时机进行活动，此为提高层级的德育活动；“三自创”是根据学生发展的需要，每学年每个小班再自创一个德育活动，三年自创三个活动，此为拓展层级的德育活动。层递式德育活动因性育人，切实关注学生的成长需求，将美育融于德育，将“美·德”教育进行到底。

二、课程与“美·德”教育

苏霍姆林斯基说：“没有美的教育，就不可能有完整的教育。”学科教学是实施美的教育的主渠道，课堂教学是实施德育与美育结合的主阵地。蔡元培也曾提出：“各门学科无不于智育作用之中，含有美育之元素。”我们认为，学生的差异性是一种重要的教育资源，学生的差异是普遍存在的，需要坚持多元化的学生观，平等对待学生，鼓励他们个性化的差异发展。鄞州实验中学的“美·德”教育即是在这种学生观指导下开发课程，在开足、开齐美育相关的基础课程之外，不断拓展课程资源，开发多元的校本美育课程。以美启智，把美育融入教育活动中，帮助学生在潜移默化中树立起美的人格，实现美育与德育融合的教育效果。

该校提出“因性育人”——根据人的不同个性，施以不同的教育。一门课，提供多一种可能，也许就会改变人的一生。学校在基础性课程外开设拓展性课程，以满足个性发展需求，培养学生发展性学力，体现教师业务特长兴趣，形成了具有学校品牌特色的课程，主要包括知识拓展课程（人文素养、数学思维、科学探索），个性特长课程（艺术修身课程、体育健康课程、制作发明课程），成长指导课程（生活指导课程、学法指导课程、社会实践课程）。在具体实施上，从开设多元课程、开发精品课程、构建多元评价体系三方面出发。

（一）开设多元课程

鄞州实验中学提倡开发多元的美育课程，培养学生感受、鉴赏和创造美的能力，发展学生美的品格，培育美的情操和人格。其中，开设多元课程主要从校本艺术类课程和社会实践课程着手，立足于学生个性选择的艺术社团。

学校倡导教师“一师一优课”，即每位教师有一门优秀的校本课程；艺术教师“一专多能”，即艺术教师除了专业课程外还能开设一门自己拿手的拓展课程。目前，该校的艺术类课程主要有版画、衍纸、书法、篆刻、写生、彩铅画、陶艺、管弦乐队、舞蹈队、合唱队、女红、手工等社团，这些课程经过系统规划，根据学生的身心特点分年度、分学期开设，给学生提供个性发展的多元选择，帮助学生确定和深化属于自己的一项或两项艺术爱好或特长，提高学生的审美素养和人文素养。在保障方面，任课老师从课程构架到课程实施及评价，都有一套完整的思路；学校努力实现“一室一学科”，为每门校本课程进行教学设备的优化配置，让每一门课程都有自己的“家”。

此外，将社会实践课程分散到每个学期，其中主要包括志愿者活动课程、自然之美的体验课程等。志愿者活动课程包括爱心志愿者服务、社区志愿者服务等，主要是以学校艺术团参加各类社区的文艺演出、慰问表演的形式开展。例如暑期组织乐队给“小候鸟”们进行公益演出；中秋节组织学生到剑桥社区参加文艺演出；新春来临之际，带领书画社的同学们为周边社区的居民们书写对联、创作年画。学生在传递艺术之美的同时，激发了自身的奉献热情。自然之美的体验课程主要是以研学的方式进行，组织学生到宁波植物园、杭州湾研学基地、宁波博物馆等，进行直观审美体验，帮助学生培养良好的审美能力，并在感受美的过程中，促进自身的道德品质的提高。社会实践课程让学生走出校门，发现世界美、祖国美、民族美，发扬优秀文化，在不知不觉中形成“美”的德行。

（二）开发精品课程

在开设多元课程的同时，该校还积极引导成熟的课程开发深化为精品课程。例如，以 2017 年鄞州区出台《中小学生习惯养成学段重点目标》为契机，该校将对该目标的学习与美术教学融合，作为美术学科课程的拓展延伸课，以漫画的形式将“习惯养成重点目标”这些抽象的内容具象化。让学生通过思维导图拓宽思维广度，以小组教学培养合作之心，用搜集素材深化对生活的感受，旨在让学生掌握漫画创作技能的同时潜移默化地学习并养成中学生的良好习惯，并以此开发出一门“美·德”教育的精品课程。

（三）构建多元评价体系

多一门课程，多一个平台；多一把尺子，多一批人才。鄞州实验中学采用多元化的评价激励方式，构建多元评价体系，使评价不仅关注学生的学业成绩，更要发现和发展学生多方面的潜能，了解学生发展中的需求，帮助学生认识自我，建立自信，促进每个学生都能在相应水平中得到发展。在具体实施上，该校把学生的行为习惯、学习态度、素质特长，以及音乐、美术、劳技、计算机、体育、书法、阅读等拓展性课程的参与情况作为评价的项目内容，建立起一整套计分的方法和标准。在这样的评价体系之下，构建以鼓励学生发挥才艺、潜力为目的的“鄞实达人”评选，设置从年级段层面考评学生综合素质的“品正”奖、“学芳”奖，从全校层面开展的在认知、体艺、实践和品性等方面有突出表现的“最佳鄞实人”奖等。将综合评价的结果和学生的评优评奖、推荐保送挂钩，在学校营造出浓郁的向上氛围。

作为最先使用宁波市综合素质评价平台的12所学校之一，鄞州实验中学形成了一套校本化的综合素质测评方案，对审美与艺术素质评价做了细致规划。对学生审美与艺术素质的评价，旨在把握学生个性特点，关注成长过程，坚持客观记录、民主评议、公开公正原则，确保评价结果真实可信、简明可用。具体上讲，审美与艺术素质测评的内容主要包含音乐与美术两个分项，以学生的基础性发展目标为基本依据，着重测评学生的平时表现、活动记录、特长潜能、奖惩情况等内容，将过程性评价与终结性评价有机结合，力求全面、客观公正地反映学生的艺术水平。

例如，美术分项体现《初中美术新课程标准》中倡导的理念，运用多种评价方法来衡量学生在学习过程中所掌握的知识与技能、过程与方法、情感态度与价值观的情况，在评价过程中以日常教学为基础，充分利用课堂教学活动和课外实践活动，采用展示性评价、欣赏式互评、过程性评价等，全面反映学生的学习和发展状况。

鄞州实验中学美术素质评价标准

评价项目		评价要点		评价结果
过程性评价	搜集素材	亲身体验两项或两项以上(20分) 网上下载(以照片、图片形式呈现)(10分) 观察他人(10分)	倡导以亲身体验为主	A等:90分以上(含90分) B等:80分以上(含80分) C等:60分以上(含60分) 不合格:60分以下
	小组合作	相互交流(5分) 相互协作(5分)		
终结性评价	画面效果	构图(15分) 画面内容(20分) 色彩(15分) 造型表现(20分)		

三、校园文化与“美·德”教育

鄞州实验中学一直推崇对学生进行“固本培元”的“培元”教育——教育应该培养学生持续发展的“元气”。他们认为“元气”＝强大的学习能力＋良好的行为习惯＋出色的阅读社会的能力＋优秀的品德底色＋健康健全的身心素质。该校所建立的培元课程体系，正是通过开设丰富的可供学生选择的课程来培养、促进学生持续发展的“元气”。“蓬生麻中，不扶而直”，美育正是这样一种不教而教的教育，注重氛围、环境的熏陶，润物无声。以美“培元”，以美育人，是鄞州实验中学在校园文化和“美·德”教育之间找到的创新点。德育让学生具有良好的品质，美育在潜移默化中陶冶学生的情操。德育为美育提供了发展的基石，美育为德育注入精神的内涵。

(一) 让每一面墙传递美

置身整洁温馨、绿树成荫、花草芬芳、优雅安静的校园环境中，美的情感会从内心深处萌发，美的想象会纵情驰骋，美的感受也能得到升华。学生不仅仅是环境的感受者，也会成为环境的创造者。

“书香·墨香·花香；古朴·典雅·静谧”读书廊是鄞实“品正学芳”校园文化核心的诠释。精心打造的读书廊，承载着知识和文化的内涵，定期更新的报刊，全开放的书籍，舒适的阅读环境，是同学们获取知识、提升自我、休闲放松的理想选择。读书廊同样是师生交流思想、学生展示才情的好地方，他们围绕着读书廊展开“培元”成果展示、爱心捐书、读书廊征文、书法展、读书廊布置评比等各类活动。读书廊已成为鄞实文化的凝聚之处，营造着和谐宁静、书香飘逸的校园氛围。

鄞州实验中学的读书廊

校园连廊上举办的小型画展

学校特别注重走廊文化建设，在走廊里展示各类活动照片、书法绘画等艺术作品，让校园充满独特的艺术气息，将“美·德”教育寓于无痕。师生们精心布置教室，让每一面墙壁都彰显艺术。校园的连廊上布置着精选出的名家介绍和作品，古往今来的诗人、艺术家仿佛跨越时空传递着美。此外，学校艺术楼的柱子也独具特色地涂成钢琴琴键、蒙德里安绘画等多种装饰效果，墙面悬挂着世界名家名画、世界名家名曲的介绍，另外，版画室、书法室、茶艺室、陶艺室、手工陈列室也都各具特点，令人印象深刻。

鄞州实验中学的文化连廊

鄞州实验中学艺术楼一角

（二）让每一个活动升华美

对于鄞州实验中学的学生而言，除了课本、作业、考试，还有各类有趣的活动让他们一千多天的中学时代充满美好的回忆，这就是该校引以为傲的校园文化活动，围绕“品正学芳”的校训，学校设计了读书节、安康节、科技节、体育节、艺术节和感恩节六大校园节日活动。

每年的12月，借元旦迎新的东风，该校的元旦文艺会演、达人秀、星搭档次第拉开大幕，唱歌、弹琴、跳舞、相声小品各种形式，让师生都乐在其中。迎新书法绘画大赛、板报设计比赛等以鲜明的主题、健康的内容、多样的形式、高雅的情趣，为每一年的辞旧迎新增添色彩，也传承着鄞实之美。

鄞州实验中学的元旦文艺会演

寒假前的“品正学芳”奖颁奖典礼是学校一年中最隆重的活动。“品正学芳”奖是鄞实学子的最高奖项，由各班师生推荐的品学兼优的学子，公开演讲，全校师生参与投票，选出最优秀的学子获得“品正学芳”奖，被推荐的学生则获得“品正学芳”提名奖。同时，也邀请部分家长参与活动，让师生、家长共同见证明星学子的“品正学芳”风范！

（三）让每一个社团育“美·德”

鄞州实验中学艺术社团的辅导老师通常由该校艺术教师担任，他们同时也是该社团中学生的导师，社团的导师和行政班级的德育导师双轨并行，社团成员多了一个“专业导师”，更有利于艺术教育的有效进行。社团以校本课程和校内外比赛、实践为主要活动形式。几年来，该校涌现出了一批优秀的艺术教师和优秀社团指导老师，学校的管弦乐队和衍纸社分别被鄞州区教育局选定为第二批、第三批艺术项目培育基地。

该校有一批很有特色且发展良好的社团。比如合唱社团，学生在欣赏和合唱作品时，能深切感受合唱艺术的魅力，有助于青少年美化心灵、扩大知识视野、陶冶情操。他们有意识地选择《黄河大合唱》《茉莉花》等爱国的、民族的作品，引导学生感受和理解音乐作品的情绪、格调、人文内涵，从而养成健康向上的审美情趣，又能培养团队协作能力，磨炼意志，激发家国情怀，培养爱国主义品德。

又如书法社团根植于传统文化，每逢新春，老师会带领社团成员到社区为居民们送上对联、福字，将祝福融于传统文化形式中，在传统之美中孕育新德。“爱跃”舞蹈社团在培养学生审美情趣的同时激发学生的求实创新精神。女红社团的老师带领同学们探索传统的绣工、女红，传承传统文化技艺，在母亲节、妇女节等节日，社团成员会亲手制作各种小礼物送给老师、妈妈，小小的礼物不仅是孩子们技艺的体现，更是他们赤诚之心的凝聚。管弦乐队则以公益为主要的德育特征，在定期到社区演出、无偿教留守儿童学乐器等活动中，彰显爱美与爱人之心。

鄞州实验中学社团作品陈列室

现在的鄞实校园中的孩子们：他们拿起画笔写生；他们穿着古装翩然起舞；他们歌声清亮高亢，引人入胜；他们专心致志的篆刻创作……“美·德”教育浸润的鄞实校园，更多的孩子们正以饱满的精神、各异的姿态成长着。日常行为规范是基础，让每一个学生找到适合自己的教育，为每一个学生提供多一种可能，让平凡者走向不凡，让优秀者走向卓越，我们相信，“美·德”教育是落实“公平而有个性的教育”的美丽途径。

第三章

Art Education

油画——描绘乡土情怀

鄞州区王笙舲小学

油画是一门高雅的艺术，鄞州区王笙舲小学推广油画拓展性课程已有十年，形式多样的乡土文化教育遇上高雅的油画，呈现出百花齐放的艺术效果。油画笔下的乡土情结，打开了学生的艺术之门，那些作品洋溢着乡土民俗味儿，表达了学生的赤子之心。

让乡土情怀融入每个孩子的心中，这是学校开展油画教学的初衷。如今，全校一千余名学生人人都会画油画，个个拥有自己的油画作品。也是以油画为媒介，该校得以与国际学校对接，邀请艺术大师举办活动和展览，让这所农村小学跨越了国际的文化边界，提高了农村学生的艺术素养，从而提升了学校办学的品质。

一、乡土文化与油画的结合

随着全球化、城市化和现代化的推进，我们的乡土文化却急剧断裂，乡土知识也日渐式微。我们对自己的精神家园感到越来越陌生，深受认同感下降、“无根”感增强等问题的困扰。王笙舲小学尝试通过美术教育让学生寻找“乡音”的价值，体验“乡情”的魅力，追寻“乡魂”的影子。

(一) 校本课程里的乡土文化

王笙舲小学地处鄞州区云龙镇，山清水秀、人杰地灵，不仅拥有宁波市新材料生产之乡和国家级新材料精密铸造生产基地，还有联合国环境规划署授予“全球 500 佳”生态村称号的上李家村，“祖芳”油桃、“蔡永祥”西瓜也远近闻名，享有盛誉。当地的“龙舟竞渡”项目被列入浙江省及鄞州区非物质文化遗产名录，前后陈村被列入区级“龙舟竞渡”非遗传承基地。这些别具一格的家乡特色，是最贴近学生的教育资源。王笙舲小学教师积极引导学生关注家乡的乡土资源，亲近和体验家乡的特色文化，感受家乡的独特魅力，于课堂内外对学生进行深入浅出的乡土文化教育。

在小学美术教学中，表现媒材的创新，会给孩子们的绘画表现以及艺术语言提供新的元素，孩子们的作品也会有更强的视觉冲击力。当美术老师接触到油画这种艺术形式时，一个新的灵感产生了：把厚重的油画引入乡土文化教育的土壤中，让它们生根、发芽、开花！

王笙舲小学近半数的学生都是外来人口子女。谈起一所地处农村的学校与高雅艺术结缘的缘由，校长王洪波说："艺术修养是农村孩子身上普遍欠缺的，对于大多数农村孩子来说，学校是他们培养兴趣，接触高雅艺术的唯一场所，我们希望通过油画教学，特别是通过跟姊妹学校的互动，让孩子们张扬个性、开阔视野。"

学生们正在创作

从 2009 年起，王笙舲小学开始进行油画教学。经过多年的探索实践，学校打造了具有学校特色的油画美术课程，低段开设涂鸦油画课程，中段开设数字油画课程，高段开设"我跟大师学油画"课程，并积极开发油画校本教材，配备两名专业的油画教师，设立了油画教室。未来，学校还将筹建大师工作室，聘请油画大师担任导师，面对面为学生授课。

学校为每一位同学搭建体验美、发现美和创造美的油画平台，让他们了解油画的历史，掌握油画的简单技法，会欣赏油画作品。学生用油画的色彩和笔触表达校园的面貌、家乡的风景等，或写生或创作，或客观的描绘或意象的表达，内容风格多样，色彩丰富绚丽，无论是描绘校园的风景还是展现家乡田垄间青山绿水的万千形态，无不朴实而真诚，呈现出孩童们面对自然和自我的态度——真诚、诗意、浪漫、温馨。最重要的是，学生的作品无不童趣盎然，观之让人饶有兴趣，呈现了学生个性化的艺术表达和情感的宣泄。

（二）油画笔下的乡土情怀

1. 画面中洋溢着乡土民俗味儿

云龙镇是个典型的江南水乡，地处宁绍平原水网地带，域内河流众多，水面宽阔，1976 年从石秃头山出土的战国时期铜钺上镌刻的"羽人竞渡"图案，足以说明在两千多年前的云龙先民中已有竞渡活动。至今，在云龙镇还保留着端午赛龙舟的习俗，每年的“端午看云龙”大型民俗活动，在宁波有着广泛的影响力，云龙镇可谓是名副其实的“龙舟之乡”。

这些历史遗迹和民俗都是云龙镇学生宝贵的精神财富，王笙舲小学的美术教师将这些珍贵的云龙印记带到油画课堂中，让学生通过自己擅长的油画表达对乡土的热爱。学生们不仅可以将赛龙舟的精彩场面收入画中，还可以将关于端午的其他各种民俗活动表现在画中，用油画的色彩和笔触表达质朴的纯真。他们的作品或创作或写生，或直抒胸臆或催人想象，风格构图多样，色彩丰富绚丽，内容充满童趣，铭刻着深深的乡土印记。

2. 乡土油画教学中不断寻求创新

油画教学在王笙舲小学扎根近十年，经过师生不断地探索积累，创编了“像大师一样画油画”校本课程及教材，并在教学过程中不断修改更新，确定了十五位适合少年儿童接受的油画家。如以涂鸦著称的让·米歇尔·巴斯奎特，他经常把各种符号、文字放在画面上，看起来像即兴创作的作品，但其实这些符号和文字的背后是他冷静思考的结果，学生们可以用掌握的表达方式来诠释自我的涂鸦。再如新印象主义法国画家修拉的点彩画，十分强调结构、形体的几何化和色彩的科学化，捕捉光和色，直接在画布上堆起与环境、阳光、颜色相符合的纯色小圆点，学生了解这种独特的绘画方式后进行练习，将身边的景色也用这样的点彩方式呈现出来，画面充满了趣味性。教师们引导学生像克劳德·莫奈一样，在朦胧的笔触下找寻冷暖色的互相渗透，用微弱的色彩变化丰富画面的色彩层次；像亨利·卢梭一样用纯真的眼光去观察和感受世界，通过绘画表达美与善的境界。

同时，该校美术教师还将美术教材中的油画课与校本课程相结合，将大家熟知的后印象主义画家凡·高作为学习的主线，将课程改编为美术拓展性课程“像凡·高一样画风景”。教师带领学生走进荷兰画家凡·高的风景世界，通过欣赏、小组研讨和思考，探索画家用笔用色的独特方式，掌握一种新的绘画表达方式。学生们还发现大师淳朴、自然的表达方式与自己的表达方式竟然有着异曲同工之处。从教育的实际效果来看，学生对像“大师一样画油画”课程有很多新奇的想法和探索的好奇心，在展示创意的同时，专注的态度和迎难而上的热情也得到了培养。该课曾在省、市教研活动中多次进行展示，无论是拓展性课程理念、课程的精彩设计，还是学生现场的油画效果，都得到了与会专家和同行的一致好评。

王笙舲小学学生的油画作品

二、油画课程的具体实施

(一) 建构课程体系

基于对学校核心文化的理解，王笙舲小学在践行课程改革的过程中，构建了“舲航”课程体系，包含四大子课程。

一是“舲道”课程，主要是指德育课程，即社会参与板块，重在发展学生的责任担当、实践创新。课程主要有梦想启蒙、孝风吹来、传统节日、三季蜕变（幼小衔接季、十岁成长季、毕业感恩季），根据不同年龄段和不同学生个性，课程的主题项目也不同。

二是“舲慧”课程，主要是指国家基础课程，即文化基础板块，重在发展学生的人文底蕴、科学精神。课程主要是国家基础课程，包括语文、数学、英语、科学、品德与社会、体育与健康、美术等。

三是“舲动”课程，主要是指自主选修课程，即自主发展板块，重在发展学生学会学习、健康生活的能力。课程主要有运动健美、心灵手巧、社会与实践、艺苑撷英等。

四是“舲秀”课程，主要是引领学生展示自己的潜能和特长，重在发展学生勇于展示自己、成就更好的自己的能力。课程主要有体艺节、科技节、英语节、读书节、亲子节等。

四大板块课程各有独立的培养目标，但又有交集，相辅相成，为发展学生的核心素养提供平台，努力培养全面发展且富有个性的学生。在学校课程理念大框架的引领下，该校油画拓展性课程的舞台更加宽广，可以在各个领域课程中铺垫，也可以用油画的方式将各个课程的理念体现出来。油画课程不仅仅是学校艺术课程的特色，更是各课程展现的通道，这样看来，在乡村小学开展油画课程就更有价值了。

（二）开发教学素材

在课程体系的指引下，该校积极探索，挖掘适合乡土油画教学的方法和思路，对于油画教学的素材，他们将各类乡土资源分为两大类——记叙类、寓意类，并有针对性地进行教学。记叙类素材侧重于用眼睛去观察，采用写实的手法，表达所见所闻；而寓意类素材则更加注重用心去感受、体验生活，表达内心的所思所想。两者既是积累素材的两条并列线，也是由发现美到表达美的过程，更是从生活写实向梦想腾飞的跨越。

1. 记叙类素材

小学生对自己身边的人和事、风土人情，关注得比较多。王笙舲小学的老师们指导学生去发现生活之美，感受生活的温度，搜集创作素材。

(1) 从身边人寻找真善美

小学生观察人物时倾向于关注自己感兴趣的方面，教师通过引导让学生有意识地观察同学、教师和家人，利用油画特有的绘画语言特色，使学生更加注重局部感知，用心去绘画。

纯纯同学情。对于小学生来说，最熟悉的莫过于朝夕相处的同学了。从早上的问好开始，课堂上的思维碰撞，课间的互帮互助，放学路上的小秘密，在学生的脑海中形成一幅幅难以忘怀的画面。

深深师生情。教师既是导师也是朋友，学生在教师身上学到做人的道理，得到爱的关怀，汲取丰富的知识。教师的举手投足，一个肯定的微笑，一个安慰的眼神，一次亲切的谈话，都是学生油画创作的素材，并对学生的健康成长有正向的引领作用。

浓浓家人情。学生的成长离不开家庭教育，具有良好品质、怀揣梦想的有志学生更离不开亲人的谆谆教导。母亲的温柔、父亲的严厉、爷爷奶奶的慈爱都是孩子成长中不可缺少的部分。让孩子用柔软的眼光去发现萦绕在身边的亲情，感受浓浓的亲人的爱。

(2) 通过熟悉的景物表达内心憧憬

教学过程中，让学生通过自己的眼睛去寻找熟悉的景物，学生熟悉、喜爱，学习自然兴趣盎然。

生机勃勃的校园景。校园的美景伴随着学生度过春夏秋冬，如校园中的大树，教师在教学过程中让学生感受大树是伴随着他们一起成长的，大树的过去、现在和每个学生都紧密联系在一起，大树的未来又充满无限的生机，给学生树立理想主义，同时又给学生讲解大师们是如何表现大树的，在主题和技法方面给予学生指引。

爱意切切的家庭景。家庭里的每一个角落都讲述着故事，让学生带上一双发现美的眼睛，从家中小事，感受父母为家庭倾注的心血和汗水。家庭中有厨房锅碗瓢盆的交响乐，有其乐融融的客厅交谈，还有散发书香的书房一角，这一切都构成了家庭景的一幕幕，带着这些记忆成长的孩子，他们的内心是温暖的，背后支撑的力量是坚定有力的。

优美亲切的家乡景。家乡是学生成长的大家庭,云龙镇有历史悠久的古建筑群,风景优美的公园,商品众多的菜场,更有繁华热闹的贸易街区。通过引导学生关注社区中接触的各种生活法则,了解社会构成和各种职业并与之亲密接触,可以帮助学生树立对家乡、社区的热爱和对自己未来职业的憧憬。

(3) 描绘生活中的事,叙事传情

观察生活、留心生活,在生活中培养寻找美、发现美的能力,留住乡音乡情是油画教学的重要内容。该校美术教师引导学生从身边出发,寻找素材,表达生活中的真情实感。

细说快乐之事。孩子们对发生在身边的令人高兴的事情,总是印象深刻。在他们成年之后,或许已经想不起来课堂上学习的情形,但一定会记得一次有趣的春游活动、一场酣畅淋漓的运动会、一个无比快乐的暑假。引导学生仔细观察生活,用油画的形式进行记录。

诉说难忘之事。该校的油画教学注重引导学生利用油画表达自己,记叙生活中难忘的点滴。比如学校举行了军训活动,孩子们体验到了从未体验过的军人生活,也经历了很多的第一次,教师适时引导学生用油画的方式把这些难忘的事情记录下来,这也将在孩子的心中留下深深的印迹。

畅叙幸福之事。孩子的世界总是单纯的,得到的幸福也是简单的,孩子的眼睛总能发现成人看不见的柔软真情。下雨天,收到同学递过来的一把伞,心里暖暖的;遇到困难的时候,得到妈妈的一个拥抱,难题就烟消云散……引导学生常怀感恩之心,发现生活中的幸福,用油画的方式表达。

当然,可以助力孩子成长发展的记叙类油画素材还有许多,王笙舲小学的老师们还让学生在学科教学范围内,进行跨美术学科的综合学习活动,从其他学科中摄取养分,如给语文学科中的优美语句配图,或从音乐的节奏感中寻求灵感等。

2. 寓意类素材

(1) 温情真情类

王笙舲小学的老师们引导学生尝试着从情感中挖掘素材,进行创作,如将学校举行的"爱心义卖""重阳节尽孝心""母亲节"等活动中，最具温情的场景用油画的形式记录下来。

社会大爱情意浓。在宁波这座城市里，经常有充满爱的故事发生，将这类事例融入教学，引导孩子们用油画的方式画下来，传递社会的正能量，让更多的人感受爱、传递爱、表达爱。

家庭挚爱显真情。家庭对于所有人来说是最充满爱的地方了，孩子的第一任启蒙老师就是自己的父母，孩子在家庭中感受到无处不在的爱，引导孩子把自己的感受用独特的油画方式表达出来，既是对家庭挚爱的再回忆，也能促进家庭成员之间爱的升级，让孩子在追梦的路上充满爱意。

朋友友爱留童真。同学、邻居、网友都是孩子们的朋友。互相诉说小心思，坦诚交流难忘经历，令人记忆深刻的恶作剧，对未来的无限畅想，畅谈实现梦想的道路，等等，将朋友间满满的爱意都凝聚在画面中。

(2) 乡音乡情类

在平时生活中，让学生收集关于乡音、乡愁、乡土故事的素材，用绘画的方式进行记录。

孩子眼里的民俗乡风。云龙就如陶渊明笔下的"桃花源"，农民朴实、勤劳、向上的本色，能使孩子们心灵得到熏陶。他们通过画笔把对田园牧歌的所见所想所思在画面上记录下来，成为精彩的定格。

发生在家乡的有趣故事。生活中发生的让人印象深刻的事情，如端午节云龙小镇上的民俗活动、社区邻里的逸闻逸事等，都是创作的源泉。

对未来充满憧憬的遐想。每个孩子的心里都住着一个未来的自己，天马行空的遐想，给孩子的未来带去了无限的可能，鼓励他们将这种情感表达出来。

(三) 提炼教学策略

王笙舲小学的油画拓展性课程在社团教学中开展，通过几米油画表现自我的思想和情感。油画是儿童生活感受的外在表现形式，为了帮助学生更好地表达自己的所见、所闻、所感，该校总结出了"五式十五招"策略，包括:提炼元素,模仿式;寻找创意,尝试式;挖掘内涵,体验式;收集素材,创作式;结合生活,应用式,并由此“五式”生发出具体可以操作的“十五招”。

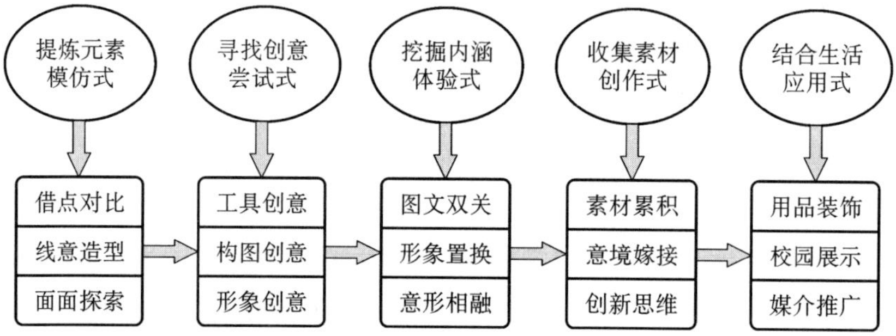

王笙舲小学油画教学中的“五式十五招”策略

1. 提炼元素，模仿式

选出适合学生欣赏并有代表性的油画作品,通过课堂内外自主欣赏的形式,比较分析,提炼画面中的点、线、面视觉元素。具体比较分析可分为以下三招。

(1) 借点对比招

油画中的“点”是富有变化的,极其丰富且生动。大点厚实,稳定感较强,相对细小的点,给人小巧玲珑的感觉,其疏密、大小、轻重、虚实等不同的变化,会呈现不同的装饰效果。在教学上,采用对比画面的方法,引导学生自主欣赏修拉《大碗岛的星期日下午》。两幅作品有一幅是原作,是有点的作品,另一幅是经过处理后无点的作品,通过比较,让学生感受如何运用点营造画面效果。学生通过对比的方式,发现画面中点的过渡与变化形成了巧妙的画面,营造了丰富的视觉空间。利用大的小的,横的竖的,不同色彩的点,巧妙地配上艳丽的色彩,以点作为笔触来进行绘画。学生在借点对比的学习后,掌握了点的使用方法,并运用到自己的画面上,呈现出具有强烈的节奏感、空间感的画面。

(2) 线意造型招

油画语言中的线也是非常常见的,画家总爱用不同形状的线条表达自己的情感。如在荷兰画家凡·高的作品《星月夜》中,他采用螺旋的线条表现星空，扭曲的线条表现树，结合短线、长线等的运用，赋予了画面很强的表现力和张力。学生通过欣赏分析，练习线意造型，利用线的对比、穿插、重叠、重复等形式形成画面，创作《家乡的星空》，用不同的线画出自己的感觉，让线富有了极强的表现效果和情感表现力。

（3）面面探索招

在油画作品中，简单的面，经过合理与非真实化的处理，能让人产生无限的遐想和空间感。像立体主义画家毕加索的《三个乐师》就是以几何形的面塑造的作品。几何结构集中到画面中心，画面的边缘相对松散和开放，这样，人物边界便明确。学生通过学习，理解画家的画面布局与调和手法。

运用模仿式创作的学生作品《远航》

2. 寻找创意，尝试式

（1）工具创意招

引导学生找到油画的创意点，感受不同的绘画工具所带给我们的不同美感，用各种综合材料表现不同的画面效果和意境。灵活多变的绘画工具，让学生更加好奇与感叹。引导学生利用实物、废弃物等物品进行油画创作，观察它们产生的不同肌理与效果，了解自然物体的形状、明暗、色彩、质感、空间等，拓展表现工具。

（2）构图创意招

统一与变化、对称与均衡、节奏与韵律、对比与调和等这些构图上的形式美法则是人类在感受美、创造美、表现美的过程中形成的经验总结。学生通过欣赏与探索，感受油画画面的不同构图，画家巧妙运用各种构成手段，使得无论是落叶还是树枝、电线杆还是楼群，总能错落有致地集合在一起。在师生一起探究构图方法时，学生们自己总结出了许多形式美的规律，利用简笔画的形式收集在学习卡中，以便在日后的油画创作时参考。掌握基本的形式美法则，可以使学生更自觉地运用美的法则表现美，使油画作品更易于达到美的形式与美的内容相统一。

(3) 形象创意招

在夏加尔的油画中，常运用夸张和变形的形象，如头大身体小或头小身体大，通过改变人物比例，产生奇特形象；利用人与人、人与动物、人与植物等不同物体的嫁接与置换，改变日常普通的形态结构，产生荒诞组合；由不同物体产生想象，形成一定的奇思妙想，让画面栩栩如生，看似合理却又非同寻常，常让人感觉新奇有趣味，爱不释手。感受油画中夸张与有趣之处，在学生的眼里，夸张变形似乎是合情合理的，与平时阅读童话故事一样，但与日常生活相参照似乎又是不合情理的，由此可使学生产生丰富的想象。

运用尝试式创作的学生作品《生气的大公鸡》与《梦中的鹿》

3. 挖掘内涵，体验式

(1) 图文双关招

让学生在欣赏画面的同时，学会阅读文字，体验图文结合欣赏。如在教学《走进书林》时，利用多媒体课件，制作出层层深入、启发思维想象的画面，让学生更好地了解人物与场景处理的过程，通过奇思妙想、虚实结合，让人眼前出现如梦如幻般的场景，体会一种身临其境的感觉。

(2) 形象置换招

在油画教学中，有很多有代表性的形象，可以引导学生临摹大师作品的局部，并借鉴到自己的作品中。学生通过临摹，走进大师的作品，又将大师作品中的形象引到自己画面中，提高了绘画的自信。

(3) 意形相融招

引导孩子们用敏锐细腻的眼光去看待遇到的人和事，用真情实感表达对大千世界的看法，用画笔来吐露心声。如学生创作的作品《大人不懂我》，画面内容是：小孩每天生活在大人的各种唠叨里，承受着各种压力。“小画家”由大人的唠叨联想到浑身长刺的仙人掌，把大人的唠叨和仙人掌联系在一起。通过画面的表达，我们仿佛听到了一个正承受大人唠叨的小孩的心声。

4. 收集素材，创作式

(1) 素材累积招

在平时生活学习中，让学生留意收集生活中听到的夸张的、幽默的、有趣的、有意义的故事，可以利用简单的文字进行记录，也可以利用日记与作文记录，为创作提供素材积累。鼓励学生学会观察生活、感悟生活、表达生活，让他们大胆地画出自己的所想所做，大胆地表达自己的思想与情感。

(2) 意境嫁接招

通过写生、临摹与创作多种形式结合，帮助学生有效掌握创作的规律，并从大师作品的意境中汲取营养。如利用意境嫁接招教学《家乡的星空》时，教师引导学生将凡·高《星月夜》中星空的画法“借”到自己的画面中，然后再添画星空下自己家乡的景色。这样的教学形式不仅让学生有内容可以画，而且画面的形式感非常强。

(3) 创新思维招

在油画教学中学习各种创作的基本视觉语言、基本形式法则后，鼓励学生尝试结合自己的生活经验，用不同的构图和画法进行创作练习，以打破常规的方式进行构思，利用独特的眼光和独具匠心的表现力，从自己的角度发现生活中的矛盾，去创造油画中的奇和新。这样的教学充满童趣和乐趣，能充分发挥学生的想象，培养创新思维，为学生提供更多的精神食粮。

5. 结合生活，应用式

将学生在社团的中创作的油画作品通过各类途径展示，激发孩子们对油画创作的持久兴趣,把油画作品应用到生活中,增强了教学的吸引力。

(1) 用品装饰招

将油画画在生活用品上,如帆布袋、白色T恤、帽子、雨伞等;还可以画在学习用品上,如书签、贺卡等。当学生使用这些绘有油画作品的物品时能体验到成功的喜悦,增强他们学习油画的兴趣。

(2) 校园展示招

定期把学生的作品在校园中展示,每年的六一和元旦是社团展示日,社团的学生们将装裱好的油画展示在学校的大天井中,接受同学和家长们的品评。

(3) 媒介推广招

通过各类报纸杂志发表学生的作品,推荐优秀油画作品参加各类比赛,让学生在发表、获奖中树立学习的信心,提高学习的兴趣。

(四) 举办主题创作活动

王笙舲小学通过举办三大主题活动,以油画为媒介,让学生在主题活动中体验、感受、思考,表达自己的梦想。

1. "心中的梦想",勾勒理想蓝图

每个学生的心中都对未来充满了幻想,有对未来社区、未来家庭、未来职业等方面的各种憧憬,该校"心中的梦想"主题活动即是针对于此,具体分为四个板块。

(1) 心中有梦,描绘未来职业

通过举办"未来的职业"主题油画活动,引导学生从观察身边人的职业入手,帮助他们树立远大的职业理想。孩子们在油画的学习过程中,感受到各种职业的特点:有的孩子能体会父母工作的艰辛,想快点长大,为自己的家庭出点力;有的孩子想当一名威武的人民警察;有的孩子想当救死扶伤的医护人员。孩子们用画笔表达自己对未来职业的规划和渴望,树立远大的职业目标。

(2) 规划蓝图,设计理想学校

学校是孩子们最熟悉的活动场所,由于有些学校在建设上的滞后性,肯定有很多设施和场地跟不上这群“00后”孩子的步伐了，那么孩子对未来的学校又有什么奇思妙想呢？通过“设计理想学校”主题绘画活动，让孩子们参与到对未来学校的设计中。学校可能在外观上像个城堡，学生在梦幻的城堡里学习；或许学校像个哆啦A梦的口袋，能变出各种各样的满足孩子们需求的东西来。让学生充满幻想地去描绘自己理想中的学校，让他们对未来的学校满怀期待。

(3) 放飞童年，建设心中家园

启发孩子用柔软的眼光去发现身边的家园之美。孩子生活在大社区、小家庭中，鼓励他们用油画的方式对未来的生活场所进行重新构想。充满幻想的画面或许有一天也能成为现实呢，这对于孩子来说是一件多么幸福、多么美妙的事情啊。

(4) 心怀大志，追寻中国梦

对于小学生来说，追寻中国梦必须脚踏实地从小事做起，从践行社会主义核心价值观做起，爱国、诚信、友善都是小朋友可以践行的。鼓励孩子们用童真的眼光、纯真的心灵、油画的形式来表达对中国梦的追寻，可以是学校每周一庄严的升旗仪式，也可以是音乐课上认真唱国歌的小朋友，还可以是同学间诚信友善的小事。从身边的小事做起，才能向着更大的梦想追寻。

2. 亲子油画，架起梦想桥梁

孩子的成长道路上必定少不了家长的帮助，融洽的亲子关系是助力孩子成功的臂膀，通过多种形式的亲子油画活动，既沟通了亲子之间的情感，又为孩子的梦想搭建了桥梁。

(1) 共创童话世界，营造梦想

童话世界总是给孩子带来无限的幻想、憧憬和信心。亲子共同创作充满幻想的、天马行空的童话故事，既能帮助孩子树立人生的梦想、信念，让他们对未来充满期待，保护好最可贵的童心，也能建立良好的亲子关系，让孩子在和谐友爱的家庭中健康成长。

(2) 亲子环保主题，增强意识

结合4月22日的世界地球日，学校举行亲子环保主题油画活动，通过亲子活动，让父母和孩子一起关注环境保护。

（3）共议家风民俗，明志励人

家风、家训、民俗、民风都是近年来社会热推的概念，健康良好的家风、家训能使家庭成员和谐相处，淳朴的民俗、民风更是良好社会风气的集中体现。该校利用油画拓展性课程引导学生通过家庭成员的合作，关注生活中有意义的家风、民俗，把提炼出来的内容用油画的方式表达出来，挂在家中，潜移默化地影响家庭氛围。

（4）多彩假日生活，共叙精彩

父母带孩子走过的每个城市、每个街角、每座山、每条小河……都有精彩的故事和独家记忆，引导孩子们和父母一起来聊一聊、议一议、画一画，把回忆画成油画，定格在画面中，成为亲子间最珍贵的共同往事。

3. “真爱梦想”课程，达梦想彼岸

王笙舲小学在2012年引进了上海师范大学的“真爱梦想”课程，课程共分成三大内容：我是谁？我要去哪里？我如何去？学校将已有的校本课程与“真爱梦想”课程相结合，有目的地选择适合进行油画教学的内容，构建了“筑梦”课程体系。

（1）探索远方城市

“远方的城市”并不是向学生介绍某个城市的课程，而是从“什么是城市”这样一个看似简单的问题出发，通过不断探索引发学生思考。通过引入学科的工具和方法，训练孩子学会从多个角度、全方位地了解社会生态的典型素材——“城市”。

（2）共创成长之路

通过“成长之路”课程的学习，学生明确自己的奋斗目标，明白成长路上有各种绊脚石，需要探路者拥有智慧、勇气和坚持，只有孜孜不倦的努力才能最终到达成功的彼岸。成长路上的每个小视点都可以成为油画创作的素材，让孩子在领悟的基础上进行油画创作，这样的创作才显得更加有意义。

（3）描绘思维导图

思维导图符合人类大脑的思考和思维方式，它就像大脑中的地图，能够完整地将大脑的思维、想法呈现出来。将手绘与思维导图结合，可以培养学生发散性全面思考问题的习惯，促进学生进行创新思考，培养学生的创新能力。

(4) 不一样的梦想

“不一样的童话，不一样的梦想”课程带领孩子们见识一匹有智慧、有担当、有梦想的狼，改变孩子们用传统的眼光去看待身边事物的方式，引导他们从不同的角度去了解事物，认识事物存在的多元形态，进而形成创新、多元、宽容的价值观。让走进课程的孩子都能怀揣一个远大、多彩的梦想。

三、主题式对外交流与合作

近年来，王笙舲小学重视加强对外交流，开展教育合作，借鉴先进教育理念和经验，拓宽学校师生的视野。

（一）与其他小学开展合作

1. 与香港保良局田家炳小学合作

香港保良局田家炳小学于 1991 年建校，以“爱敬勤诚”为校训，十分注重优化小班教学质量，善用资源及学习环境，提倡活动式探究学习，让学生在高参与及高展示的互动学习中得益，这种做法值得我们借鉴与学习。

在 2018 甬港教育合作论坛上，王笙舲小学和香港保良局田家炳小学签署姊妹学校协议，内容涉及师生互访、学生交流等项目，为两校继续深化教育合作奠定了有力基础。

(1) 教师赴港学习交流

美术课在香港被称为视觉艺术课，该课程最大的特点就是多元开放、国际融合。根据香港教育统筹局的安排，学校每周都会有视觉艺术课，学校以教育统筹局的艺术教育指引来设计校本课程，在课程上体现开放性，根据学习规划来架构课程，达成多元文化的共融。香港的课程体系决定了学校教师是课程开发的主导力量，在艺术课程的选择上也享有高度的自主权和完全的使用权。教师可根据教学大纲自行编写教材，在实践中根据实际情况删减、增补、拓展教材中的教学内容，使得教材的开发更具有适用性。

在课程设置上，香港中小学阶段主要以学生的学习兴趣和能力培养为出发点，注重艺术教育对学生全面发展方面起到的重要作用，强调艺术教育对培养学生共通能力（创造力、沟通能力、批判思维能力和协作能力）的促进作用。除了对学生个人发展的价值之外，艺术教育在继承、发扬和反思本土文化与其他文化的传统和价值方面也具有极其重要的作用。

在教学方法上，香港教育更多关注的是学生的自主、合作、探究能力，强调以学生为主体的教学，重视学生的过程性学习，关注综合素养的培养，把培养学生的创新意识和实践能力放在首位。在课堂教学中，项目制教学、双语教学、义工帮教等形式被广泛运用。

在教学模式上，香港的教育注重综合性学习，将艺术学科进行跨学科领域的学习，把学生的学习经历横向联系，让学生察觉到不同艺术形式所隐含的意义及不同概念之间的紧密关系。同时，开展艺术专题研习，确定课题并引发相关问题，学生通过个别或协同工作，在一段时间内做出决定或行动，涵盖阅读、观察、反思、判断、综合等多个学习过程，学习广度和深度也较为灵活，能够更加有效地满足学生在学习上的不同需要。

同时，香港的艺术教育关注全方位的艺术学习，它既可以在课堂内进行，也可以在课堂外进行。学校和政府或非政府机构合作，有效地利用音乐会、博物馆、建筑物等社区资源，为学生提供校园外的艺术学习。此外，利用同学、家长、教师及社区成员之间的紧密合作来提高学生对艺术的认知，家长和教师也会成为全方位艺术学习的良好支持者和促进者。

王笙舲小学通过学校合作促成该校美术老师赴香港进行交流学习，深入学习香港先进的艺术教学理念，有效地促进本校的油画教学发展。

（2）学生赴港研学

美术是一种文化学习，不同的文化背景会影响学生对艺术的接受和理解程度。通过强化感受多元文化的过程，学生能从多元文化角度出发，做到彼此尊重，彼此理解，体验多元文化带来的全新的感受，在潜移默化中开始从不同角度看待世界。

王笙舲小学组织学生赴香港保良局田家炳小学进行交流学习。让学生们观摩英文课、中文课，感受艺术课，深入了解香港小学的学习方式与学习环境；走进香港中文大学的校园，通过与大学生的沟通交流，了解世界一流大学的教育模式、教育体系及教育机制；探秘科技馆，通过目不暇接的互动体验，了解人类文明和科学技术的发展轨迹。学生们全方位、多角度地了解香港这一国际化大都市，丰富了见识，增长了阅历。

2. 与美国简斯维尔林肯小学结对

美国小学十分重视艺术教育，艺术课程内容多样化，强调培养学生的动手能力和对美的感受能力。学生在艺术学习中通过想象、研究、建构、反思等方式，培养好奇心、创造力与创新能力、批判性思维与解决问题能力、沟通与合作能力。

2018 年 3 月底，鄞州区的 9 所学校与美国简斯维尔市公立教育局代表团签订了姊妹学校协议。在鄞州区教育局的择优推荐下，王笙舲小学作为唯一的一所乡镇学校与美国简斯维尔林肯小学签约成为姊妹学校。

自签约以来，双方以合作共赢的方式为各自的学生们寻找互惠互利的教育机会，双方建构合作框架，交换教育理念，推动国际教育实践。双方的合作领域包含：探索建立姊妹学校，进行学生、老师和管理人员的交换，为教师提供职业发展及培训机会，提供课程融合开发战略合作，为学生提供短期暑期课程和“走进课堂”项目。

该校借鉴美国艺术教育的优点，在油画教学中注重引导学生摆脱临摹，培养他们自己动手、自我探索、独立思考、学会批判的能力，以丰富的想象力来创作油画作品。

3. 在对外合作中探寻自己的特色

王笙舲小学通过“请进来，走出去”的方式，加强国际交流。通过开展与外籍教师、外籍学生的交流、沟通等各类活动，充分利用他们的文化资源。以国内外学校的交流以及研学等活动形式充分进行文化交流，有效地更新教师的教学理念，不断创新教师的教学方式，帮助学生获取多元文化资源，为学生的美术学习创设良好的平台。

该校美术教师不断改革创新教学方式,注重培养孩子们的创作思维,让孩子们走出校园,走进社会生活,通过对各种艺术形式的感知与体验,用油画画出他们心中的世界。优质的艺术教育不是对学生天性的束缚,而是让学生的生命像艺术一样多彩。所以,孩子们的油画源于生活,映于内心,真实地再现了孩子们眼中的一切。

同时,该校教师也借鉴香港保良局田家炳小学油画教学的方法,引导学生了解西方艺术流派,不断汲取西方油画的精华。西方的古典油画体现了西方国家政治、经济、文化等方面的时代痕迹,观赏优秀的古典油画作品可以提高学生的审美能力,开阔他们的视野。再引导学生寻找自己喜欢的绘画风格,结合自身的文化环境和生活体验,大胆地运用色彩表现自己的想法,像真正的艺术家一样去体会创作的过程,去画自己身边的故事。

正如美术史研究专家曹意强先生所言:只有通过不同形态、不同传统的结合,才能创造。首先把西方油画的传统学会,自己的传统也需要认真梳理,只有将伟大的两大传统结合起来,并在这个基础上创造出新的油画之貌。王笙舲小学学生的作品中既保留有西方绘画的精髓,又吸纳了诸多中国传统绘画的元素以及地方特色,且这种结合不是勉强的拼凑和嫁接,这与该校油画教学对传统文化和绘画的悉心研究、理解密不可分,更是小画家们品德、气度、学识和修养的体现。在王笙舲小学的校园里,很多学生喜爱读书,对中国文化、地方文化都有了解,很多学生有一定的中国画或书法基础,故在油画创作中能厚积薄发,一鸣惊人。该校的学生作品有写实,有写意,也有印象到意象的蜕变,通过多年锲而不舍的探索,他们的油画教学走上了一条中西融合之路,这在很多学生作品中可以清晰地感受到,令人印象深刻。

(二) 多种途径展示作品

王笙舲小学组建了富有学校特色的油画社团,让更多的学生在美术课后还能学习到更多的油画知识与技巧,在打下坚实基础的同时还能得到更高的提升。

他们的油画社团就学生的实际特点对油画内容进行更高层次的延伸,引导学生开拓创新思维,并让他们的创造力通过油画进行呈现。有学生曾在社团活动学期总结中写道：

通过油画社团，我学到了很多画油画的技巧，同时认为做任何事情的时候，态度很重要，绘画需要我们观察周围的事物，热爱我们的生活，同时把自己丰富的情感融入艺术。绘画更需要我们静下心来，运用自己的绘画技巧把自己的内心世界充分地表达出来。在艺术创作的道路上，探索适合于自己特点的风格是必不可少的事。

也有学生说：

我经常想做一个大胆的尝试，不时地思考着一些问题，在精心准备之余，却发现还被自己否定，然后再不断地调整，不断地修改，再去探索，这样反复进行着。在我的记忆中，我常常是带着浓厚的兴趣和激情来画完我的构思，其实在我画的过程中也有很多时候是边画边想，一个形体或者一块颜色，启发我创造另外一个更有意思的形体或者一块色彩，不断地充实和丰富画面。当然，这种尝试在创作中我不是经常用，一般情况是先想好了基本的方案，然后形体搭配上基本符合我的构思，就开始动笔了。一幅作品其实过程比结果更重要，过程是强调感受，没有感受，画面打动不了观者，所以我认为作为创作者，首先要打动自己！一幅没有感情、没有灵魂的画作，就称不上是一幅好的作品！

正是如此，越来越多的学生在社团活动中表现得越来越自信，他们敢于展示、敢于承担、敢于挑战，他们的作品活跃在学校各项活动中。

在校园的一角，闲置木椅整齐堆砌，乍看不显眼，走近才发现，原来有大量的学生绘画作品放置其中，细看更是惊艳，孩子们通过这些作品中展现出了丰富的感性和个性。学校的走廊、楼梯、教室等也随处可见他们的作品，虽然这些作品难与大师匹敌，但那些丰富的色彩正是绘画者情绪与个性的表达。

在家长会和家长开放日的时候，这些优秀的油画作品也会呈现给所有到场的家长，家长们纷纷赞叹：我们学校真是培养出了一批优秀的小小油画家！

外宾来访时，学校不仅展示学生的作品，还会请学生们现场作画，并为来宾解说作品的创作灵感、画面构思、油画背景以及他们画这一幅作品时的所思所想。

2019年6月19日，该校四至六年级学生创作的八十余幅油画作品亮相李元摄影艺术馆。学校携手姊妹学校香港保良局田家炳小学联合举办以“品质·乡土·印象”为主题的油画作品展。一幅幅色彩明快、隽秀灵动、稚趣盎然的作品充分展示了孩子们对生活的热爱和对艺术的追求，也凝聚着教师的智慧和心血。

展览现场，宁波市特级教师骆建钧评价说：“我们孩子的作品，用色大胆、风格多样，香港小朋友的作品更具装饰性。”他介绍，目前，鄞州区初高中开设油画课的比较普遍，小学阶段则较少，而在国外，儿童在幼儿阶段就开始接触油画了，画油画能激发孩子的想象力、创造力和审美能力。宁波市美术家协会副主席、著名油画家邬国宝说：“这些小学生的作品题材内容丰富，表现风格多样，尽管有的作品呈现得不够完整，却呈现了颇为真诚态度，一点儿都不油腻。王笙舲小学的同学们通过挑战高难度的画作，达成心灵体验，审美感动，这种艺术教学的行为难能可贵。”

学校还特邀香港保良局田家炳小学的学生、教师共同参与本次画展，油画为两地学校搭建了友谊之桥，体现了学校国际化办学的发展理念。油画作为世界美术语言，让学生通过学习与高雅艺术对话，提高了农村学生的艺术素养，实属创新之举。

首都师范大学段鹏博士认为，王笙舲小学的油画拓展性课程围绕油画教学走出了一条特色的美育之路，孩子们无论是描绘校园的风景，还是展现家乡田园，童趣盎然、朴实真诚，诗意浪漫且温馨动人。

任何艺术家都离不开赖以生存的故乡，任何艺术作品的创作都割不断乡土印象。这些小画家都是在鄞州这片沃土中成长起来的，家乡的一物一景都尽收眼底，由物入画、由景融情，他们用作品来抒发乡音乡愁，这种情感充分表现在美术作品的构图、线条和色彩上，在一勾一画里蕴含着无限遐

“品质·乡土·印象”油画作品展中展出的部分学生作品

想，在光色图像中描绘着美好世界。学生作品中有笔随心动的浪漫涂鸦，有激情澎湃的肆意笔触，有表情达意的动人线条，这是对王笙舲小学“多乐、多彩、多元”办学理念的最好诠释。

第四章

Art Education

禅绕画——画出孩子的心声

鄞州区江东中心小学

禅绕画是一种以点、线、面三要素为基础的图案绘画方式，利用各种媒材在设定好的画面中反复重叠，缠缠绕绕，将图样进行有机的关联与编排，使之形成特定的视觉系统。禅绕画的创作过程轻松愉快，学生可以体会创作带来的宁静和安心，达到深度的专注。绘画过程能让人进入高度冥想状态，所以它又被称为“心灵的画作”“头脑的瑜伽”。江东中心小学开展的小学美术核心素养下禅绕画图样的创意化探究课程贯穿一至六年级，从传统图样传承、创作技法探究、校园生活应用三个方面进行校本课程的设计与实践，积极推进素质教育，提升学生思维能力和创造能力。

好的教学模式能够转变学生的学习方式，江东中心小学打造课堂、社团、学生活动三位一体的教学平台，设计富有特色的禅绕画课程。引导学生通过查阅资料、寻访参观、小组合作等手段提高搜集、分析、整理信息的能力。在美术教育中深挖绘画表现形式，可为学生带来不同的艺术审美体验。江东中心小学通过不同的方式拓展禅绕画应用的场合，进一步反哺美术课堂，形成有效的循环。该校教师提炼传统图样的创作技法，实施可行的、适宜的教学方法，使学生掌握基本的图样创新技法，在作品创作中融入自己的独特观念，启发他们的创造性思维，发展感知能力和形象思维能力。在课余时间，老师带领学生参观寻访上海博物馆、宁波博物馆中展品的图样，让他们感受本土文化，获得情感熏陶，激发热爱家乡的思想感情。通过多主题、多角度的评价机制，引导学生参与文化的传承和交流，帮助学生表达自己的想法和感受，促进学生的个性形成和全面发展。

一、禅绕画课程体系的构建

(一) 课程内容体系的架构

禅绕画是江东中心小学的一门特色课程，该校融合本土文化，从传统图样传承、创作技法探究、校园生活应用三个方面进行校本课程的内容架构。

1. 传统图样传承

在江东中心小学“智乐”课程理念的指引下，老师们选用可行的、适宜的教学方法，开展寻访参观、小组合作，通过查阅资料等方式，全方位获取传统图样相关知识。学校、家庭、社会三者连通，老师、家长、学生三者联合，共同打造课堂、社团、学生活动三位一体的学习平台。从一年级到六年级，分为三个学段，由浅入深，循序渐进地达成教学目标。学生参与文化的传承和交流，在欣赏评述中融入自己的想法，表达自己的观点，提高传统图样的传承能力。

2. 创作技法探究

（1）着眼于媒材肌理，让创作更有趣

该校的禅绕画课程引导学生关注材料的选取和使用，细细甄别、精研各种媒材，深挖创新技法，巧用多种肌理特征。在教学中，教师提供吸管、笔帽、刷子、尺子、滴管、牙刷等工具和材料，让学生以小组的形式玩一玩，把结果总结在导学单上，激发学生创作的兴趣。

（2）着眼于图样题材，使创作更有料

民族图样，被人们称为“经化妆、打扮出来的图形”。人们在衣、食、住、行、用各个方面，都离不开图样的装饰美化。根据图样题材的不同，禅绕画课程分为：几何图样、植物图样、动物图样、人物图样等。低段的学生主要以几何图样的单独练习为主，中段学生以植物图样和动物图样为主，高段学生以人物图样为主，循序渐进地学习不同的题材，使学生创作的范围更广、更有料。

（3）着眼于构成形式，重构图样要素

构成是最基本的绘画表现语言，好的构成是一幅作品成功的开端。引导学生在节奏与韵律、统一与变化、对比与调和、对称与均衡的形式美法则下设计并组织自由多样的图样。

3. 校园生活应用

学习民族图样，不仅仅是为了继承，更是为了应用于生活。

（1）学科应用，让文化浸润

校园学科节旨在通过学科、年级以及班级的各种活动，让学生“乐在其中，成长于其中”。神绕画课程通过各种图样创作活动展示学校的教育理念，体现学科中的图样艺术。

(2) 德育应用，让学生静心

禅绕画运用简单的点、线、面创作，创作时学生的注意力会集中在每一次落笔、每一根线条。在这样的状态下，人脑很容易地进入冥想状态，逐渐达到深度的专注，从而忘记那些焦虑和烦恼。该校还结合禅绕画开展了二十四字价值观、十岁成长礼和爱心义卖等活动，培养学生正确的道德观。

(3) 校园应用，让环境更美

在校园中展出优秀禅绕画作品，烘托校园的艺术氛围，促进学校文化建设。同时，学生听到教师或同学对自己作品的称赞时，学习的欲望会更加强烈，从而更积极地投入创作中，进而培养自信心。

(二) 课程实施体系的架构

在组织形式上，该校的禅绕画课程跨越了以课题申请责任人为主要承担者的传统方式，尝试同一学科不同校区教师间相互合作，从课堂到社团多方渗透，使美术学科的教学方式和学科资源从单一走向联结。在该校“智乐”课程体系下，基于教师经验和学生学情，让学生从理解的角度去思考、体会图样作品，感受民族文化，以文化传承、寻找媒材、构思创作、作品展示、展评完善的教学方式，带动学校美育水平的整体提升，推动教师教育教学水平的发展。

1. 立足常态课，释放孩子天性

该校在日常的美术学科课程教学中，就非常注重培养学生用禅绕画的方式表达自己的内心想法。从一年级到六年级，分为三个学段，学段目标由浅入深，循序渐进，体现图样教学的系统性、完整性。课堂里，在教师不评价、不对比的情况下，学生能够沉浸于当前的绘画活动，敞开自己的心扉将自己的心理活动投射在作品中。

在常态课的长期熏陶下，学生能够通过挖掘、整理、研究原始图样、古典图样、民族图样、民俗图样等传统图样，感知传统图样的形式美，学习古人纯朴善良、乐观向上的传统美德，并在传承的基础上，创新图样，学以致用，开阔视野，陶冶情操。

禅绕画独特的作画方式，能够帮助学生释放来自生活与学习中的压力，帮助他们深入思考、审视自己的内心。通过课堂的学习，每位学生都能够有所收获，不仅创作出美观的画作，也进行了自我减压。

2. 进阶公开课，展现学校风采

除了常态课的方式外，江东中心小学的教师们还多次在校际及区级公开课上展现禅绕画的魅力。

如在2018年区级教研课上，该校黄颖老师的《年年有鱼》一课，引领学生加深对鱼纹的了解，不仅能够自主设计和创作鱼形缠绕图样，还能用图样表达心中“年年有余”的美好期待与祝福。不同的学段、内容、课型需要有不同的教学方式，执教老师针对不同年龄段的孩子，以美术学科特点和“以学生为中心”为改革的基石，在分析借鉴各地区教学改革经验的基础上，研究并构建了“预学后的分享式学习”“引领后的探究式学习”“创意后的实践式学习”等学习方式，用多样化的学习方式，激发学生的学习兴趣和创造潜能。

同年，在另一次区级教研课上，该校詹楠老师又为大家带来了一堂别开生面的《禅绕装饰画》。为切实做到把一半的讲台还给学生，提高学生交流中“兵教兵”的实效性，课堂上，老师在引领后，让学生分析探究图样的构图、造型、色彩及图样与文化、生活、设计的关系。鼓励学生大胆质疑，创设问题，让积极思考成为一种习惯，努力创造新的图样，充分发展他们的思考能力。

作为一名美术教师，除了要有过硬的教学业务能力外，还需具备较高的专业技能和创作水平。在禅绕画课题研究过程中，江东中心小学的美术教师都非常注重提高自己的专业知识，他们积极参加各类专业学术团体，悉心听取专家的指导，在美术作品创作、平面设计、多媒体材料运用等方面潜心研究，在各类教师技能竞赛及美术创作比赛中表现突出，成绩优异，为课程教学提供保障。

从古至今，最能体现创造性的莫过于艺术，而艺术的生命又在于创新，培养学生的创新能力是素质教育的核心内容。禅绕画课程强调实践体验，适当平衡“书中学”和“做中学”，教师通过激发学生兴趣，调动其参与图样创作的积极性，鼓励、帮助学生进行大胆尝试，展开自由的想象和表现，注重学生实践活动经验的积累和创新能力的培养。

江东中心小学学生的禅绕画作品

3. 建设菜单社团，做到人人参与

江东中心小学通过研究与实践，打造课堂、社团、学生活动三位一体的教学平台，设计富有特色的禅绕画课程体系，提高学生的创意能力、实践能力、审美能力及交流、合作能力，促进学生美术核心素养的提升。该校教师通过了解国内外不同的禅绕画内容和风格，加强视觉感知教学，培养学生对美的追求，提高禅绕画文化认知度，提升创意能力，陶冶审美情操。发展禅绕画所强调的严密的思维逻辑、精准的绘画态度、娴熟的绘画技巧，以及对结构感的领悟，提高学生创意实践能力。此外，课程以学生的情感表达为主，以禅绕画的创作形式为辅，利用多种形式创作作品，为学生的创作提供更广阔的发挥空间。

课程开设至今，全校美术教师全程参与了课程的策划与运作，以自己对课程的独特理解为基础，从目标、课程、教学及学生的学习状态、困惑、疑问、需要等方面，结合学校的学科、德育、节日、心理等活动，将图样的提炼与应用渗透进校园生活的方方面面，实现了学以致用、融合互补。

4. 创新作品展示，“小我”组成“大我”

学校处处有教育，校园环境具有非常重要的育人功能。江东中心小学搭建了“智乐小舞台”，以此助力学生的个性发展，促进学生的自我成长和创造性的发展。“智乐小舞台”使以学生课堂作业为主的禅绕画作品有了展示的空间，孩子们以能够在小舞台上展示作品为荣，并能时常驻足，欣赏他人作品，取其精华，审视自我。这样的布置，如春风化雨般，潜移默化地影响着孩子的心灵，能够让孩子从环境这面“镜子”中，直观自己，丰富审美能力和情趣。小舞台对于学生心灵的陶冶、情趣的激发、和谐人际关系的营造、精神境界的提高，以及校园气氛的活跃等，都发挥着独特的功能和作用，具有非常重要的育人功能。

俗话说“佛靠金装，人靠衣装”，对于绘画作品而言就是“三分画，七分裱”。作品的呈现方式异常重要，它与环境有着密切的联系，并不是孤立存在的，同一作品摆在不同环境和不同位置，所传递出来的信息是不一样的，因此，作品的展示需要一个合适的场景和方式。

图样作品的形式多样，有平面和立体之分，有抽象和具象之别，有实用和欣赏之异，适时举办以赏评为目的的图样展示，能使学生获得主动评价与循环学习的机会。该校利用平面展示、展台展示、立体悬挂展示等形式，为学生创造多样平台，鼓励学生参与作品的布展，激发他们的学习动力与创作热情。

每件作品都有闪光点，关键是如何让它发光。学生的作品充满着创意和灵气，布展时把作品放在展台上展示，犹如陈列商品，反而有一种独特的情调，用展台的形式展示立体作品，改变以往枯燥单一的欣赏评价方式，把作品的创新点、审美点、情感点都串联起来，成为美术课堂教学的延伸和补充。为了布展时不显得单调，作品效果更有层次，师生们还采用立体悬挂的展示方式，把优秀作业集中布置在走廊上空，让来来往往的老师和学生参观欣赏，点评优缺点。设计成方形的图样，可以在里面塞满报纸，以“我的靠垫”为主题进行展示。学生在一个新的环境里从新的角度认识自己作品，了解图样，开阔眼界，使得美术学习不再是被动的听取和接受，而是主动的与艺术作品“对话”，这种近距离的鉴赏与评析，能让学生领略到艺术作品的深层魅力，形成不同寻常的图样创作经验和艺术感想。

江东中心小学学生的禅绕画作品展示

二、核心素养下的多维度内容开发

（一）课堂、社团、学生活动三位一体

要培养全面发展的人，便不能只把学生禁锢在学习书本知识的课堂上，而要把他们放飞到更广阔的课程空间里。江东中心小学的禅绕画课程从学生的兴趣出发，设立更多的互动课堂、社团、校级活动，让学生在学习中发展自我，学会学习。

（二）利用社区和社会资源

社区和社会资源是学校资源的有效补充和延伸。一所学校拥有的教师资源是有限的，而家长、社区和社会资源却是极为丰富的，孩子的家人、邻居，这些有一技之长、学识渊博的外援团可以为学校提供更为丰富的课程资源。

三、禅绕画实施的成效

（一）学生的成长

1. 激发了学习传统文化的兴趣

传统文化的学习应以学生为主体，充分突出开放性特点，给学生的学习活动提供更大的空间，激发他们学习的兴趣。在学校的传统文化学习活动中，学生或查阅资料，或实地调查，或参观博物馆，通过对传统图样的参观考察，有效拉近了与图样的距离。这些饱经沧桑的文化遗迹，一下子吸引了学生的眼球，使学生真切地感受到原来图样就在我们身边，原来传统文化是这么有趣。

2. 提升了图样创作应用的能力

通过禅绕画课程的实施，学生从最初的门外汉，逐渐被培养成具有设计素养的"小设计师"，这为小学的图案类教学开辟出一条新的道路。学生在图样创作应用方面取得了显而易见的成绩，传承能力、应用能力都得到了显著的提高，大部分学生掌握了图样的造型和色彩创作方法，在各类大赛中取得了优异的成绩，获奖率提高到 30％，85％以上的学生能圆满达成教学目标，90％的同学能得心应手地应用图样于生活。同时，学生的探究能力、创新能力、图像识读能力也有了显著提高。

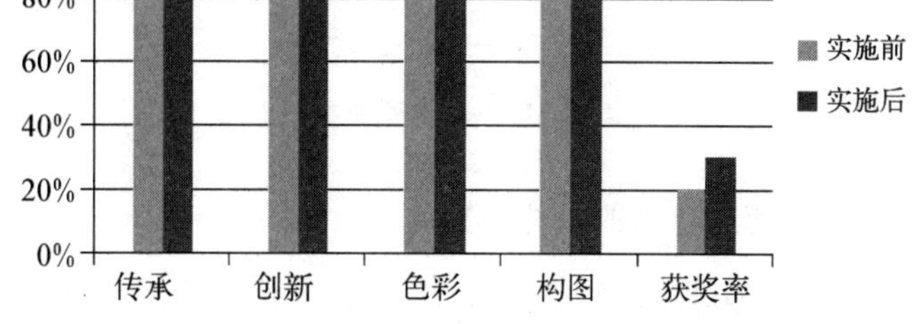

禅绕画课程实施前后学生图样应用能力对比图

3. 培养了热爱传统文化的情感

学生亲身去看、去触摸、去感悟传统文化，对身边的文化遗产和保护现状有了直观的了解。在一次次熏陶和洗礼后，学生们对传统图样有了更深层的感情，增强了保护文化遗产的意识，培养了热爱传统文化、弘扬家乡文化的美好情感。

(二) 学校的提升

1. 开发了一套有特色的图样校本教材

该校积极地开发校本课程，创编了《小学美术核心素养下传统图样创意化探究》一书，主要涉及传统图样传承、创作技法探究、校园生活应用等三大主题共二十几项内容。经过重新研究构建，将传统图样和基础图样进行细化解构，把不同时期传统图样的特点归纳出变形的要素、组织的骨架、色彩的运用等内容，教材不仅有科学的教学大纲，同时还有与内容相匹配的教学建议与要求，供师生教学使用。

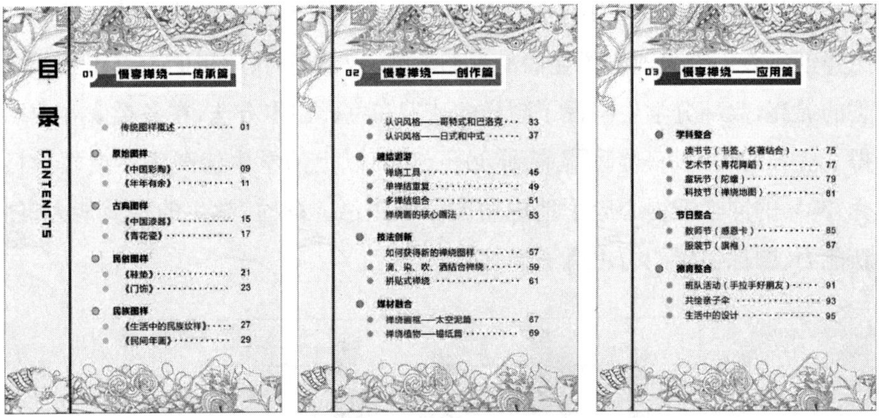
目录 CONTENCTS

01 慢享禅绕——传承篇

02 慢享禅绕——创作篇

03 慢享禅绕——应用篇

江东中心小学禅绕画校本教材目录

2. 创新了一套递进式的图样实施方法

图样的教学呈递进式的特点。其中，教学内容上的递进，从对传统图样的临摹学习入手，逐渐过渡到结合其他媒材的图样设计，最后则考验学生对传统图样的综合应用。

教学方法上的递进则从媒材的尝试和熟悉开始，通过微课的方式让学生掌握传统图样基本知识，设计问题引导学生观察，通过练习培养基本图样创作能力，并引导学生对作品进行详细的分析，培养学生分析问题和解决问题的能力，经过对图样的调查、策划、实施，培养学生独立创作图样的能力。

如此递进式的教学形式充分体现了以学生为主体的教学理念，学习主体变被动为主动，提升了学生的核心素养。

3. 提炼了以图样的创作应用为中心的教学方式

禅绕画课程以创新为支点，以学校"发展学生核心素养"的课程总目标为宗旨，以"为了学生的未来"为关注核心，融合本土文化，以文化传承、媒材结合、体验创新的教学方式，带动学校美育水平的整体提升。在该校"智乐"课程体系下，基于教师经验和学生学情，以品味经典、文化传承、寻找媒材、构思创作、作品展示、多元展评的教学方式，多维度多方面地提升学生的创新实践能力，积极推进素质教育，发展学生的感知能力和形象思维能力，引导学生参与文化的传承和交流，陶冶学生的情操，提高审美能力。

江东中心小学的禅绕画特色课程，基于小学生身心发展特点，结合学校文化特色，从图样创意、校园活动、校园景观建设三个方面进行校本课程的设计与实践，从地域文化和个性经验中吸收不同的创作方法，对校园文化的建设进行实践与探索，激发学生的想象力和创造力，逐步提高创新实践能力。通过禅绕画课程的实施带动了学校美育水平的整体提升，推动了美术教师教育教学理念与实践能力的发展。

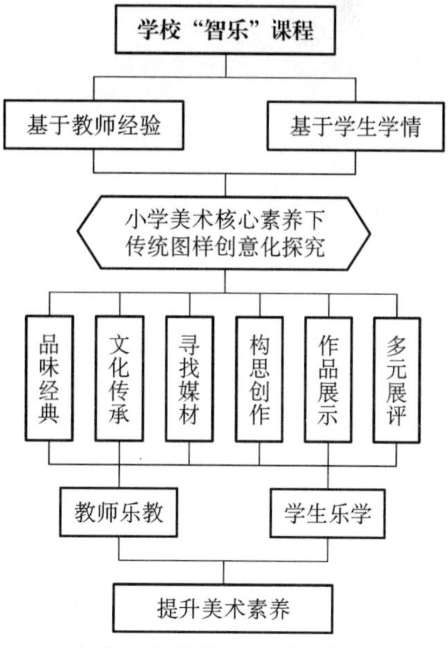

江东中心小学禅绕画课程体系

第五章

Art Education

书法——翰墨润德的『三正』教育

宁波市荷花庄小学

“三正”出自“用笔在心，心正则笔正”，源于唐代著名书法家柳公权《心正则笔正》的笔谏故事。宁波市荷花庄小学以“三正”教育翰墨润德，经过多年的稳步发展，形成了独特的书法艺术特色。

该校的“三正”有三个层次，即“笔正、行正、心正”。

笔正：要求学生准确握笔、落笔、行笔、收笔，写得一手好字。

行正：要求学生写字、坐、站姿势正确，并将笔正延伸到行为规范中，养成遵规章、守纪律、讲文明、懂礼貌等良好的行为习惯。

心正：要求学生从静心写字做起，培养专心、细心、耐心等良好素质，从书法传统文化中汲取道德规范精粹，养成良好品格。

“三正”是一个互相作用、互相促进的正螺旋发展链，学生从规范自己的习字行为开始，规范自己的言行，塑造自身的人生观、价值观，促进高尚品质的形成。同时，品行的规范又促进学生写好字，形成良好的习惯。

对学生进行书法教育的过程，就是习书者“练眼、练手、练字、练心”的过程。荷花庄小学通过“笔正、行正、心正”教育，培养学生良好的学习习惯，促进学生个性特长的发挥和综合素质的提高，推动良好班风、校风的形成，也使该校成为在省内乃至全国具有一定知名度的特色学校。

一、学校书法教育的发展历程

宁波市荷花庄小学在书法教育的实践道路上探索了将近三十年，他们以“为学生的终身发展奠基”为办学宗旨，以“全面发展、艺术见长”为办学理念，以“恒实、唯美、创新”为校训，以“笔正、行正、心正”为育人目标，使学校在书法育人道路上愈走愈深远，愈走愈开阔。学校在首任校长周熊熊的带领下，开始“五会一体”的素质教育，要求学生“会读、会写、会唱、会跳、会奏”，全面开展艺术教学，成立了宁波市韵升艺术学校，其中“会写”就是会写一手正确、端正、美观的汉字。1994 年，该校率先成为宁波市首个书法实验学校，并由中国教育学会书法教育专业委员会命名为“全国第二书法实验学校”。之后的每一任校长都不忘学校的办学特色，无论是著名书法家林邦德校长，还是语文名师林敏校长和谢增焕校长，或是以音乐舞蹈见长的葛蕊蓉校长，以及现在的语文名师陈悦旭校长，他们在办学实践中均不断提炼、升华，使学校的办学特色越来越深入人心，越来越有社会影响力。从 20 世纪 90 年代至今，该校的书法教育发展阶段如下图所示。

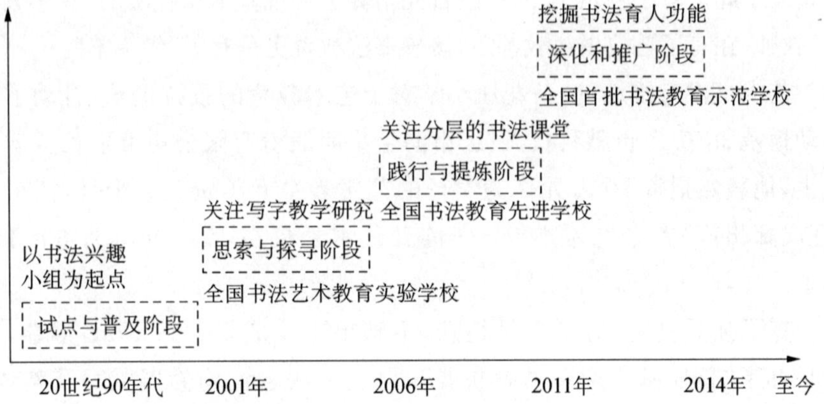

荷花庄小学三十年书法教育的发展阶段图

其中，前三个阶段（前二十年）重在“笔正”，即全面提升学生写字水平和逐步形成书法特长生的培养模式，并同步进行“行正”教育，培养学生的良好书写习惯。第四个阶段（后十年）重在“心正”，深入挖掘书法的育人功能，结合班级建设和家校联系，让书法教育深入人心。

（一）试点与普及阶段

荷花庄小学初建于 1989 年，当时只有一幢教学楼，迎来了 13 个教学班和二十余名教师。到 1993 年初，她依然是一片寂静的“荷塘”，远未到“满湖碧叶翠欲滴，万点荷花香沁人”的地步。直至 1994 年初，乘着素质教育的东风，原宁波市江东区（2016 年划归鄞州区）教育局和宁波市书法教育研究会联合，决心办出一所以书法教育实验为突破口、深化“五会一体”艺术教育实践的书法实验学校，该校于 1994 年 5 月 31 日正式挂牌为“全国第二书法实验学校”。当年秋天，“荷塘”便迎来了她的第一份硕果，在浙江省中小学生“丝得利”杯书画大赛中，该校 4 名学生获得一等奖，此事惊动了宁波城，也轰动了浙江省，引来了省里专家的专访。

初尝莲实，满口溢香。学校对书法教育的普及工作更是“肥泥填池，翘首待春”。没有专职的书法教师，他们就外聘了宁波市一批颇有名气的书法家作为兴趣小组的辅导老师，陆爱国、陈国挺、李炯等老师的儿童书法教育便始发于此。对于普及工作，该校首先培养了一批基本功扎实的“写字天天练”教师，在有了首位书法教师后，该校书法教育更是有了“领头羊”。

艺术是没有围墙的，荷花庄小学对于艺术教育的孜孜追求，打动了市劳动模范、市突出贡献科技人员、市韵生集团股份有限公司董事长竺韵德先生，他毅然捐资 10 万元作为学校的艺术教育专项资金。于是，江东区（现属鄞州区）首个艺术学校——韵升艺术学校在 1995 年 5 月 30 日诞生了。

有了强兵良将，有了丰足粮仓，不愁出不了成果。到 1996 年春，该校举办了“首届师生迎春书画联展”，甬上书法名流均为展览写了贺词。自此，荷花庄小学步入了艺术教育的春天。

（二）思索与探寻阶段

经过五年的耕耘，荷花庄小学以书法教育特色引领宁波市，并在华东书法教育协作组中崭露头角，一派“接天莲叶无穷碧”的大好景象。

时任校长林邦德先生为著名书法家，试行书法艺术教育实验，坚持“弘扬传统文化，书法艺术育人”的办学宗旨，开设书法课和艺术社团，进行书法教学研究，带领学校升格为浙江省内唯一的“全国书法艺术教育实验学校”，开创了书法艺术教育的又一先河。其间，学校承办了华东六省一市的书法年会以及现场观摩活动，在特长生的培养方面获得了华东书法教育协作组和中国教育学会书法教育专业委员会的高度评价。学校引进了两位专业素养高、创作能力强的书法教师，他们在林邦德校长的引领和指导下一举获得了 2004 年全国书研会武汉现场作课比赛的一等奖和特等奖。

之后，继任的林敏校长使该校的书法教育又上了一个新台阶，提出“明理、乐学、力行”的学风，筹谋改建“荷塘”的计划，打造书法教育的响亮品牌。

这一时期，恰逢学校的二期改造工程完工，翠竹掩映下的青砖白墙成了整个社区的一道风景线，校园内的书荷雕塑成了最有特色的标志。时任西泠印社执行社长、浙江省书法教育研究会理事长刘江先生为学校题写校训“恒实、唯美、创新”。2005 年，学校在宁波市书法教育研究会的支持下，创建了宁波市首个书法特长生基地，试行书法艺术特长生培训模式，一大批宁波市的年轻书法家担任了周六特长生基地的书法教师。其间，该校承办了浙江省书法实验学校年会，书法办学特色受到了浙江省书研会理事长王冬龄先生的大力肯定。

至此，学校书法育人模式已成熟稳定，课内课外，双管齐下。书法育人队伍发展壮大，校内校外，才俊云集。书法育人成果令人瞩目，省内省外，有口皆碑。

(三) 践行与提炼阶段

2006 年至 2011 年，是荷花庄小学书法教育“映日荷花别样红”的五年，如同该校“映日墙”上的篆刻那样，每一笔、每一刀都深入人心。

在林敏和谢增焕两任校长的引领下，学校书法特色持续升华，打造具有浓郁书香味的“清静雅韵”校园环境，开设必修、选修课程供不同层次学生学习，创设数字化书法网络教育平台——“荷花书苑”，推出别有风味的书法韵律操，开展丰富多彩的书法教育活动。其间，学校被评为浙江省艺术特色学校、全国先进书法学校，承办了中国教育学会书法教育专业委员会的年会，时任会长郭振有全方位肯定了学校的书法教育。

(四) 深化和推广阶段

有了前二十年兢兢业业的投入与付出，荷花庄小学这个“书法的荷塘”已经到了“十里锦香看不断”的诗意境界，同时也正在成为“红莲沉醉白莲酣”的幸福校园。

从 2011 年迄今，该校的书法育人特色日新月异。两位书法专职教师在学校的大力培养下，成长为南京艺术学院的书法硕士、区书法名师，直至全国书法名师、中国书法家协会会员。学校深入挖掘书法育人功能，拍摄系列书法育人微课程;建设以“汲古启新”为主题的书法博物馆,完成以书体演变为脉络的一期展厅布置,并在 2019 年上半年完成了博物馆二期的展厅布置;建立起宁波市较早的书法智慧教学实验室;成立南京艺术学院教学实践基地,给多届南艺在甬毕业生提供实习、教学实践、课外辅导、作品加工、教学能力提升等培训;承担区级书法教学师资培训,受训教师五百余人次。学校形成了“翰墨养德”德育品牌,被评为全国首批中小学中华优秀文化艺术传承学校、全国首批书法教育示范学校,多个课题曾在省市区级评比中获奖,真可谓香远益清,硕果累累。

二、“三正”教育的实践

三十年筚路蓝缕,这所从 13 个教学班起步的社区配套小学,已经成长为宁波家喻户晓的现代化书法特色学校。精兵强将,良田富水,看那十亩碧莲,翠盖层叠,随风扶摇,随波荡漾,是何等的壮观,何等的令人心旷神怡!从建校至今,荷花庄小学在“三正”教育的实践中愈走愈坚定。

(一) 确立教育目标

荷花庄小学通过形式多样的以“笔正”为载体的教育活动,为学生搭建学习中国传统文化、传承中华传统美德的平台,汲取道德规范精粹,学做人、养品格,以此培养有志向、有责任心、诚信、感恩、友善、正直的人。

(二) 构建课程体系

根据小学生身心发展的特点,该校从育德、启智和审美三个维度,将书法与育人相结合,将书法训练与学生综合素质发展相结合。

1. 构建两类五级书法课程,满足不同学生学习书法的需求

在书法课程实施中,该校关注不同学习水平的学生,从技能、鉴赏、文化渗透等方面设计教学内容,关注书法学习的基础与提升,并在受众面上向校外延伸。

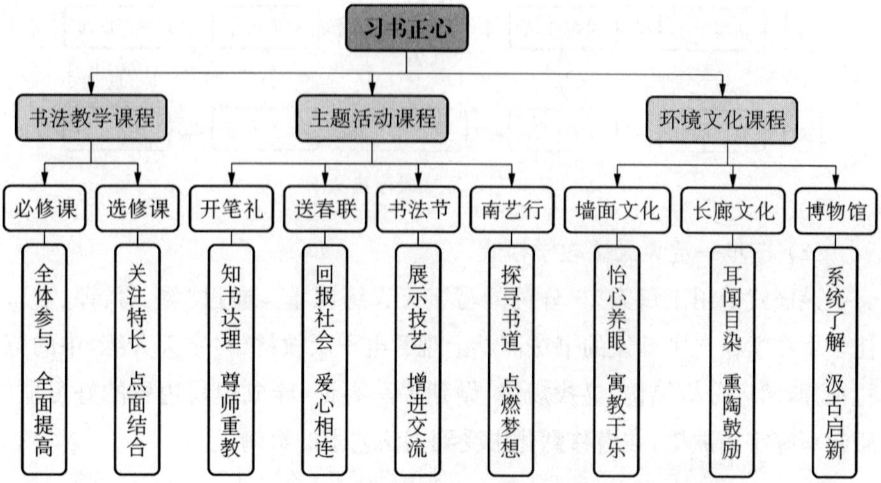

荷花庄小学“习书正心”课程体系

荷花庄小学书法课程设置表

类别	课程名称	参加对象	课时安排	教材	教师
必修课	写字训练课	全体学生	40 分钟/周 排入课表	天津古籍出版社《书法》	书法专职教师
	写字天天练		20 分钟/天 周一至周四 13:00—13:20	学校自编教材《写字天天练》	18 位天天练教师
选修课	书法社团课	对书法有兴趣的学生	40 分钟/周 周三 15:50—16:35	历代名碑名帖、书法史、书法欣赏	书法专职教师
	特长生训练课	对书法有兴趣、有潜力的学生	90 分钟/周 周一、周四 15:50—16:35	历代名碑名帖（楷、隶为主）	书法专职教师
	假日活动课	有志于书法专业发展的校内外学生	90 分钟/周 周六 13:30—15:00	唐楷名碑名帖	校内外书法专职教师

在书法课程实施中，学校遵循教学设计系统性、教学过程互动性、教学方法多样性、教学时空开放性的原则，结合书法教学内容和小学生学习书法的特点，创建了较为典型的书法课堂教学模式。

（1）双向互动写字教学模式

该模式适用于全体学生的写字训练课，能够帮助学生较快地掌握写字技能。

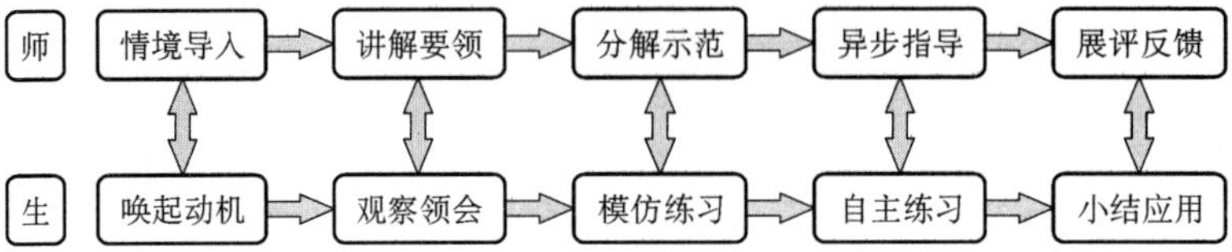

双向互动写字教学模式

(2) 三步一赏天天练教学模式

该模式适用于每天20分钟的写字天天练课堂。通过“看、写、评、赏”,让学生在学校自主开发的书法网站上观看电子版教材《写字天天练》中的范写视频,然后分析结构、寻找规律,做到手写心记,养成边写边思的好习惯,激起写好字的欲望,在潜移默化中受到书法艺术的熏陶。

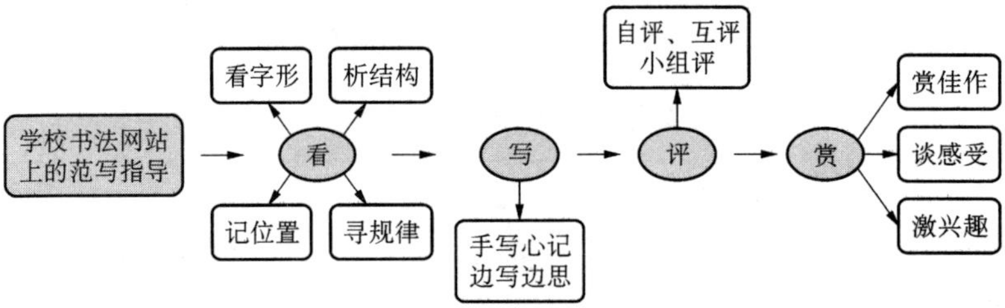

三步一赏天天练教学模式

(3) “五学”写字教学模式

该模式适用于有一定书法学习基础的学生,要求学生在做中学,培养探索精神和创造能力,体现了学生主体性和学习主动性。

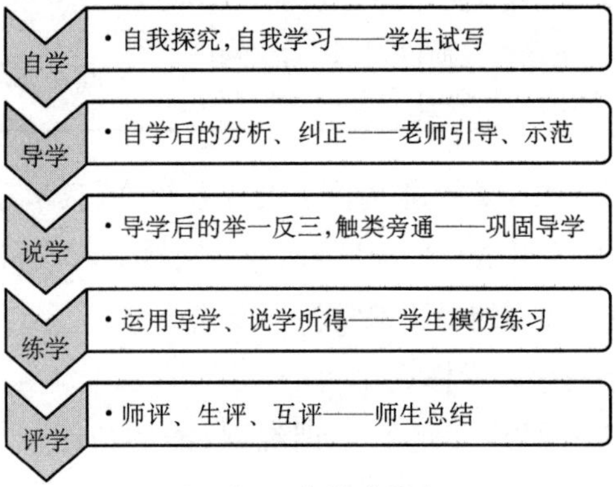

“五学”写字教学模式

2. “礼节送行”书法主题活动课程，提高学生的品德修养

在“三正”教育实施过程中，学校坚持以书载道，书道融汇育人，把书法教育与养成教育、现代公民教育相结合，以丰富多彩的活动课程为学生搭建以文会友、展示技艺、适应社会、培养团队精神的平台，通过书法教育把学生带入五彩缤纷、和谐文明的精神世界，提高他们的思想品德修养和审美能力。

(1) 主题一：新生开笔礼

每年新生入学之际，荷花庄小学会开展开笔礼活动，对刚迈入校门的学生进行尊师重教、孝顺父母的教育，学习基本礼节，为一年级新生上好写字做人的第一课。

(2) 主题二：过年送春联

每年寒假来临之际，学校会组织开展探索春联文化、写春联、送春联的活动，让学生习得读、写、贴春联的学问，了解关于春联的奇闻轶事，丰富文化修养。教师还带领学生走出学校，到不同地点现场写春联送给需要的人，展示荷小学子的书艺风采，提升书法教学效益。

(3) 主题三：五月书法节

每年五月，荷花庄小学还开展书法节活动，学生、老师、家长一起参与，通过师生同乐、亲子书画、书法文化展演等形式，为师生创设多样的书法技艺展示平台。

(4) 主题四：春季南艺行

在春光明媚的日子里，荷花庄小学会组织学生走进南京艺术学院这所在国内外都具有影响力的高等艺术学府。通过参观校园，观摩艺术表演、书画展览，与书法专业研究生面对面等活动，寻书探艺，激发孩子们对中国传统文化书画艺术的热爱，提高他们对文化艺术的认知水平。

3. “墙廊网馆”书法环境建设，浸润学生心灵

荷花庄小学的校园环境建设以书法为主题，不但有名家名作的展示，更为学生作品提供了展示的平台。在这样的环境中学习、成长，学生不仅可以在视觉上获得美的享受，整日与名品佳作“对话”，还能促成他们在不自觉间

以传统美德规范自己的行为，优秀的学生作品更能激起孩子们向身边榜样学习的动力。

（1）墙文化教育

荷花庄小学的中国书法三千年大型幕墙，选择用篆、隶、楷、行、草等书体书写的最典范的碑刻和法帖，有殷商甲骨、钟鼎石鼓、李斯玉箸、张迁汉隶、羲之兰亭、真卿唐楷、怀素狂草等，图文并茂，让学生对中国汉字的演变发展有了非常直观的认识。学校操场周围的砖刻围墙上刻有钟繇、王献之、虞世南、颜真卿、吴昌硕、沙孟海等历代名家名作，供学生在闲暇之时品读，围墙前安放的锥画沙和青砖练字的台子，更是寓教于乐，让学生在玩中学。

大门题字

历代名家篆刻作品围墙

中国书法三千年大型幕墙

篆刻映日墙

荷花庄小学的墙文化

（2）廊文化教育

教学楼内的走廊也被布置为书法长廊，呈现历届学生的优秀作品，让学生们耳濡目染，受到熏陶和鼓励。该校静荷楼的笔墨纸砚文化长廊介绍了笔墨纸砚的发展史和使用要点，还有学生以历代描写文房用品诗词为内容书写的书法作品，营造了浓浓的传统文化氛围。

精彩廊

学生作品展示廊

笔文化廊

纸文化廊

荷花庄小学的廊文化

（3）书法教育网站

该校在多年的探索中，自主开发出“荷花书苑”网站。“荷花书苑”网站集教学、展示、互动、评价于一体，不仅方便学生在课外继续学习书法，而且

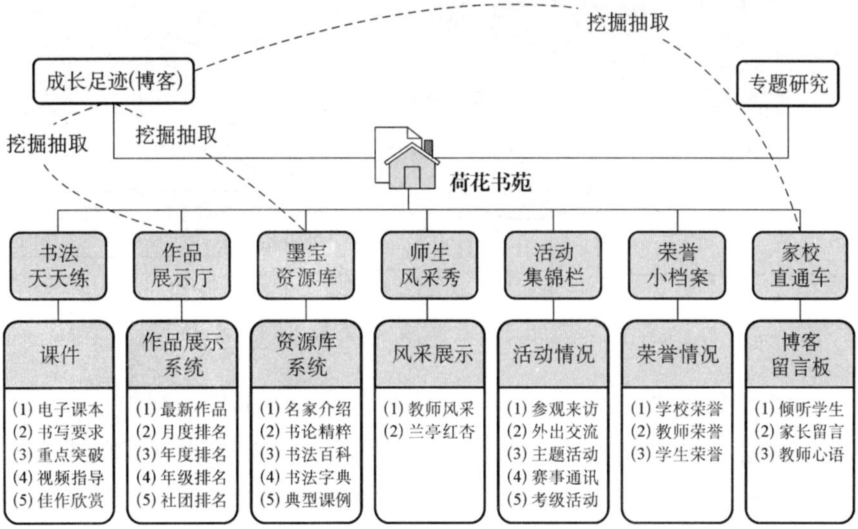

“荷花书苑”网站设计框架

还可以展示自己的作品，与同学、教师或家长进行作品交流和互动，帮助学生练得一手好字，有助于他们懂分享、会欣赏等方面的能力提升。网站上呈现的学校自编教材《书法天天练》中每一课的书写要求、重点突破、视频指导、佳作欣赏，为老师们提供了教学的素材和教学的方法，为学生们搭建了学习资源库。

（4）书法博物馆

2014 年，荷花庄小学建成了全国义务教育系统中首家校园书法博物馆，生成与传递了书法教育资源，增强书法教育的场域效应、系统效应、成就效应。同时，该校还建成了数字化校园书法博物馆，依托“荷花书苑”“之江汇基地校”平台，实现资源共享，拓展书法教育的内涵与外延；建构了“翰墨之旅”书法博物馆课程体系，馆校连接，最大化共享课程资源，探悟结合，突显泛在学习，使学生线上线下、馆里馆外全方位全过程感知体验、汲取实践。这个全国少有的校园书法博物馆成为校内乃至区域内师生学习书法、传播中华优秀文化的平台，也为书法教育者研究、创新书法教育教学提供方法和样本。

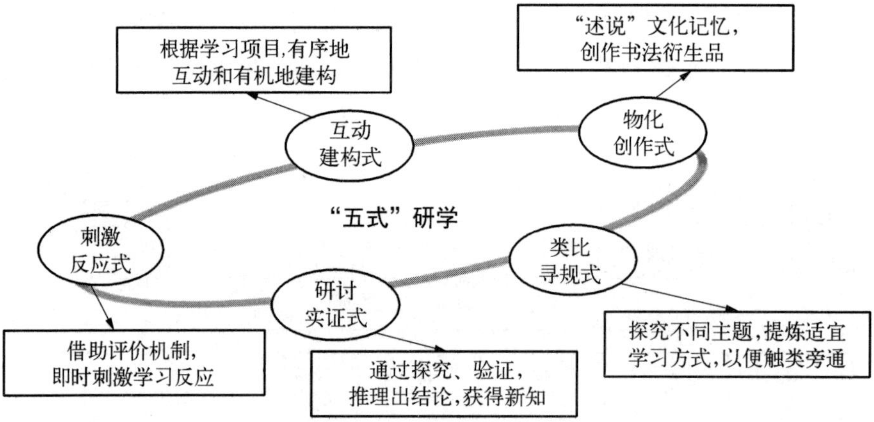

书法博物馆“五式”研学

该校根据书法博物馆课程的特点，以乔治 E.海因《学在博物馆》一书中提出的建构主义博物馆教育理论为指导，以互动建构式、刺激反应式、研讨实证式、类比寻规式和物化创作式为研学“五式”，让学生走进博物馆“动起来”，根据不同的研学内容，选择适合的学习方式。

书法博物馆以“汲古启新”为主题，弘扬中华优秀的传统文化，为学生开启传统文化之旅。书法博物馆为学生展现书法演变史，陈列古人文房用品，提供当代书法名家作品和优秀学生作品的展示等。博物馆通过多媒体设备进行数字化展示、书法临摹和抢答互动等，更为学生了解书法家、学习他们的精神提供了平台。

名家作品展示区

文房用品陈列区

历代书法作品陈列区

书法知识抢答区

荷花庄小学的书法博物馆

(三) 开发教育资源

为拓宽和开发教育资源，让学生不受时空限制，直观细致、有选择地接受书法文化熏陶，荷花庄小学积极倡导和组织教师们录制书法微课。该校的书法微课程由“书法技能技法”“知‘书’达理”“书法鉴赏和创作”三大系列、近2 000节微课组成。其中，“书法技能技法”系列微课 36 节，上传至宁波教科网后，仅 2014 年点击量便高达 103 640 人次；登陆宁波数字电视后，10 万数字电视用户中有 1.6 万用户进行了点播学习。“知‘书’达理”系列书法育人微课也由宁波市学校装备管理与电化教育中心制作成专题，上传至宁波教科网、省微课网，让更多的师生共享成果。

学校与南京艺术学院美术学院“联姻”建立教学实践基地，共享南京艺术学院优质资源。教学实践基地成立以来，在师资培训、艺术课堂教学改革、学校特色建设上得到高校全方位的支持。每年12月，南艺的专家、研究生走进荷花庄小学，带领学生欣赏经典作品，点评书法特长生的作品，并进行个别辅导和示范；同时，荷花庄小学的学生通过“走进南艺”活动走进艺术高等学府，参观各类书画展览，与书法专业研究生交流，探寻书画艺术之道。

(四) 形成评价体系

为了保障“笔正、行正、心正”教育理念的实施和顺利推行，同时也有利于检验“三正”教育理念实施的效果，荷花庄小学构建了“三正”评价体系。

1. “笔正”发展性评价

段位制评价制度。《荷花庄小学学生写字(书法)等级考核标准》共分成二级九段，对学生在书法学习进行等级评价。

作业双评定制度。各学科教师在批改和评价学生作业时，除对答案的正误评判外，还对作业的书写水平做出相应的评定。

考评中的书法达标要求。“优秀生”和“优秀班级”的考评与学生的书写水平挂钩。

网络评价。在“荷花书苑”网站上开辟了“作品展示厅”，学生、教师、家长可以把自己的作品上传，通过对登录网站的时间、次数的统计，以及对发表日志数量、作品的点击量、评价、留言和回复情况等进行综合积分，实现网络评价，作为每学年“书法之星”评选的依据。

2. “行正”示范生评价

从“学习、书写、做人、卫生、饮食、阅读、安全、运动、劳动、礼貌好习惯”十个方面对学生进行评价，通过班级同学投票、评议，班主任推荐，大队部审核等程序，每学期评选出“行正示范少年”。

3. “三正”好少年评选

每学年开展“文雅之星”评选，包括：雅学之星、雅创之星、雅健之星、雅艺之星、雅范之星、雅孝之星。获得雅范、雅学之星，体育成绩良好及以上，并且“星”数量在班级名列前茅的学生，可以获得“三正荷小好少年”的称号。

三、“三正”教育的实践成效

桃李不言，下自成蹊。翰墨不语，润德于心。三十年的坚守，换来了荷花庄小学的翰墨飘香，也换来了老师们的一身书卷气，更换来了学生的笔正、行正和心正。

(一) 学生的转变

1. 学生书写水平的全面提升

书法特色教育使该校学生的书写水平大幅度提升。在鄞州区硬笔字过关测试中，荷花庄小学以优良率100%的成绩名列第一；在宁波市一年一度的书法考级活动中，该校的报考率和通过率均居全市前列，特别是六级以上的高段位通过率和优秀率更是跃居全市第一。

2. 大批特长生涌现

“三正”教育理念的实施更使荷花庄小学的一批书法尖子生获奖频频。近十年来，在全国、省、市、区等举办的各级各类比赛中，荷花庄小学学生获奖已逾千人次，特别是在历届的省中小学生书法比赛中，该校成绩一直保持领先地位。学校不断涌现出软硬兼修、诸体皆通的书法特长生，他们经常代表学校参加各类现场书写活动。

2009.1～2015.12 荷花庄小学学生在区级及以上书法类比赛获奖数量统计表

分类	一等奖	二等奖	三等奖	优秀奖	合计	总计
全国	27	38	53	58	176	522
浙江省	21	32	36	19	108	
宁波市	25	33	37	21	116	
鄞州区	30	39	45	8	122	

2016.1～2019.4 荷花庄小学学生在区级及以上书法类比赛获奖数量统计表

分类	一等奖	二等奖	三等奖	优秀奖	合计	总计
全国	26	31	49	52	158	569
浙江省	30	37	45	23	135	
宁波市	35	36	45	31	147	
鄞州区	28	47	48	6	129	

仅在2019年上半年，该校书法社团的同学获奖数量已过百。其中，在浙江省2019年“兰亭奖”宁波赛区现场决赛中，4名入围学生3人获一等奖，1人获二等奖。在2019鄞州区中小学艺术节中，10名参加学生7人入围现场赛，4人获一等奖，3人获二等奖。在2019第二届“米芾杯”国际青少年书法大赛中，13名学生入围现场决赛，获一等奖5人，二等奖5人，三等奖3人，学校荣获优秀组织奖。学校还多次在全国大中小学生规范汉字比赛、宁波市“未来之星”书法比赛、“荣安杯”少儿艺术大展、浙江省“正字杯”中小学生书写大赛中获优秀组织奖。

学生参加“甬上四老”书法篆刻作品展

学生在第二届“米芾杯”国际青少年书法大赛中斩获佳绩

3. 学生行为、思想的转变

形成静心细致的学习习惯。很多学生通过写字训练课和写字天天练课程以及家庭教育的配合，学习行为日渐端正，能礼貌待人，更锻炼出一手刚劲有力、隽永俊秀的好字。

习得沉着冷静的处事方法。该校的同学不仅关爱老人、乐于助人，而且见义勇为、勇敢聪慧，遇到事情沉着冷静、处理得当。

钻研创新精神得到发展。该校学生曾设计出极具实用价值的多功能手摇洗笔器，荣获宁波市青少年科技创新大赛一等奖。因为该生看到在天天练课后洗毛笔污染水槽和耗费水资源的问题，便动手动脑，经过不断研究和实践，并多次改进，最终创造了构思独特、便捷环保的小发明。

奉献精神得以传递。书法的学习带动了学生参与各类慈善活动的热情，孩子们拍卖自己精心创作的书画作品，募捐善款，奉献自己的爱心。该校少先队员曾捐款、捐物、到贵州实地献爱心，也曾以自己的方式为云南东川一所小学捐建了图书室。

4. 对口中学的评价

学生综合素质的普遍提高，受到了学生家长和接收本校毕业生的对口中学的充分肯定。中学老师有的说：荷小学生特别有礼貌，待人接物彬彬有礼，无论是在课堂上还是课外活动中，总能展现自己。也有老师说：一看作业本就知道哪些是荷小学生，他们写得一手漂亮的字，而且学习习惯也不错，细致、专注、沉着、持久，思维活跃，知识面广，学业成绩也很棒。更有老师说：荷小学生的书法作品装点着校园，无论是严谨端庄的楷书、秀丽俊俏的隶书，还是洒脱流利的行书都不乏大师的风采。

5. 家长对孩子的评价

荷花庄小学持续对 2006 届、2009 届、2012 届和 2015 届六年级学生家

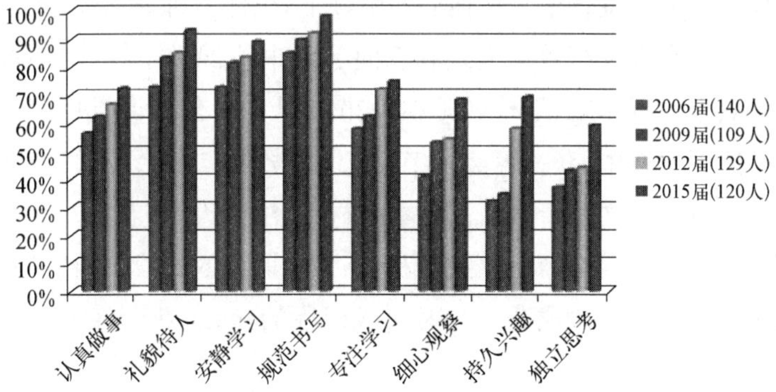

荷花庄小学家长问卷调查统计图

长进行了关于孩子学习、行为习惯的问卷调查，发现在“三正”教育持续推进的过程中，学生在认真做事、礼貌待人、安静学习、规范书写、专注学习、细心观察、持久兴趣、独立思考方面均有显著提升。

(二) 教师的转变

通过“三正”教育的推进，提升了教师书法创作能力和教学水平，增强了他们的科研能力。

教师在日积月累的书法修炼中，体会到的不仅仅是线条的律动、结构的多变、墨色的深浅，还领悟到其中蕴含的“气”。书家的浩然正气，作品中承载的气节、境界、追求等，都是我们学习的内容。正所谓“写书品，修人品”，通过观书、习书，长期浸染其中，可以陶冶情操、参悟人生、提高境界。荷花庄小学的教师书卷气浓厚，做事心平气和，人人争做儒雅教师，完美地阐释了“清、精、雅、韵、馨”的校规。

近年来，该校教师的书法作品在各级比赛中获奖、入展达八十余人次，在2013年宁波市书法实验学校教师楷书、行书普测中，优秀率达到42%，大大领先于第二名的31%。两位书法专职教师均为南京艺术学院书法专业硕士、中国书法家协会会员，曾荣获全国书法教育名师称号和省、市书法教育优秀教师称号，同时也是区书法学科名师。他们曾多次获全国书研会和省、市书研会举办的教师书法比赛一等奖，在2004年的全国写字课现场“比武”中，更分别获特等奖和一等奖。两位教师还先后举办了个人书法展，获得书法界同行的高度肯定。在他们的引领下，全体教师尤其是语文教师，探索出了三步一赏天天练教学模式和双向互动书法课教学模式，均取得了很好的课堂效果。近年来，学校教师执教市级以上的公开课、讲座五十余次；在各级书法课比赛中，获一等奖5节次，其余奖项二十余节次；获奖或发表的书法教育科研论文三十余篇。校本教材《书法天天练》获省写字教育校本教材评比一等奖。《翰墨飘香溢校园——书法课程的建设与研究》获宁波市教研课题一等奖，《积微成著——书法微课程的建设》获浙江省教研课题评比二等奖。

(三) 学校的转变

1. 跨越与挑战，书法特色纵深发展

1994年，荷花庄小学成为"全国第二书法实验学校"，之后获得首批全国中小学中华优秀文化艺术传承学校、全国首批书法教育示范学校、全国书法教育先进单位等荣誉称号。该校在传承中创新，通过建设博物馆课程、创建数字化书法教室、推广校本教材、开展大型书法节等，使书法教育效果愈加显著。2019年，宁波市书法教育研究会入驻荷小，这对学校书法教育纵深发展更是起到了推波助澜的作用。

2. 弘扬与辐射，书法成果高效推广

荷小与宁波市电教馆合作拍摄微课程，上传至网上供全国书法爱好者学习借鉴；与南艺美院联姻建立教学实践基地；与宁波市书研会联合建立宁波市首个书法特长生培训基地，成为承办宁波市学生书法等级考试的唯一城区学校；承办鄞州区书法艺术社团培训项目；成为区内特色研学项目基地；成为宁波大学艺术学院、宁波教育学院、原江东区教育局师训中心等教师书法学分培训学校。

学校的书法骨干教师多次受邀分享教学研究成果，曾给台湾高雄、黑龙江、青海、福建、江苏、广东等省市级教师培训班以及省内数十家学校或教师培训班做成果推广讲座和教学展示，影响显著。学校不但接待国内外的领导、专家团队的来访，还吸引各类宾客前来参观学习。全国书研会副会长廖敬彦评价：荷花庄小学的书法教学给全国书法教育产生了巨大的引领作用，对推进全国书法教育功不可没！

3. 传承与积淀，书法文化历久弥香

在传承与积淀中，建校近三十年的荷小，在青砖、白墙、苍松、翠竹的映衬下，书香浓郁，历久弥香。每一幢楼、每一面墙、每一个景都深含着学校书法教育的人文精神。学校里到处是融汇书法艺术的韵致风景，中国书法三千年大型幕墙悄然讲述着中国书法的历史，篆刻映日墙寄托着全校师生美好的愿景，名家名帖书墙古朴典雅，篆刻围墙简洁现代。在校园中徜徉，学生犹如置身于书法艺术的百花园，浓浓的文化氛围令人陶醉。

荷小把“为学生的终身发展奠基”作为办学宗旨，鲜明地提出“雅趣校园·三正教育”的办学思想。“雅趣校园”从书法教育的传统文化意蕴中提炼，并提升为学校教育的文化精神，改善师生生活方式，凸显“雅、趣”文化气质，进一步打造书法教育特色的雅趣校园。“三正教育”就是通过以“笔正”为载体的教育活动，为学生搭建学习中国传统文化、体验中华传统美德的平台，汲取道德规范精粹，学做人、养品格。以此为抓手，该校的省级规划重点课题《创建以书法教育为抓手的“三正”教育的研究与实践》曾经获得浙江省基础教育教学成果二等奖。

翰墨润德，“三正”为先。愿书法教育陪伴孩子成长，让这份“墨缘文化”在学生心中生根、发芽，一直陪伴他们走向幸福的未来。

第六章

Art Education

篆刻与传拓——承古开新

宁波市第七中学

篆刻是一门历史悠久的传统艺术，有着深厚的积淀，从字法、刀法到章法，无不体现出它的魅力。篆刻也被中国艺术教育委员会列为中小学必修课之一，教育部"体育、艺术 2+1 项目"中也有篆刻项目。开发篆刻校本课程既可有效传承、保护非物质文化遗产，又与学校创建书法实验学校工作紧密联系，更为关键的是能够提高学生的艺术素养。

宁波市第七中学的篆刻艺术校本课程，经过多年的研究、实践，明确课程的性质、注意实验方法、注重教学策略，将知识与技巧、传统与现代相结合，帮助学生构建起篆刻技法和篆刻艺术的知识体系，走出一条传承篆刻艺术文化精髓的特色之路。

传拓集中国优秀传统文化、技艺、思想于一体，在增强人文底蕴、提高实践创新能力等方面都很有价值。宁波市第七中学在其篆刻教育打造出良好口碑后，又因校制宜，沿着探索求真、借鉴开拓、传承改革的开发和实施之路，选择以传拓技艺为载体，开发"凹凸人生"拓展性课程。通过传拓技艺传习内容体系的建构、教学的实施、创作表现的评价，拓展学生的文化视野，提升学生对艺术的感知、体验、理解和创作素养。

自传拓技艺传习课程实施以来，教师们带领学生鉴赏分析和比较不同的传拓作品，在古今邂逅中感悟民族文化的魅力，提升艺术作品的鉴赏能力。通过感知与触摸传拓，逐步形成审美情趣与视觉经验作用下的"视界融合"，拓展专业能力；通过学科内部和学科之间的互融，开阔思路，增强创意张力。此外，教师通过该课程激活了教研能力，释放了匠心潜能，进一步提升了学校艺术教育的活力。

一、让每个孩子拥有一方自己的印章

教书育人的学校，其核心是文化育人。一所学校的文化品位，在潜移默化中影响着学生。富有特色的校园文化环境是最能给学生感染和启迪的，学校要善于经营，精心布置校园环境，创设氛围，以陶冶学生情操，构建学生健康人格，全面提高学生素质。

(一) 校园环境建设

1. 校名墙壁说历史

饮水思源,不忘初心。校名墙亦是学校的历史墙,影响深远。该校校名墙上的"宁波市第七中学"七个大字为原中共中央政治局常委、国务院副总理李岚清手书,金色的字在阳光下熠熠生辉。墙左侧有三方篆刻印章:学校创办人"楼耀卿"、创办时间"一九四七",以及校名"宁波市第七中学"。

宁波市第七中学的校名墙

校园外侧墙体虚实结合,每面实体墙各放置了两枚篆刻印章。这些篆刻印章采用阴文和阳文交错排列的方式呈现,内容有"笃学""强其骨""贵有恒""和为贵""思无邪"等,既有对七中学子的殷殷期盼和谆谆教诲,亦将学校的篆刻特色教育蕴含其中。

宁波市第七中学的校园外墙

校内建筑命名与校风校训相结合,并采用阴刻、阳刻的篆刻形式装饰在各幢楼的墙面上。校园墙、楼名墙都是学校的文化墙,寓意深刻。校园中还树立有体现宁波七中七十多年的办学历史的虫鸟篆形式的“大中教育”印。

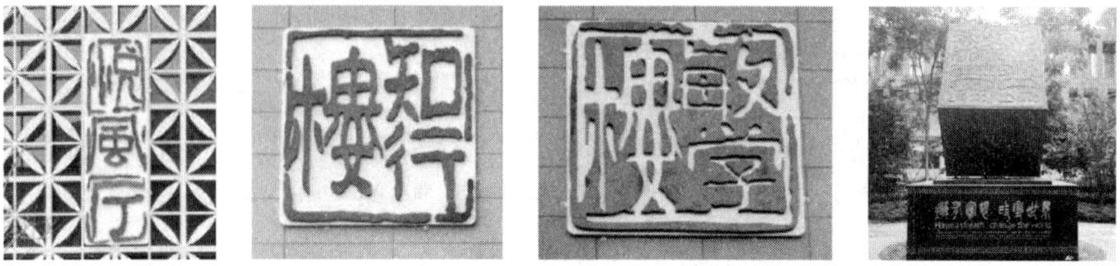

宁波市第七中学校内建筑名与“大中教育”印

2. 功能馆室有特色

优秀的传统文化是中华民族精神家园的重要基石，在基础教育中开展传统文化教育，是民族文化伟大复兴的重要措施之一。让篆刻走进校园既是学校育人的一种方法，也是学校素质教育的一个亮点。宁波七中的大中篆刻艺术馆馆名由祖籍鄞州、家学渊源的著名书法篆刻大家高式熊亲笔题写，艺术馆有350平方米，旨在以学校现有的篆刻藏品为基础，通过篆刻教学、作品展示、相互交流等方式，提升学生的艺术素养，拓展艺术教育的功能，传承优秀的传统文化。

宁波市第七中学的大中篆刻艺术馆

大中篆刻艺术馆外有一面书法墙，陈列着沙剑甬先生的多幅书法作品。沙剑甬先生是宁波七中06届校友，现为浙东书画院副秘书长、宁波市书法家协会会员，是著名书法大家沙孟海的曾孙。他的行草俊秀飘逸，匾书优雅遒劲，作品曾多次入选各级各类书法篆刻展览，作品被国内外多家单位收藏。

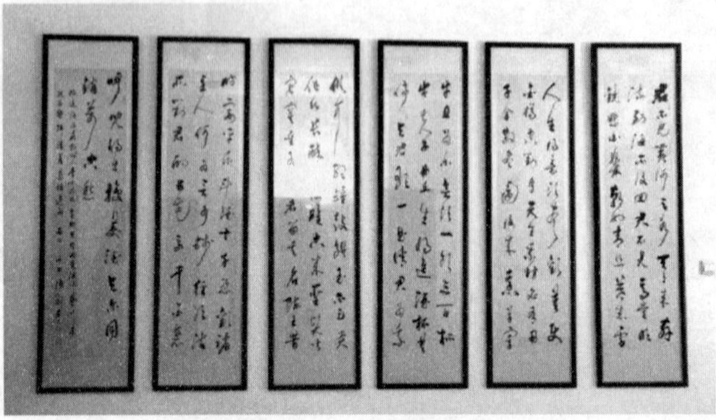

悬挂名家书法作品的书法墙

大中篆刻艺术馆内共分为三个展区：

第一展区，介绍篆刻历史，同时也是原石、篆刻工具、篆刻书籍的展示区，便于学生初步认识篆刻。正中间墙面镶嵌了十二个不同的印字，体现了篆刻文字的多种变化，寓示着求新、求变是艺术创作的重要取向。第一展区第二板块的装饰墙上镶嵌着历代文字的图片，形象地展示了文字载体之丰富、历史之悠久。

第二展区，展示七中部分校友和师生们的优秀篆刻作品。既有七中篆刻教育一路走来的积淀，又呈现了不同时期学校篆刻教育发展的脉络。同时，设有流动展区，每年不定期展出师生们的优秀作品。第二展区第二板块的装饰墙上镶嵌着不同印材的图片，淋漓尽致地展现了篆刻材料之自然美、人文美。

第三展区，展出名家篆刻的印屏、印石作品百来方，内容多为古训和励志箴言。这些作品都出自西泠印社社员、中国书法家协会会员等篆刻名家之手。珍贵馆藏的展示，使学生在与大师们优秀作品的对话中开阔了眼界，提升了素养。

艺术馆展区尽头悬挂着历届学生的优秀篆刻作品，错落有致，自成一

大中篆刻艺术馆内景

景。方圆结合的屏风既增加了空间的通透感，又增添了传统文化的韵味。

篆刻教育是宁波七中特色教育的品牌之一，把大中篆刻艺术馆打造成市、省乃至全国基础教育篆刻特色项目的高地一直是该校的目标。篆刻特色教育不仅提升了学生的审美能力，丰富了校园文化，还将“弘扬传统文化之梦”播种到了学生心间。

（二）校本课程开发

1. 课程简介

篆刻是我国传统文化宝库中的瑰宝，方寸之间承载着悠久的历史和丰富的人文内涵。在初中美术课程中开展篆刻艺术特色教学，对传承民族文化技艺、培养学生爱国主义情怀、促进学生身心健康发展，都有重要意义。

篆刻艺术涉及书法、设计、文字等多个领域，在中学开展篆刻课程是一个综合、系统的工程。篆刻教学看似只是一门较单一的技艺学习，但如果将其提升到促进学生美术核心素养发展的高度思考，就会发现方寸之中，蕴含着相当丰富的教学资源，需要教师用先进的教学理念去挖掘与拓展学生潜在的创造力。

宁波七中于2004年创立“中国印”特色校本课程，以篆刻艺术课程的实施为切入点，构建篆刻校本课程体系，深入挖掘篆刻艺术中的育人资源。采用普及与提高相结合的方式，针对全体学生设计了“走近中国印文化”“我也刻一刻”“我的作业展”等活动；结合艺术节、书香校园等校园活动，为特长生创造展示平台。

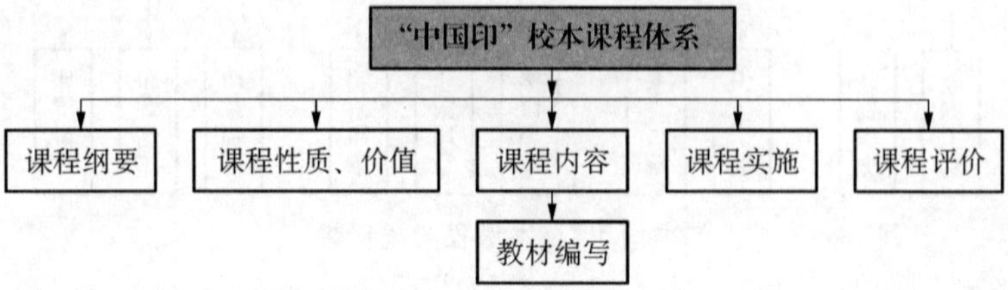

宁波七中“中国印”校本课程体系

“中国印”校本课程传承和创新篆刻艺术的创作方法，探索实施民族文化和精神教育的新途径。在课程实施环境的营造方面，宁波七中注重中小学衔接和校园氛围营造，具体的做法如下：

一是中小学衔接，重视特色发展一贯性，该校教师每周一次义务在对口小学高段开展篆刻教学活动，学生亲近篆刻的时间由三年延长为六年，学生特长明显。篆刻教学由学校特色发展成学区特色。

二是校园氛围营造，学校将校训、校风、名言等内容以篆刻、书法等形式铭刻在墙壁、景观石上，既美化校园，又使学校特色得到有形的展示。同时，学校设有专用的篆刻教学成果展览室（大中篆刻艺术馆），用于展示名家作品、学生作品，传承弘扬民族优秀传统文化。

“中国印”校本课程的实施分“面上普及”和“点上提高”两个层面。“面上普及”即面向全体学生，每月两课时，在课堂中完成“中国印”基本知识、基本技能、审美鉴赏的教学，旨在引导学生感悟“中国印”这一传统文化的独特魅力，逐步培养学生的学习兴趣和审美能力。“点上提高”主要是在“面上普及”的基础上，组织有兴趣的学生参加兴趣小组和假日义教班，定时开展活动，通过印章临摹、创作和印屏设计等方式，深入学习篆刻技能，提高学生的创作能力。“中国印”校本课程实施框架的构建，为课程的实施提供了实践依据。

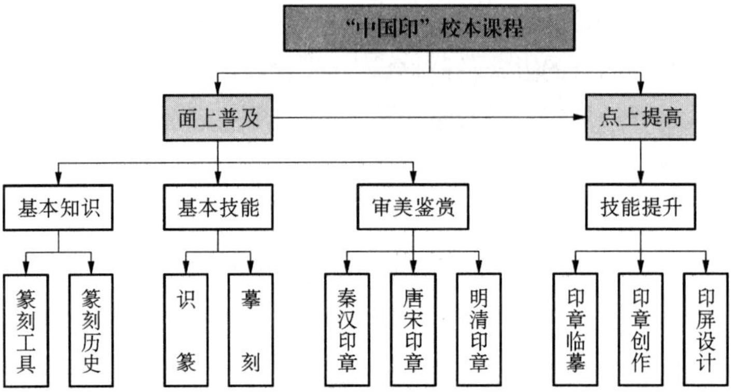

"中国印"校本课程实施框架

课堂教学是实施校本课程"面上普及"的主要阵地，教学效果的好坏是校本课程实施成功与否的关键。在教学活动过程中要充分发挥学生的主体作用，让学生通过亲身体验去了解"中国印"，在实践中感受篆刻艺术的独特魅力。教学过程操作流程为如下图。

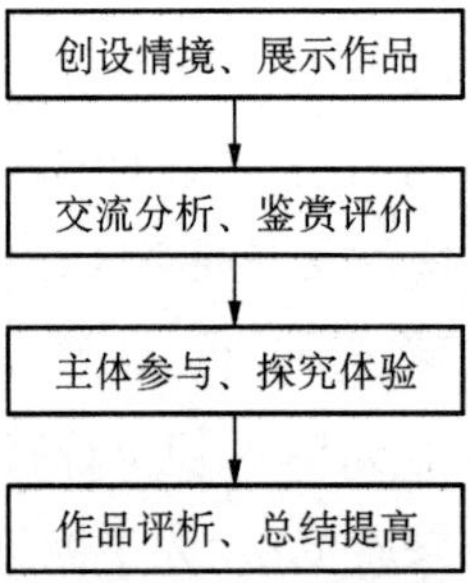

"中国印"校本课程课堂教学过程流程图

在课堂中完成教学任务，其好处在于课后不跟其他学科争时间，减轻了学生的负担。因此，如何提高课堂的教学质量，提升学生学习兴趣，是实施篆刻校本课程的关键。教学实践中，该校教师采用"调动学生潜在素质，激发自我创新思维方法，培养独立表现能力"的视角思考、认识教学设计与具体实施问题。

2. 教学策略

(1) 以美的感受激发学生的求知欲

"爱美之心人皆有之"，篆刻的材料有竹、木、石、陶瓷、玉、琥珀、砖、牙、铜、角等，有一些学生曾听说过鸡血石，但没看到过实物，向学生出示这些材料的实物或图片，他们会被这些印材和印文的美感所吸引，从而激发学生学习兴趣，引导学生主动学习，使他们兴趣盎然地学习篆刻文化。

(2) 以游戏形式培养学生的兴趣

篆刻所使用的字体有一定的特殊性，甲骨文、钟鼎文、石鼓文、诏版、镜铭、泥封、秦砖、汉瓦、墓志皆可入印，但这些文字年代久远，现在极少应用，所以学生在开始识篆时会望而生畏。针对这种情况，该校教师采用游戏的方式进行教学，由易入难，逐步消除学生畏惧心理，通过获得成功感产生兴趣。学生在游戏中体验汉字造字的规律和象形文字的美感，再通过“写一写学过的字”，掌握篆书的书写要领，巩固学习的效果。

(3) 直观教学与精讲多练

“技进乎艺”，篆刻艺术具有很强的技艺性，需要一定的技能支撑，许多操作问题用语言是表达不清楚的。在讲解篆刻技法时，单采用直观演示和讲解是不够的，该校教师把更多的课堂时间用于学生体验，配合教师巡回指导的方式，帮助学生在练习中提高篆刻技能。

(4) 学科之间的整合

篆刻艺术具有多元性，还可以与语文、社会、音乐、劳技等学科相互渗透、相互融合，该校教师引导学生开拓思路，领悟学科之间的渗透和联系，从而提高创造力和表现力。

(三) 教学成效

篆刻是书法教学中重要的课程资源，宁波七中的篆刻校本课程开发和实施，弘扬了民族文化，提高了学生素养。教师根据自身的专长开发校本课程，使教育教学工作变成一件富有创意的事情。

经过近几年的探索实践，该校篆刻艺术特色教育“普及＋特长”的培养模式初步形成，并且成绩斐然，在省市都有了一定的影响，每一位七中学生都拥有一方属于自己的印章，学校选拔学生加入篆刻社团进行重点培养，涌现出了一批品学兼优的艺术特长生。

自 2004 年以来，已有一百余名学生在教育行政部门举办的各级各类书法篆刻比赛中获奖，近100件学生篆刻作品在《宁波市教师美术书法教育教学成果作品集》《宁波书法教育报》等图书和报刊上刊登，有学生的篆刻作品在教育部举办的中小学生艺术展演活动中荣获一等奖，有学生的篆刻作品在对外交流中展示，有学生在省书法教育研究会举办的活动中现场篆刻、展出作品，也有学生的篆刻作品被选入美术教材。

篆刻以名言、诗句入印，在传承艺术技法的同时，学生素养也得到了相应的提高。宁波七中重视对学生进行道德内化，使其情感得到升华，心灵得到熏陶，这一成果得到多方肯定，曾荣获市基础教育教学成果奖。2016年，学校校本教材《篆刻大家学》由西泠印社出版社出版并向全国推广。

宁波七中学生自己篆刻的姓名章

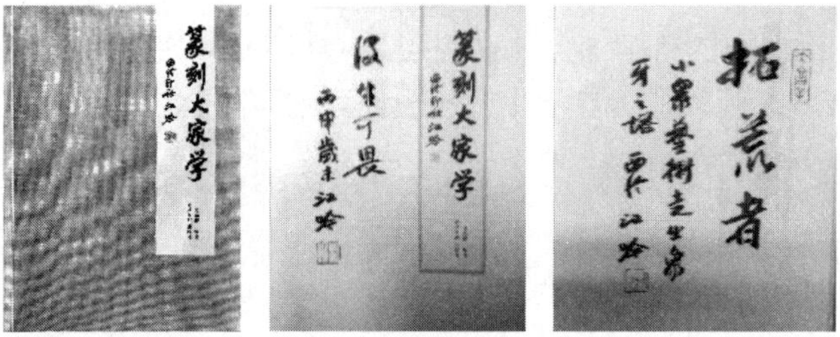

校本教材《篆刻大家学》书影

(四) 宣传推广活动

1. 名家进校园活动

2015年3月，浙江省书法家协会篆刻创作委员会承办的“篆刻名家进校园”活动在宁波七中举行。此次活动有“励志箴言”篆刻作品展、浙江省书法家协会篆刻创作委员会篆刻教育实验基地授牌仪式、漆艺篆刻展示、浙江

名家进校园活动

省立项课题“初中印纽雕刻单元化教学的研究与实践”系列讲座——篆刻艺术的欣赏、西泠印社社员与学生互动等。

“励志箴言”篆刻作品展共展出浙江省书法家协会篆刻创作委员会会员作品85方，作品风格多样，原石、放大稿与原印稿三位一体的展示，给师生呈现了独特的篆刻视觉体验。一些学生在自己喜欢的篆刻作品前与篆刻作者合影，与篆刻家零距离接触。

在讲座中，西泠印社社员陈墨老师从安阳出土的铜印开始娓娓道来，虽是讲篆刻，但更多的是向学生传递了如吴昌硕临摹石鼓五十年如一日的专注、执着、踏实的精神，如王福庵等创立西泠印社、举推贤人为社长的开阔心胸。讲座使学生从另一个角度了解篆刻艺术，了解中国传统文化。

在与篆刻名家互动交流活动中，西泠印社社员柳晓康、王勋老师与学生亲切交流，对学生临摹、创作的印稿给予肯定，并进行认真的点评，还现场示范印章的临摹，使学生们受益匪浅。

2. 新闻宣传与肯定

通过篆刻校本课程的开发与利用，宁波七中很好地贯彻实施了教育部“2＋1”项目，既美化了校园文化生活，也为社区文化建设锦上添花。媒体曾多次报道宁波七中的篆刻教学活动，推广了学校篆刻特色，江苏等地的特色学校也专程来校交流。学校曾被浙江省书协篆刻创作委员会授予篆刻教育实验基地，被中国教育学会评为优秀传统文化进校园项目首批试点学校。篆刻教育还得到原中共中央政治局常委、国务院副总理李岚清的高度肯定。

二、让传拓之美绚丽绽放

（一）课程开发缘起

传拓，是将石碑或器物上的文字图案复制在纸上的一种技术，它能最大限度地还原实物原貌，用此法拓得的拓片，历经数百年乃至上千年仍能墨如点漆，兼具历史价值与艺术价值，印证了“物以载道”一语。传拓技艺在古代文化的交流与发展中发挥了极其重要的作用，在我们强调中华优秀传统文化传承与发展的今天，创新优秀传统文化，创造性地应用传拓独特的艺术形态和审美表现，更利于优秀文化的传承与发展。

宁波七中的教师们经多方论证，认为在初中开展传拓技艺的传习，不仅符合学生综合素养发展的需要，而且能培养并增强学生的民族文化自信，实现了“立德树人”这一中小学美术教育的终极目标。该校开展的传拓技艺传习，一是从价值层面挖掘拓片中蕴含的文化内涵，感受传统的审美理念，拓展学生视域，增强学生对优秀文化的理解与认同；二是在实践层面探求传拓技艺的传承与发展，在艺术教学与创作中形成互动发展途径，引导学生将传拓技艺介入创作，使作品具有独特的艺术形态和审美价值，并在其他学校、社区推广传拓实践，创造学生、学校、社会三位一体的发展局面。运用传拓记录形象，表达思想，传播文化，提升传承与发展的价值，这是宁波七中传拓技艺传习课程的一大亮点。

（二）课程实施方法

宁波七中的传拓技艺传习课程遵循学生发展规律，关注各类拓片蕴含的育人价值。他们根据学生的审美情趣、认知特点、表达方式，设计学习的内容与发展目标，充实学生探究、理解技艺与文化的过程，逐步实现传拓技艺与情感的转换与迁移，培育个性化素养。

该校以学生发展为中心的传拓技艺传习，遵循学以致用、用以促学、学用相长的原则，通过巧用经典拓片、适用传拓技法、活用拓片素材、创用拓片表现四个方面的实践，依托“四度一体”的目标，实施传承学习策略，构建初中传拓传承学习内容体系，即从感知拓片文化深度，体验传拓技法角度，应用传拓素材融通跨度，提升传承与发展、实现创意与创生表现价值的情感高度，将传拓技艺的传承、发展与学生素养的提升有机融合。

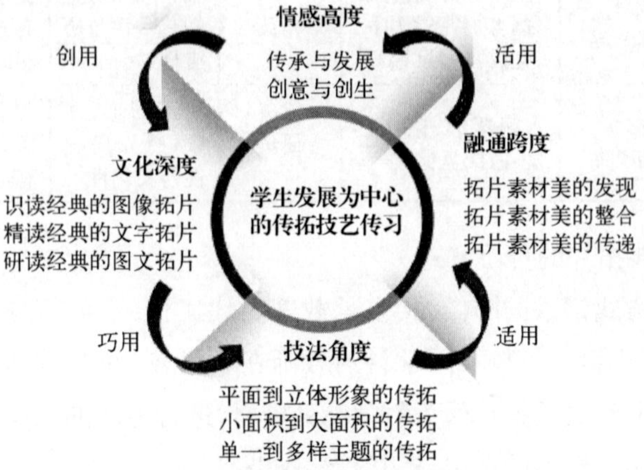

传拓技艺传习课程内容建构

1. 巧用——经典拓片的传承学习

拓片是传统文化交流传播的载体，欣赏拓片更是一次探寻中华文明的文化之旅，从中能汲取优秀传统文化，涵养心灵。

(1) 经典拓片的内容选择

传拓能清晰准确地反映器物上的文字和图案，是保留古迹和文字记录的重要传统方法，给文化传播带来了方便。就拓片本身而言，它是珍贵的文物或艺术品；就拓片内在价值而言，它又像一本读不完的百科全书。通过对各种拓片资料的鉴赏、研究，学生可以增加对历史上不同时期的文学、绘画、雕刻、书法演变等方面的了解。

宁波七中的传拓课程将历代各种类型的拓片分成图像、文字、图文结合三大类，从初中学生的知识层面和接受程度出发，有目标地选择鉴赏内容，并对不同的学生提出了相应建议。为满足不同学生的实际需求，提出识读、精读、研读三种方式，从不同角度走近传统经典拓片，拓展学生知识维度，增强学生民族文化自信。

经典拓片传习内容

拓片类型	拓片内容	拓片举例	传习方式	传习要求	传习建议
图像类	画像石、岩画等	徐州、巴蜀等地画像拓片等	识读	基本了解图像题材的艺术性	美术爱好者有选择性地精读和研读
文字类	甲骨、碑铭等	各类书体代表性碑刻《集字圣教序》《九成宫醴泉铭》等	精读	细读文本、感知艺术性与历史性	文学、书法爱好者有选择性地精读和研读
图文结合类	铭文、瓦当等	青铜器形、铭文利簋、散氏盘铭文等	研读	研读图形、文字，感知历史性与文化性	美术、书法、音乐、历史、地理爱好者有选择地研读

(2) 经典拓片的传习方式

用传拓方式记录的图像、文字承载着时代文化、审美、雕刻艺术等方面的价值，内涵丰富。该校不同学科的教师在学科教学时会根据教学的需要适时穿插一些经典的拓片作为教学辅助资料，进行专题的识读、精读、研读，加深学生对传拓资料的认识，提升教学效果。

① 识读经典的图像拓片

画像石、画像砖、岩画等是我国古代艺术宝库中一颗颗璀璨的明珠，在考古学及美术史研究上都具有非常重要的价值。这些图像拓片内容丰富，可满足学生综合性学习以及其他学科学习的需要。如美术学科识读汉代石刻《荆轲刺秦王》，学生从中了解创作方法和视觉审美的多样化；语文学科在学习古文《荆轲刺秦王》时配以石刻图像《荆轲刺秦王》，再现当时剑拔弩张的紧张气氛，借助形象增加学生理解；社会学科在讲解相关内容时辅以石刻图像《荆轲刺秦王》，感受当时的社会现实，增加学生对《史记》史实的了解，加深对《史记》“史家之绝唱，无韵之离骚”的理解。在不同学科中从不同角度学习和应用拓片图像，培养学生搜集、整理信息的能力，激发学生参与传拓技艺学习的兴趣。

《荆轲刺秦王》石刻拓片

② 精读传统拓片的文字

文字拓片有甲骨文、铭文、碑文，既有考古历史角度与文字学角度的价值，又有美学欣赏角度的艺术价值，引领学生精读，让学生达到一体化学习的目的。如历史课中讲“牧野之战”，教学资料引用《利簋》铭文，引导学生欣赏，从铭文中感知波澜壮阔的战争画卷，对历史的真实性找到最好的注解，为历史、地理学习爱好者寻找资料佐证提供了方向，也激发了学生欣赏拓片的兴趣。大部分经典的文字拓片是美文与书法的合璧之作，如欣赏《宋拓玉版十三行》，学生们感受曹植《洛神赋》文辞的意境美，又可依样描摹体验王献之小楷遒劲有力的风神，对培养学生的书法兴趣也大有裨益。

③ 研读传统拓片的文化

不少拓片中的图形、文字蕴含丰富的文化信息，只有通过深入的研读，才能充分感受到拓片艺术的魅力。如韩愈的《石鼓歌》中：“张生手持石鼓文，劝我试作石鼓歌。……公从何处得纸本，毫发尽备无差讹。”韩愈对当时传拓技艺的赞美可见一斑。围绕石鼓文不同拓本展开研读，书法、文学、历史等学科爱好者都会获得不同的文化滋养，就不难理解石鼓文历经战乱传承下来的千年中华文明的意义与价值。

2. 适用——传拓技法的传承

“纸上得来终觉浅，绝知此事要躬行。”以学生发展为中心的本质就是激发学生学习兴趣，让学生在实践中，逐步掌握传拓技法，拓出自己所需图文，感受创造美的快乐。

（1）传拓技法传习的框架

传拓技法是传拓技艺传习课程的重要组成部分，宁波七中注重培养学生根

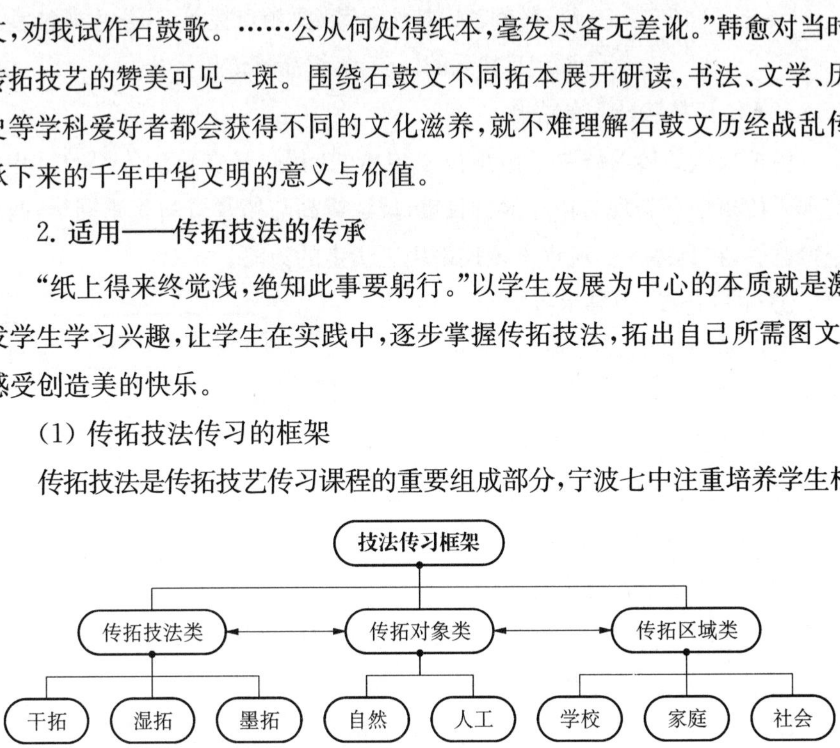

传拓技法传习框架

据自己的兴趣、审美需求收集图文拓片的意识，进而扩展素材收集范围，引导学生运用不同的技法，在不同环境中传拓，学习传拓技艺，提升传拓综合技能。

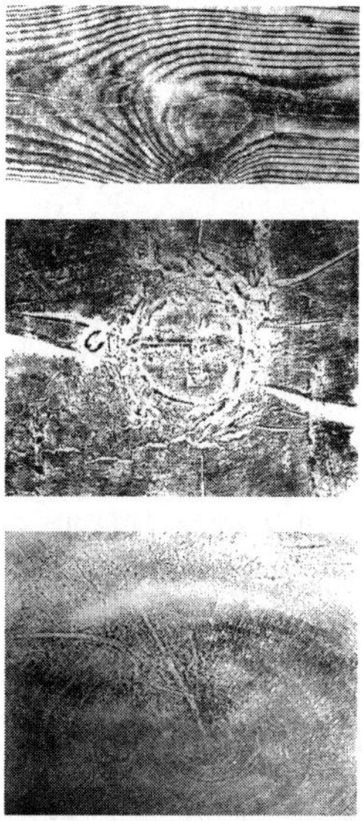
学生制作的木面、树皮、木口拓印

该校的传拓技法传习框架从传拓技法、传拓对象、传拓区域三方面展开，体验中学生生成性学习共振。如从传拓对象入手，以传拓树皮纹理为例，教师提出“传拓树干的纹理能判断树种吗？如何判断树木生长快慢？不同的树，它的疖有什么特点？”等一系列问题，引发学生思考，目的是让学生从不同的角度拓树叶、拓树皮、拓树疖、拓树的木口、拓树的木面。学生根据自己的兴趣，展开探究，从不同角度收集、展现树木的纹理之美。为使学生收集的素材纹理更清晰，教师辅以技法示范、要领点拨等，让学生既能获得深刻且快乐的体验，又提高了传拓技艺。

(2) 传拓技法传习的操作

传拓技法的传习解决了传拓技法传承的问题，又在技法传习的过程中实现了传拓创意表现与拓片素材收集，技法提高与拓片资料积累同步，两者相得益彰，在具体操作流程上该校采用三步走的策略。

① 主题选择、引导示范

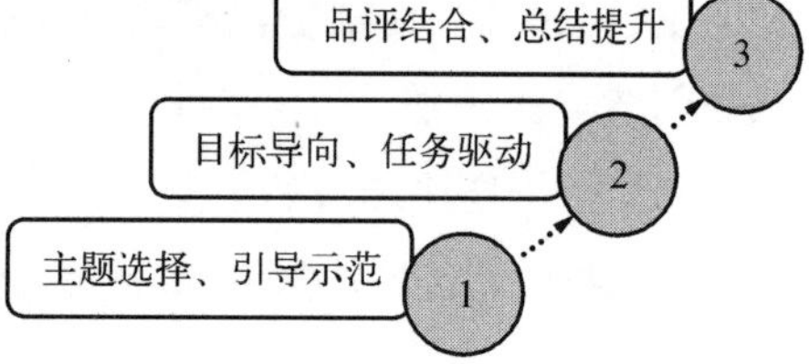

传拓技艺传习操作流程

根据初中学生的实际，在传拓技法的传习中，将学会湿拓法作为整个传习活动的基础，由此生发，让学生自主体验各种拓法。在湿拓法的课堂教学中，教师灵活融入示范、讲解、引导，使学生在师生交互活动中获得经验，感受湿拓法的魅力，体验传拓复制形象的快乐。

② 目标导向、任务驱动

在传拓技法传习阶段，教师确定了传拓技能、传拓数量、传拓材质体验等方面的目标。

传拓技艺技法学习的目标

传拓技能	熟练掌握湿拓法、墨拓法，自主体验干拓法，了解全形拓
传拓数量	学期传拓总数 60 幅/人，其中四尺宣纸以上大小的传拓 5 张
传拓材质体验	在广泛体验的基础上，自选 3 个以上材质传拓，形成主题

从上表看，技法学习目标的关键在于传拓技能的习得。课堂教学中，学生在老师的指导下完成，容易掌握要领，取得较好的实践效果，但若要独立传拓出质量较高的拓片，则需不断练习。需不断体验在不同的环境、空气湿度情况下传拓，使传拓的数量与质量都得到提升。在具体教学中，以任务驱动，激活学生内在的学习动机，在深度参与、动手体验的过程中，发现问题，解决问题，培养研究性能力，提高传拓技艺学习的效果。

③ 品评结合、总结提升

品评贯穿于整个传拓过程，起到诊断性作用。注重传拓环节的过程性品评与拓片效果的总结性评价反馈，在提高传拓技法的过程中培养学生审美意识，提升学生发现与解决问题的能力。

教师们将传拓操作环节要点与拓片效果品评要点之间的关系进行梳理，设计并制作传拓技艺评价参考表，组织学生自评、互评。学生只需在传拓品评参考表中找一找，就能发现自身或同学的问题，并在传拓操作的相应环节里找到解决方法。从成效要点出发来品评拓片的优劣，评估传拓过程的步骤和操作方法正确与否，有助于提高学生观察鉴别能力，为传拓出高质量的拓片积累经验；促使学生在一次次传拓实践中提升自身技艺，力求拓品达到“下真迹一等”的效果。

(3) 传拓技法传习的策略

在教学实施上，该校利用不同的策略，通过多角度传拓技法实践，既达成精而优的传拓技能提升，也为优而新的传拓应用与创意表现做好素材储备。

① 容量累积

“不积跬步，无以至千里；不积小流，无以成江海。”宁波七中的教师们发现，要想让学生真正掌握并爱上传拓，需要在传拓对象大小与完成方式两方面的量变中追求质变。

一是传拓技法的累积。先选择20厘米左右、纹理清晰的传拓对象进行传拓技法的学习。在掌握一定技巧后，选择尺寸稍大的对象，如传拓四尺宣纸大小的大作品，学生可三人一组分工合作，在团队协作中熟练大作品的传拓技法后，逐步减员至两人一组，继而独立尝试。

二是传拓对象的累积。孔子曰："知之者不如好之者，好之者不如乐之者。"要让学生成为传拓的"乐之者"，就要让学生从兴趣出发，在主题化传拓中感知特点，帮助他们在理解的过程中探究，实现能传拓并获得不同材质纹理的目的。这样一方面提升了学生传拓技能，另一方面积累了大大小小、各式各样的拓片，为传拓创意表现提供了充足的素材。

② 维度延伸

自唐宋至明清，传拓的技艺不断发展。让学生在传拓技艺的学习中，感受与体验前人智慧，在欣赏中开阔眼界，在实践中掌握传拓技巧。

③ 素材多样

传拓素材越多，越能丰富视觉与触觉的体验，使学生在传拓对象的材质、造型、纹理等方面获得深刻的认识。校内外的各种素材能基本满足学生传拓、审美、创意表现的需求，但是一些有历史底蕴，富含人文色彩的素材只能在博物馆里看到，不能近距离触摸传拓。基于这种情况，宁波七中通过数字技术来解决这一问题，引导学生采用自制的方式丰富传拓的素材。具体操作思路有以下两种。

第一种做法是浏览图书，收集自己喜欢的图形、文字的图片，扫描或拍照导入计算机，处理扫描的图文，再用数字雕刻机将采集的图文雕刻到木板上，然后进行传拓。

第二种做法是根据自己的构思，在纸上设计图形，扫描或拍照导入计算机。在处理、加工后，通过数字雕刻机，将设计的图文雕刻到木板上，然后进行传拓。也可在计算机图文处理软件中，边构思边设计，满意后通过数字雕刻机雕刻到木板上，然后进行传拓。这种做法使素材更多样，在传拓创意表现时达到按需制作素材的目的。

3. 活用——拓片素材的融通

入乎规矩而出乎规矩，拓展传拓复制形象、记录形象的传统功能，让学生对所拓的素材进行整理，挖掘拓片素材中独特的美感，进一步感受传统优秀文化的魅力。

从图中可以看出，在对传拓素材的处理上，该校将美术学科的图像识读与美术表现、审美态度的核心素养结合，通过发现、整合、转换三个方面，拓宽学生对拓片复制形体美应用的跨度。

传拓技法传习的素材融通

学生的传拓作品

(1) 拓片素材美的发现

康定斯基说："发现即艺术。"组织学生对自己传拓的拓片进行梳理、筛选，引导他们从不同的角度观察、感受特定对象的造型、材质、肌理等形式特征，进而在感受图像形似的基础上，使造型思维往意象性方向发展。学生在图像感知与视觉经验的基础上经过联想，达成全新的视觉意象与情感共鸣，在分析总结的过程中，发现材质纹理的变化美、形式美、意象美。

① 材质纹理变化美

由于传拓按主题进行，学生很容易记住自己传拓的材质与材质特有的纹理，这些纹理是图像感知再创造的形式基础。学生在传拓中发现不同的材质有不同的纹理，即使传拓同一块木板，也会有虚实的变化，墨色有浓有淡，带来不同的美感。

② 材质纹理形式美

不同材质的纹理形式具有独立的审美价值，通过引导学生从材质纹理基本形态特征角度观察，发现材质纹理的点、线、面视觉元素构成，从中感受图像视觉元素对比、对称、均衡、节奏与韵律的形式美。

③ 材质纹理意象美

引导学生在观察时结合视觉经验，将造型思维往意象性方向发展，通过联想、想象，获得全新的、丰满的视觉意象，开阔造型思维，提高学生对生活中美的认识。

(2) 拓片素材美的整合

从学生的审美情趣出发，对传拓的拓片进行发现和提炼。整合能力开发的要求，实现学生活动的自主创造；整合现代意识，发展学生的个性素养，提高学生的文化认知。

① 选择求精

一张内容、技艺俱佳的拓片展示了学生的审美素养与传拓技艺水平，两者缺一都会显得美中不足，鼓励学生对自己传拓的作品进行比较，筛选出更好的传拓作品。这样的选择归类有利于学生总结出传拓时的问题与解决问题的方法。求真求精的态度使学生在选择时获得更独特的形象美感，在传

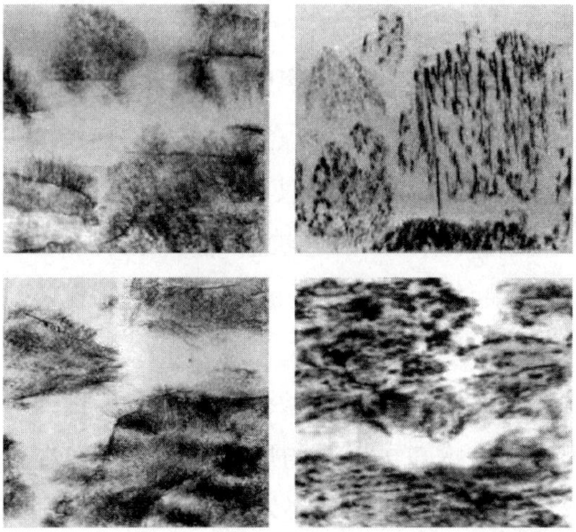

学生的传拓作品

拓素材收集时目的更明确。

② 取舍求变

因受对象与环境的限制，拓片往往会出现局部的缺憾或意料之外的变化。该校教师引导学生对这些“意外”加以取舍，经过取舍的拓片新意迭出，有效培养了学生构图、取景的水平。学生从传拓对象的选择、画面的经营组织、墨色的变化中加以取舍，化平淡为神奇，一幅幅优秀的作品跃然于纸上。

③ 重组求新

引导学生利用拓片上纹理的意象进行构思，画出草图；然后选择关联形象，经过裁剪、拼贴组合，表达自己的感受。

学生传拓拼贴作品《东岳云海》

学生传拓拼贴作品《天路》

(3) 拓片素材美的转换

在宁波七中学生的传拓作品中，可以发现各种中国传统文化元素的运用，教师们引导学生通过提取、转换、组合、再生的操作过程，将传统图像转变为平面意象，进一步发挥其形式表现、信息叙述和传达的功能。这样一来，将传拓元素美感充分融进作品中，使传统的传拓元素焕发新意，使作品具有传统文化气息的视觉美感。

① 移换求同

主题化的传拓，学生们虽然积累了很多同一类型的拓片，但个体的不同，视觉感受也会不同，进而会有不同的感悟。教师引导学生相互交流感受，各自发挥想象，提取与传拓图像原形有“亲缘”关系的符号信息，组构画面，增强视觉效果。

利用移换求同创作的
学生作品《工匠精神》

利用置换求异创作的
学生作品《消失的文明》

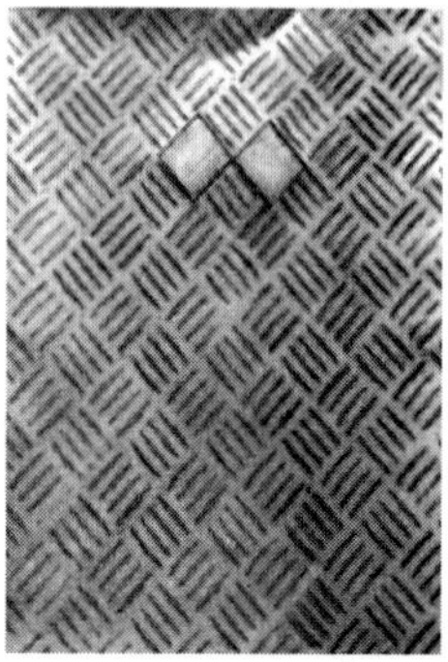

利用替换求巧创作的
学生作品《方向》

② 置换求异

对于学生来说，传拓作品的主题与数量都是有限的，想要用好每一张拓片，就要引导学生在创意表现时找出差异，不断优化，使数量有限向创意无限发展。

③ 替换求巧

学生传拓人工材质的纹理，很大一部分呈规则的形态，有统一的形体与规律，给人对称、重复、平衡的美感。在此基础上，融进创意，可突破规律的单调感，使其形成鲜明反差，增加趣味。

4. 创用——拓物传情的再造

发现生活中的美，创造美，不仅是个技术问题，也是个感情问题。在寻找素材、体验、构思的过程中，让学生用传拓的艺术语言表达感受，促进艺术个性的形成。

(1) 传拓表现的创意表达

创造性思维的发挥与拓展常常取决于艺术语言、媒材和工具的选用，将自然美升华为艺术美，需要利用图像借用、拼贴、现成品的象征、肌理痕迹营造等各种艺术手法，通过“有意味”的传移再造，演绎传拓的精彩，发展学生用传拓技艺表达创意思维的能力。在具体实施上，该校的传拓课程一是“因材技法应用谋新”，根据材料图形构思，再根据构思选取材料；二是“应景表达情感出新”，通过借景抒情、依形移情、赋彩传情展开。

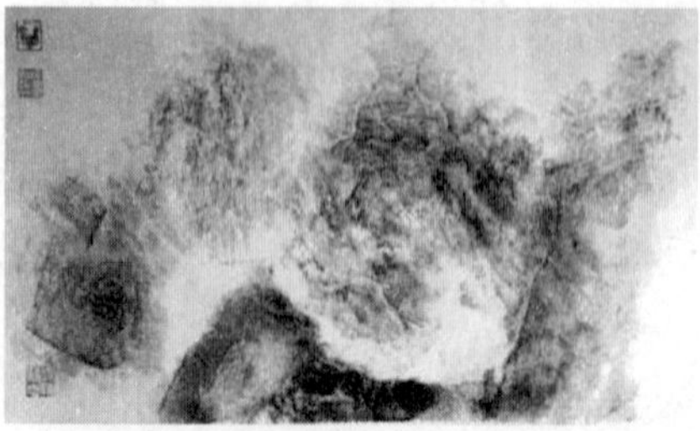

学生作品《江山多娇》

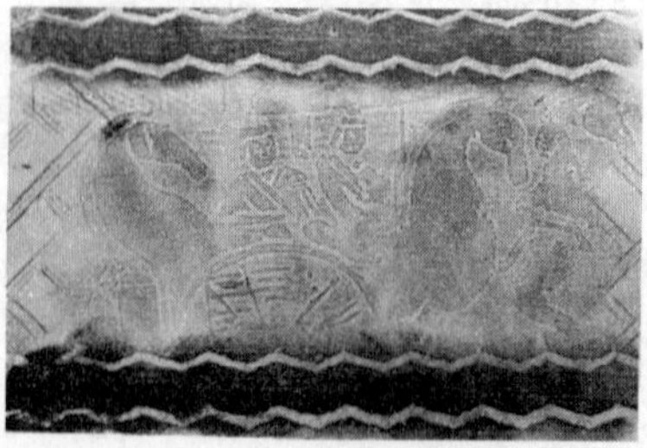

学生作品《大江东去》

学生作品《兰》

学生作品《我的家乡》

学生作品《敝帚自珍》

学生作品《十里桃花》

学生作品《秋》

(2) 传拓表现的创生形态

传拓技艺传习在学习方式上围绕美术课标“造型·表现”“设计·应用”“欣赏·评述”“综合·探索”四个方面展开。

① 因材出创

如以“造型·表现”为例，第一种方法是先用传拓的方法收集各种素材，再对收集的素材进行归类，通过联想、想象等方式构思并进行表现。第二种方法是先构思后收集素材，确定创作意图后，有目的地运用传拓技艺收集所需的素材，再整合、加工、表现。第三种方法是根据材质纹理特点，进行构思传拓，接着根据拓得的图形构思，再选材组合传拓，重复交替完成。这三种方法可以多维度地挖掘传拓技艺与拓片图像表现的广度与深度，在促进传拓表现的创新上，使传拓技艺传习呈现出时代性、生本性的特点。

② 学科融创

传拓是我国古代文化传播的载体，与国画、书法等艺术门类都有交集。首先是学科内的融合，在传拓创意表现时运用组合、添加、赋色、题跋等方式，提高传拓创意作品艺术表现力。其次是学科间的融合，主要是指音乐、科学(物理、生物、化学)、语文等学科与传拓的融合。

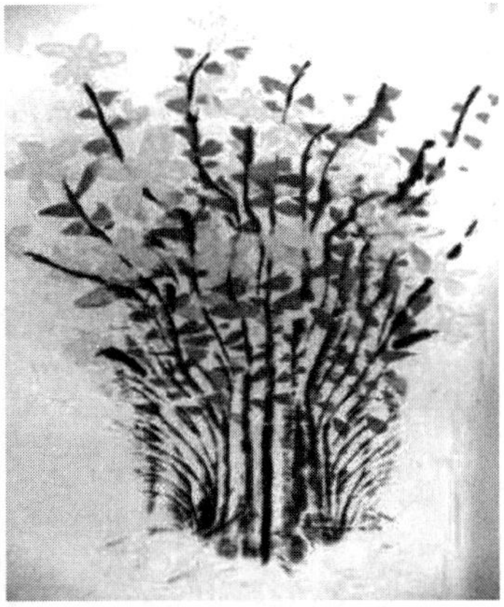

利用因材出创创作的学生作品　利用学科融创创作的学生作品

③ 评价再创

新课程的评价强调：评价功能从“注重甄别与选拔”转向“激励、反馈与调整”。过程性评价、发展性评价则用来诊断学习中的问题，引导学生向着“没有最好，只有更好”的方向发展。根据传拓技艺传习课程目标定位和传拓创意表达需求，该校设计出传拓技艺评价参照表与传拓创意发展评价表，把“技”为“艺”服务作为评价的出发点，考查拓片的使用目的与效果，评价纹理清晰度与墨色匀亮度，关注传拓关键环节，把评价主动权交给学生，促进学生探究的欲望。

学生作品《茶马古道》

学生作品《山海》

评价时采用“学生自评明目的、生生互评提效果、教师点评引方向”的方式推进实践，不仅肯定了学生，而且指明了学生进一步学习的方向，提高了传拓教学的效果。

许多并不觉得有用的拓片，通过学生巧妙的构思和丰富的想象都被赋予了新的生命。在创生表现中，深化了学生对传统文化的理解与认同，提升了传承传拓技艺的价值。

（三）课程实施途径

在课程实施中，宁波七中的教师们引导学生对自然、人工的物象进行传拓，给学生创意表现提供更多的可能。充分发挥学生在学校、家庭、社会生活中的不同感受，发展学生独立的审美意识和审美判断，提高传拓技艺与创作表达能力，为学生的个性化学习提供有效的途径。

1. 在校内——染于传拓之趣

我国古代思想家墨子说过：“染于苍则苍，染于黄则黄，……故染不可不慎也。”传承民族优秀文化是各学科教师的共识，教学中利用一些经典的拓片资料，让学生初步了解社会文化发展的脉络，根据传拓技艺传习统整方式的目标，充分利用学校教学资源，以教师引导、学生自主体验的方式参与传统文化技艺学习。

为了让学生在传拓技法与拓片积累上有更丰富的体验，校内的一路一木、一墙一瓦都可以成为传拓的对象。如确定“路”为传拓对象，引导学生从不同材质的角度去体验，感受水泥路、石板路、木板路等的拓痕，体验规则纹路与不规则纹路的美感，从美术语言角度选择并传拓由点构成的路、线构成的路、面构成的路等等。教师给学生提供自主发现与自主选择的思路，这样灵活、自主的学生传拓体验活动往往能成为学校生活的一道风景，学生们相互帮助，相互分享，把自己发现的自然美通过传拓的形式转移到宣纸上。学生从技法角度自主探索“蝉翼拓”“乌金拓”“朱砂拓”等技法，传拓出木板肌理、树皮肌理等系列拓片，也让观赏者获得别样的美感。在校园文化浸润下，学生在传拓的自主体验中培养了探究学习的能力。

2. 在家庭——思于取材之乐

在家庭中，采用自主体验为主的学习方式。学校开展以“传拓我家的‘宝贝’”为主题的活动，家中有许多学校里没有的传拓素材，学生都乐于拓出一些特别的物件纹理。学生选择家中的物件，能够在传拓时融入更多的情感，往往拓出较好的形与质，将学生的这些拓片集中展示，让学生介绍自己传拓的“宝贝”，谈谈传拓时的感受。通过活动，学生收获了自信心，拓宽了视野，教师从中也能判断学生传拓技能掌握的情况，因材施教，合理安排教学进度。

3. 在社会——游于集展之意

社会生活中，有更丰富的学习资源，让学生在广泛的文化情境中学习，有助于学生提高综合素养与表达应用能力。

(1) 因好取材

社会上的材质更多样，取材更宽泛，发现美、选择美，并用有别于摄影、速写等形式的传拓，把自己喜欢的素材收集起来。一是让学生根据自己的审美偏好收集传拓素材，形成系列化、专题化，为自己的立意构思、主题创作做好材料上的准备。二是在学校教师组织下进行主题传拓，如组织学生到东钱湖南宋石刻公园感受自然之美、文化之美，传拓古代石刻图案，学生在公共环境中向游客们展示传拓技艺，引来了一些游客的驻足观赏。

(2) 观展激创

充分发挥校外美术资源的育人作用，鼓励学生积极走进美术馆、博物馆，欣赏各类佳作，开阔视野，在欣赏中汲取创意养分，激发创作兴趣。学生在观摩展览、欣赏作品、同辈交流的过程中，提高审美素养与创意表达能力，逐步形成个性化表现。

(3) 展创弘文

在校外展示学生优秀的拓片与创作作品，不仅是对学生传承与发展传拓技艺的肯定，也让更多的人了解传拓技艺，为发扬传拓提供契机。宁波七中在浙江红村举办学生传拓艺术展，为革命老区送文化，展示了当代学生对优秀传统文化的理解，展出期间学生用传拓的方式进行革命红村之旅，既弘扬祖国优秀文化，又收集到学校中没有的素材，感悟了不一样的创作体验。

学生在公园传拓的拓片

学生在版画启发下，创作的传拓作品

宁波市第七中学的校外传拓展

宁波市第七中学在浙江红村举办的学生传拓艺术展

(四) 成果绚丽，品牌绽放

1. 邂逅古今文化，感悟民族魅力

自从宁波七中的传拓技艺传习课程实施以来，基础主题传拓技法传习

教学形式主题化，教学空间不再囿于课堂。学生在学习过程中更加关注细节，触摸生活中木纹、石纹、窗格、瓦当等纹饰，充分感受各种传拓技巧的魅力。通过欣赏历代拓片，学生对殷商甲骨、魏晋碑刻、秦砖汉瓦、明清砚拓等方面有了更多的了解，进一步感悟了优秀传统文化的魅力。该校100%的学生通过拓片能辨认出《峄山碑》《张迁碑》《始平公造像记》及四大楷书家的代表作品，82%的学生通过拓片能正确识别张旭、怀素、黄庭坚的草书碑刻，75%的同学通过拓片上的铭文，能判断出西周三大青铜器（毛公鼎、虢季子白盘、散氏盘）。

传拓技艺的传习，通过鉴赏分析和比较众多不同的传拓作品，不仅使学生认识到传拓文化传播的价值，更增进了他们对优秀民族文化的了解与热爱。

2. 触动感官体验，拓展专业动力

通过传拓技艺的传习，学生发现生活中的美，通过覆纸、刷纸、拓墨等操作环节，以及拓片的欣赏等实践性主题活动，学生综合性能力得以明显提高。以该校的一个班级为例，一个学年共拓得拓片近 2 700 张，平均每位同学拓得拓片接近 60 张，经统计，四尺宣纸以上作品达 300 张，达到纹理清晰、墨色匀亮的有 200 张。根据传拓技艺的纹理清晰度、墨色匀亮度为要求，对学生进行考量，很多同学在传拓的速度上接近专业水准。

宁波市第七中学某班一学年传拓技艺传习成果统计表

传拓内容	学生传拓速度(秒)	名家传拓速度(秒)	班级学生达成	备注
印石边款 (2 cm×7 cm)	50～60	40～50	27 人，占比 60%	名家传拓速度以西泠印社手拓印谱制作专家传拓速度作为参考 印石边款深浅会影响传拓速度与质量
	60～120		13 人，占比 29%	
	120～180		5 人，占比 11%	
四尺作品	2 人合作 3 张/课		36 人，占比 80%	
	1 人操作 1 张/课		100%	

3. 聚焦学科融合，增强创意张力

传拓技艺本身就承载金石学、文学、书法、国画、版画等学科专业知识，一张拓片融合了诗、书、画、印。通过青铜器利簋、大盂鼎等的拓片，学生从独特的角度，了解了历史场景、文字演变，提高了学习语文、历史等学科的兴趣。同样，学生在学习历史、语文学科的时候，了解到康有为、鲁迅等文化名人都有大量的拓片收藏，为自己参与传拓学习感到自豪。学生在文学、书画方面积累的素养，发展了视觉感知力、视觉思维能力与视觉创造能力，分层推进，持续发展，激发了内在动力，提升了美术本体的审美水平与创作能力。这样的效果在传拓创意作品中也得到了充分展现。创意作品展示的形式设计、策划、装裱、张挂等过程贯穿于整个研究活动。学生从知识到技能、从技能到素养等方面得到了充分的发展，综合实践能力自然得以提高。学生在实践中养成了合作、分享、积极进取等良好品质，进一步提高了自身创意思维和综合实践能力。

宁波市第七中学某班传拓技艺创意情况统计图表

作品品质	数量	所占比例	人均情况
既有形式美感，又有创想关联	80	40%	近 2 幅
具有创想关联，又有一般形式	70	35%	近 2 幅
具有一般形式，创想欠佳	30	15%	不足 1 幅
形式美感与创想均欠缺	20	10%	不足 1 幅

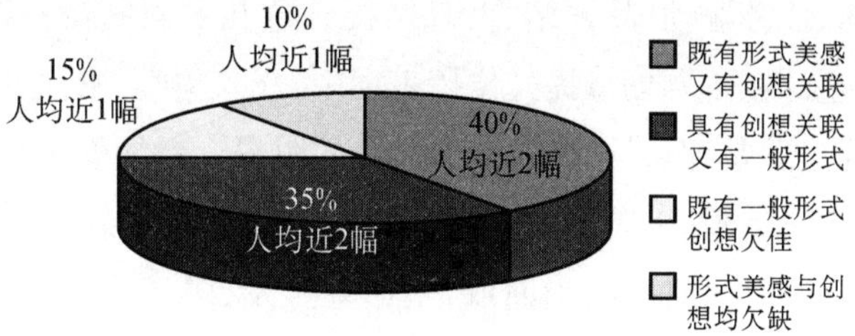

4. **释放匠心潜能，激活教研能力**

通过课程的实践探索，教师专业素养得到发展。在课程实施的契机下，宁波七中教师撰写论文 6 篇，其中《传拓教学培养美术学科核心素养——基于拓印校园课程的研究与实践》《中国印校本课程的开发与利用》等 3 篇论文分别发表于美术教育核心期刊《中国中小学美术》《中国美术教育》。《篆刻大家学》由西泠印社出版社出版发行，获第二十六届“金牛杯”优秀美术图书银奖。

5. 展现凹凸万象，提升办学活力

传拓技艺集技术性与艺术性于一体，有着点面相融的发展空间，取材又方便，这样的优势成就了学校拓展课程建设中的精品课程，在校内课程建设中起到示范作用。学生以传拓的独特方式记录形象，创意的作品凸显了学生个性与成长。以黑白为主的拓印作品，深受学校师生的喜爱，张挂于办公室、走廊等场所，既美化了校园，又彰显了学校以学生为主体的精神，更展现了师生之间融洽的校园生活氛围。毋庸置疑，传拓技艺传习对提升教育品质、丰富办学内涵有着独特的优势。宁波七中传拓技艺成果展示曾得到了全国文明办，省、市政府领导，教育部门，省督导团等考察团的高度赞扬。该校先后接待全国各类团队三十余次，多次受邀为宁波市中小学美术教师举办《传拓技艺传承与应用》讲座，直接指导孵化了三所小学传拓项目特色的创建，有效起到示范、推广的作用。

宁波七中构建传拓技艺传习体系，在传承和发展传统技艺方面走出了一条特色之路。在基础主题传拓技法的传习中，主要通过主题选择、引导示范、目标导向、任务驱动、品评结合、总结提升这几方面的操作程序，来提高学生传拓技艺。在主题创意提升传拓表现中，介入文学、书法、国画、版画等艺术门类，通过欣赏评述等方式，拓宽学生的眼界。引导学生在创意表现中融入自己的审美情趣、审美素养，通过重构立新、审美出新、应用维新、评价谋新的思路，运用主题提炼、画面取舍、形象生发、多元融合等表现手段，发展学生视觉感知能力、视觉思维能力与视觉创造能力，引导学生将传统与现代、形式与情感关联，增强学生传拓创意表现作品的形式与内容的韵味。

该校的传拓技艺传习课程厘清了技艺传承与发展的路径，提升了美术本体的审美表达与创作能力，使民族优秀技艺由技的“传承”向艺的方向“拓展”，提升课程开发的深度与广度，拓宽传拓技艺的应用面，加深学生对传统优秀技艺传承与发展的理解。

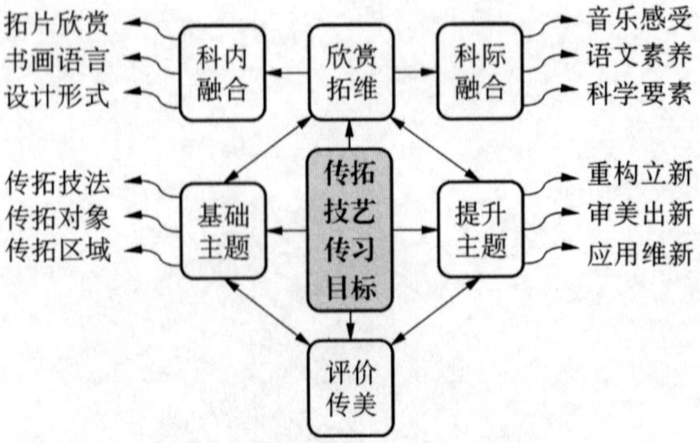

宁波市第七中学传拓技艺传习体系

篆刻与传拓技艺传习契合优秀传统文化进校园、拓展课程建设等深度改革的核心理念。正因为篆刻与传拓教学内容的综合性、广泛适应性与延展性，更有利于构建开放的技艺传习体系，多维度衔接，互联共享，做精、做大，使传统的技艺焕发出新的生命力，承古开新，展现优秀文化技艺教育的价值。

第七章

Art Education

陶艺——激发学生创造力

宁波市行知实验小学

陶艺是一门综合艺术，它与绘画、雕塑、设计以及其他工艺美术等有着无法割舍的关系。儿童玩泥的过程，是手、眼、脑协调互动的过程，是将自身的经历体验以空间思维重新组合，并赋予新的意义的过程。陶艺教育作为艺术教育的重要组成部分，它的最终目的是使学生的个性得到全面和谐的发展，塑造学生完美品格，培养学生鉴赏美的能力，不断激发学生的创造力和求知欲。陶艺教育是行知实验小学教育改革的一项重要课题，也是减轻学生课业负担、提升教学质量、真正实现素质教育的重要途径。

一、陶艺课程建设的基础

（一）陶艺教学起步

行知实验小学的陶艺课程于 2000 年 9 月启动，在全省乃至全国中小学陶艺教学中都属于最早的一批，课程开展二十年，从未间断，累计教学 17 万人次。学校连续参加社科“十五”“十一五”中小学劳动技术教育课题的陶艺教育子课题研究，获得 A 级子课题证书，在省内陶艺教育界有着很好的声誉；学生多次在各类各级陶艺比赛中获得奖项。这些都为该校进一步开发以陶艺教育为特色的拓展性课程打下了非常良好的基础。

办学二十余年来，学校遵循“大力弘扬行知思想，积极践行本真教育”的办学思路，构建“童趣、阳光、拓展、创造”的陶艺教育课程，形成制陶、烧陶、展陶、写陶的陶艺教学体系。

（二）推广平台

学校的陶艺教学形式多样，有面向城区小学三、四年级学生的轮训式教学——艺术之旅，也有本校特色班、社团、拓展课等形式不同、侧重不同的教学，同时多次开展对港澳的“视像中国”远程教学，未来还将开设面向全市学生的“社会大课堂”的节假日教学。这样的多角度平台，让陶艺教育得以更好地推广，惠及更多的群体。针对不同形式的教学，该校构建了不同的教学模式，受到学生和家长的广泛欢迎。

(三) 陶艺师资

该校共6位专职美术老师，其中教坛新秀2名，教改新星2名，均为校级学科骨干，多次参加浙江省陶研会组织的培训活动。学校积极推荐教师外出参加培训，不断提高教师的综合素质。毛成老师是学校特聘的陶艺专业教师，也是该校陶艺教育的领军人物，长期从事陶艺教育工作，是民国时期宁波著名的"恒成泰瓷庄"的后人。他开发的校本课程"生活陶艺、陶艺生活"得到有效推广后，使学校老师们学陶艺、研陶艺蔚然成风。学校还特聘非遗传人王书涛老师常驻行知校园，担任面塑课程的专业讲师，让学生在学校内就能体验这一传统文化，深受学生欢迎。

(四) 经费投入

学校多年来一直坚持陶艺优先发展的原则，不断加大投入力度。2017年至今，投入近百万元，建设全国第一家小学层面的陶博馆并进行后期的软件装修。学校鼓励教师外出交流和培训，积极承担各级陶艺研讨活动，积极派员参加各类陶艺比赛。

(五) 对接社会教育资源

该校积极挖掘学校周边地域的传统文化优势，追根溯源，让校园文化与宁波本土文化对接，建立长期合作的实践交流平台，让陶艺得到更好的传承与发展。目前，学校拥有不同层面的三个实践基地。

宁波庆安会馆

与该校毗邻的宁波庆安会馆，是我国现存的少见的宫馆合一实例，保存有一千余件朱金木雕、两百多件砖雕、大量石雕，体现了清代浙东地区"三雕"工艺技术的最高水平，是海上丝绸之路重要的文化遗存。

海上丝绸之路在某种意义上讲，也是海上陶瓷之路。上林湖越窑遗址位于浙江省慈溪市匡堰镇境内的上林湖畔，是世界上最大的青瓷“露天博物馆”。上林湖越窑青瓷作为我国最早输往海外的大宗商品之一，使瓷器同丝织品一样成为明州港输出的主要商品，被誉为“海上陶瓷之路的开拓者”。上林湖越窑青瓷深受世界各国人民的喜爱，成为古代宁波对外贸易、文化交流的桥梁和信使，在中国陶瓷史上具有重要的地位。

陶笛是一种古老且别具特色的陶土制乐器，小巧古朴，音准且穿透力强，音色通透清脆，易吹易学，也是一种点缀生活的工艺品。学校与中国最大的陶笛制造厂——嘉兴风雅乐器制造有限公司合作，让陶笛进课堂。同时，风雅陶笛还开展了陶笛制作、陶笛表演、陶笛培训等一系列活动。

二、陶艺课程的构建与实施

（一）陶艺课程目标

1. 形成弘扬陶艺文化的校本特色

在传统陶艺教学的基础上，学校完善教学设备，丰富课程内容，不断探索有效的教学策略，积累了丰厚的教育教学经验，取得了丰硕的教学成果。在此基础上，学校将陶艺特色项目提升为特色品牌，带动学校办学品质的提升。为实现这一办学特色，学校通过课程整合，将陶艺课纳入学生的必修课，让每一个行知学子都能够深入了解陶艺这一中国传统艺术形式。通过校园文化建设，体现陶文化主题，让学生浸润在陶艺文化的氛围中；通过陶艺实践活动，让学生在传承中成为陶艺文化的传播者；通过探索与实践，深化学校教育内涵，全面提升学校办学水平，提升学校的知名度、美誉度，成为一所学生受益、家长欢迎、社会赞誉的中华优秀文化艺术传承学校。

2. 培养学生的实践能力和创新精神

陶艺是培养学生实践能力和创新精神的良好载体，学生在玩中动手又动脑，既提高了能力，又开启了智慧。信息技术的发展为陶艺注入了新的活力，将传统文化和现代技术完美结合，实现了传承与发展的初衷，也更契合现代学生的培养目标。学校将中国传统国粹陶瓷艺术与现代3D打印技术、VR虚拟现实技术、自媒体平台、电子商务以及博物馆体验活动有机结合起来，打破传统与现代的壁垒，从而让学生人文素养、科学技术素养等多方面素质得到培养和锻炼，成长为新时代需要的新型人才。

3. 构建传承和发展为本的陶艺课程体系

学校已经初步形成了显性课程和隐性课程相得益彰的课程体系。学校开展课程整合的实验研究，开发了“生活陶艺、陶艺生活”校本课程，以整合课的方式，将陶艺课纳入学生的必修课，让每一个行知学子都能够深入了解陶艺这一中国的传统文化。

努力构建“必修＋选修＋互联网”的多维课程体系。学校全力推进“小学中高年级学校课程整合的实践研究”，陶艺是首推整合项目，充分利用“生活陶艺、陶艺生活”校本课程，将陶艺和美术、语文、科学、音乐等课程进行整合，以整合课的方式进入小学生课堂，纳入学生必修课。学校陶艺课程体系中包括陶艺、陶印、瓷盘彩绘、茶艺、结艺纸艺、铁艺木艺等多门校本课程。同时，在传统的手工陶艺、陶印篆刻、陶盘彩绘的基础上，与科技结合，使用3D雕刻，开发互联网＋陶博馆活动（模拟考古、3D修复、拉坯、主题展览、远程交互讲座等），惠及行知全体学生和区域内（“文化之旅”项目）的孩子们，并向台湾、新西兰等地区和国家的姊妹学校传播陶瓷艺术。学校开设“小陶子”拓展课程，探索和推广网络选课系统，通过网络进行“秒杀”，激发学生选修的积极性，提高选课效率。

（二）陶艺课程计划

学校完善陶博馆机制建设，落实“四室三区一馆”的多维格局，建设高标准、现代化的陶瓷艺术教育场馆。提高陶博馆场地使用率，计划安排每周下午开三个社团，每班每学期两次四课时的教学量，充分发挥陶博馆的作用。

该校通过博物馆教育与网联网＋理念的结合，以陶智工坊的实践研究（陶智工坊开展过程中的形式、方法、作用与成果）探索学校博物馆、创新实验室的新形态和成效，并将每次教学活动的过程、成果等通过美篇或微信公众号等自媒体宣传。

学校教师深入研究陶艺的课程设置、课程纲要和校本教材的教学，探索陶艺对培养学生创新动手能力的作用，举办年级段陶艺比赛，形成陶艺学习的氛围，使学生人人都能掌握基本的陶艺技术。

完成陶智工坊场馆建设与项目设置，完成陶艺手工成型教室及陶笛音乐区、陶盘彩绘及陶印篆刻教室、3D 陶瓷打印创客工作室、社团活动室、陶艺拉坯活动坊、模拟考古活动站、陶瓷陶艺讲座区、窑房仓库等用房的建设，教导处加强课程设置和保证，确保有充足的课时量。

完成陶智工坊系列拓展课程研究，涵盖陶盘彩绘、陶印篆刻、拉坯修坯教程、模拟考古、陶艺 3D 打印与创客、博物馆主题展等六个陶艺精品课程的课程纲要和校本教材的编写。继续开展课程整合实验研究，将陶智工坊与学科教学相结合，探索教学整合的基本框架。

开展每年一届的陶艺师生比赛活动、省陶艺教育联盟每学期的教学研讨活动、市陶艺教育联盟每月的小型研讨活动，有计划有层次地推进陶艺课程实施。

(三) 陶艺课程实施

1. 基于国家课程的教学研究

该校尝试在美术课中进行陶艺教学，将六年级美术课本中《做做陶艺》《青花瓷》，五年级的《奖杯设计》，四年级的《家乡的桥》，三年级的《活字印刷》内容和陶艺教学结合起来。同时，开展年级段的陶艺特色研学：一年级的捏塑、二年级的瓷盘彩绘、三年级的模印、四年级的陶乐、五年级的陶印。

2. 基于拓展课程的社团建设

学校长期开展陶艺社团教学活动，每周五下午第二节课进行面向六年级学生的陶艺篆刻教学、五年级学生的陶艺手工成型教学、四年学生级的陶瓷 3D 打印教学、三年级学生的面塑教学、二年级学生的陶笛教学。

学校利用每周五下午第一节课开展陶艺拓展课程的教学，面向四、五年级学生，以选课的方式报名，开展陶艺捏塑和瓷盘彩绘教学，首期25位学员在一年的拓展课教学时间里临摹创作了五百多件作品。

学校还开展两课时连上的校级陶艺社团——陶博馆综合体验项目，综合各类陶艺课程，包括制作带纽陶瓷印章、模印卡通小动物、探究小尿娃的原理并制作、模拟考古与陶艺3D打印修复、古陶瓷讲座、拉坯体验、陶艺参赛的启发与方案确定以及示范创作等等。

3. 基于实践创新的文化交流

开展区域层面的“文化之旅”项目，接待多所学校学生参与陶艺综合项目学习，例如曙光小学四年级三个班就曾参加行知实验小学的陶瓷乐器——陶瓷摇铃的探究与制作。

策划举办了学校首届陶艺现场比赛和“抟泥幻化”校陶艺展，各年级共30位学生通过了草图方案环节，参加了现场制作，各年级学生将自己在研学活动中的优秀作品进行釉烧。活动中涌现了多位陶艺苗子，创造出多幅令人眼前一亮的现场创作佳作！

该校的STEAM课程也极有特色，他们与强大的科学学科项目合作，让学生通过观察胎釉差异和吸水性对比实验，进行陶和瓷的区别教学；在教师的启发与示范下，进行陶埙和摇铃的制作；通过自由探究，画陶瓷乐器草图并进行创作；以任务驱动模式进行瓷磬的讨论与创作。该校师生还在区STEAM课程研讨活动中，将以上陶乐探索编排成表演节目，获得与会专家和老师们的称赞！

（四）陶艺场馆建设

学校投资建成了500平方米的陶艺教育专用空间——陶博馆，形成“四室三区一馆”的多维格局。四室：一个陶艺和陶印专用教室，一个瓷盘彩绘专用教室，用于进行普及化教学；一个陶艺创新实验室，拥有计算机采集与编程的陶泥3D打印设备；一个社团活动室，为学校社团提供独立活动区域。三区：一个模拟考古区，模拟规范发掘过程，有记录、比对、研究、复原、制作流程，为学生完成考古报告提供全程支撑；一个陶艺拉坯实践区，采用陶行知先生倡导的“小先生制”，让“小老师”参与指导，生生互动，实现学生自主学习、自主管理；一个讲座区，用于学习和交流。窑房、仓库等辅助用房齐备，电窑、气窑、拉坯机、练泥机、喷釉机、磨底机，各种泥料釉料、陶艺工具一应俱全。同期，该校还筹建了全区第一个校内小型陶瓷博物馆，前期收藏150件各个时期的陶瓷作品，后期逐步增加，定期开展小型主题陶瓷展，培训小小解说员并组织各年级学生参观学习。

行知实验小学陶博馆内景

陶艺和陶印专用教室，主要进行陶艺的捏塑、泥条盘筑、泥板镶接、泥丸垒搭等制作技能的教学，同时注重创造力和创新精神引导、审美趣味的培养，渗透文明规范、爱国主义思想的教育。陶印是该校在开展陶艺教学过程中派生出来的项目，有良好的运作基础和较规范完整的教学课件。陶盘彩绘是该校的新兴项目，之前做过轮训教学，借着场馆建设的东风着力打造，使之成为新亮点。

陶博馆分成半封闭式展区和开放式展区两部分，陈列各时期各产地特色陶瓷品种，将我国悠久灿烂的陶瓷文明展现给孩子。孩子们可以近距离观看展品，博物馆不应仅仅是陈列，更应该是互动的！陶博馆定期举办陶瓷主题展，如按时代分，有宋元陶瓷展、明清陶瓷展；按窑口分，有龙泉窑展、景德镇窑展、其他窑口展；按种类分，有青瓷、影青瓷、青花瓷、黑瓷、彩瓷等展示；按器物分，有文房器、酒器、香器、花器等展示；还有按造型分、按纹饰分、按成型工艺分；等等。陶博馆中还有一个龙蛋窑，高3米，长8米，孩子们可以通过其直观地了解古代陶瓷的烧造工艺。

陶博馆中还有专门的拉坯社团，进行系统训练，培养特长生，例如，有对同心圆、碗形物、杯形物、瓶形物、盘形物等圆器制作的训练，也有对葫芦造型等琢器制作的训练。

另外，陶博馆中开辟了模拟考古区，建造一个30平方米的沙坑，旁边设置相应的资料展板，还有一个小型的讲座区，放置电子触摸屏，提供大量陶瓷资料。每次活动时，都会结合陶博馆主题展在沙坑里埋下相应的古陶瓷碎片，指导学生模拟规范发掘过程并记录瓷片发掘的大小和位置，描绘形状；再与墙壁上的古陶瓷标本进行比对，大致判断年代和窑口；接着引导学生发挥想象描绘出发掘瓷片的完整复原图；再进行拉坯、捏雕、装饰制作，经过烧制复原陶瓷。

三、陶艺课程的效果

为了让学生在这样的“梦工厂”里实现自己的价值，行知实验小学设计了丰富多彩的课程和活动，在培养学生创造力方面也取得了一定的成绩。

（一）办学水平全面提高

学生作品《三足金蝉呱呱叫》

现如今，该校的陶艺教育已成为一张响亮的名片，受到领导、家长、学生、教师等各界的广泛好评。学校的陶艺课程参加了社科“十五”“十一五”“十三五”陶艺教育子课题，被评为陶艺教育专题的优秀子课题，学校也被评为实验校。行知实验小学先后被评为宁波市科技教育实践基地、浙江省陶艺教育实验基地学校、全国中小学生创造力培养示范校、全国优秀劳动技术教育基地、中国陶行知研究会直属实验学校、省优秀基层科普活动中心等，所承担的课题《综合实践理念下小学陶艺校本课程探究性教学的研究》获鄞州区二等奖，课题《小学陶艺校本教材的实践与研究》获宁波市三等奖，课题《小学“陶文化”习作资源的开发研究》获宁波市一等奖等。

（二）学生创造力被逐步激发

通过陶艺教育的实施，该校学生在特长发展上得到了社会各界的认可，学校的陶艺教育在全省乃至全国的陶艺教育兄弟单位中也打造出了良好的声誉。目前，师生参加陶艺作品大赛获得过全国、省、市、区各级奖项五十余项，多次获得优秀组织奖。陶艺教育使学生综合素养得到全面提升，实践和创新能力得到全面发展，写作比赛、书画创作等各类活动的参赛率和获奖率逐年提升。

（三）广泛开展陶艺教育交流活动

该校的陶博馆自竣工起就不断迎来各类大型活动。中国陶行知教育研究会年会在行知实验小学召开，迎来了全国约二百位专家，该校老师还借此机会进行了陶印篆刻的公开课教学展示，赢得与会专家们的充分肯定。该校还支持老师参加浙江省艺术教育论坛，迎接浙江省教师师训平台项目的传统艺术与微电影的师训活动，承办《陶艺与校园环境营造》的讲座，等等。

该校有效开展以年级段为单位的陶艺特色项目，实现全校全员教学，形成了以美术教材中陶艺内容开展的普及教学，以拓展课程形式开展的特色教学，以校级精品社团开展的陶博馆综合体验教学，以赛事推动的陶艺创作教学等多形式、多层次的教学体系。至今，全校学生制作作品五千余件，烧制作品近千件，创作作品近百件，在各级陶艺相关比赛中荣获大奖 8 个，二、三等奖 23 个，同时获优秀组织奖和优秀辅导教师奖等若干。2018 年 5 月，还在全国中小学陶艺展评中获得了含金量极高的两个最佳奖。

陶艺教育在激发学生创造力方面有着广阔而明朗的前景，除了传承传统技艺外，陶艺与科学碰撞，又可催生出神奇的倒流壶、公道杯、升仙杯、凤鸣壶、转心壶，好玩的鸟笛、尿娃，智慧的尖底瓶，现代高科技耐摔陶瓷、导电陶瓷、耐温耐磨陶瓷、发光吸热陶瓷等。相信在行知实验小学这座“梦工厂”里，陶艺教育会绽放强大生命力，呵护学生成长，培养学生思维品质，提升教育活力，助力中华民族的伟大复兴！

第八章 竹艺——传承非物质文化遗产

Art Education

塘溪镇第二中心小学 塘溪中学

竹编是以剖、劈成篾片或篾丝的毛竹为基材，编织成各种用具和工艺品，是中国传统的民间艺术，竹制工具、生活用品、艺术品曾是人们生活中不可或缺的物件。二十世纪九十年代之后，手工竹制品的国外市场萎缩，国内老百姓对价格较贵的竹编需求不大，导致鄞州竹编企业纷纷转型，工艺竹编濒临消亡。近年来，随着经济的发展和国家对非物质文化传承的高度重视，竹编因其可就地取材和绿色环保等优点，重新焕发生命力。

基于素质教育的基本理念以及学校的自身定位，塘溪镇第二中心小学和塘溪中学将竹编引入校园，课程总的设计理念为：以学生的发展为核心，发展学生的个性特长，在提高学生的审美能力的同时培养实践、创新等综合能力，陶冶高尚的情操。竹编对于启发学生想象力、锻炼手指灵活性和提高团队合作意识有着不可低估的作用。在学校的竹编教室里，我们可以看到孩子们围着年迈的非遗传承人兴致勃勃地学习竹编技艺，老人耐心地讲解手法，孩子们开心地学习，这也是传承这门古老技艺的一条途径。

在推进竹编课程建设的同时，学校也积极创建“竹韵书香”的校园文化。在一片青竹茂林之中，孩子们在山间了解竹的品种、竹的习性；在教室里诵读竹的诗歌、竹的文章；在画室里描绘竹的脉络、竹的色调；在书本中明白竹的道理、竹的品质。渐渐地，孩子们认识竹、了解竹、懂得竹，并将竹的精神内化成自身的内涵。

一、打造校园竹环境

塘溪镇第二中心小学坐落于宁波市鄞州区东部的塘溪镇，域内竹资源丰富，东山村的大毛竹曾与横街大雷、横溪大岙的毛竹在鄞州三足鼎立，颇有名气。塘溪镇竹产业也呈蓬勃发展的态势，其中竹编工艺更是首屈一指。历来，村民们就是依靠出售毛竹、编织各种竹制品维持生计，几乎家家户户都曾有人会竹编。

在学校里，学生们抬起头就能看到浩瀚的竹海。科学老师常常带着孩子们去山上看竹、识竹。春天，竹笋在春雷的召唤下破土而出；夏天，长成的竹子郁郁葱葱；秋天，竹子依旧生机勃勃、茁壮成长；冬天，翠竹傲然挺立在寒风之中!

塘溪镇第二中心小学校园环境建设的总体构想为:以竹文化为核心文化,以竹物形为物质元素,形成以“竹韵园”为代表的系列文化景观。

在校园整体绿化设置上,该校选择种植一些有特色、有文化艺术背景的竹子品种,如寒竹、刚竹、凤尾竹、佛肚竹、湘妃竹、孝顺竹、金镶玉竹等,并给每种竹子配发竹类标识牌,标明名称、科名、属名、生态特征、主要用途、分布等,传播了竹子知识,为师生了解竹子提供便捷的渠道。

充分利用学校“日”字形的连廊结构,布置走廊文化和楼层主题,让每一面墙壁诉说竹子的历史、文化、品德,从而构建立体的育人环境氛围。设置竹文化长廊——引导学生知竹源、晓竹性、明竹用、悟竹韵、修竹德。教学楼层布置:一楼以“竹之美德”为主题,突出德香,关注竹之品德的挖掘与育人目标的结合,注重德育,隐含“立人”目标;二楼以“竹之诗画”为主题,突出墨香,选取古诗词中关于竹子的优美诗篇,配以竹子背景图画,注重美育,隐含“达人”目标;三楼以“竹编工艺”为主题,突出校本龙头特色——竹编,布置优秀竹编作品,让每个学生喜爱竹编这一非遗项目,注重智育,隐含“树人”目标;四楼以“放飞理想”为主题,展示学生在学校学习竹文化过程中的优秀诗文、画作、书法、工艺等作品,隐含“全人”目标。

在班级竹文化的营造上,首先创建以竹名、竹形、竹神为内涵特质的班名、组名,如毛竹中队、凤尾竹中队、孝顺竹中队、楠竹小队、刚竹小队等。围绕班级名称布置适宜的班级环境,有体现学生在学习上你追我赶的“拔节向上”,有展示学生才华的“竹娃展示台”,有体现班级管理的“竹林纪律”,有分享快乐的“竹苑趣事”,等等。每个班级都精心构思、用心设计并营造班级学习环境,充分展现学生的精神面貌。

此外,该校的每个班级根据实际情况,围绕竹文化精神开展各具特色的班级文化建设,提出口号,确立个性化的班风和创建目标。把竹子的精神充分融入学生思想道德的教育之中。以人为本,提升学校文化品位。

二、竹艺课程的实施

(一) 开设特色竹艺课程

在塑料制品的冲击下，宁波市塘溪镇工艺竹编渐渐走向没落，但有一个人仍然坚持不懈，他就是2010年被宁波市政府命名为宁波市工艺竹编非物质文化遗产代表性传承人的叶良康。塘溪镇第二中心小学为了保护此项技艺，依托地处山区、有茂盛的竹林这一有利条件，积极筹备并成为鄞州区工艺竹编传承基地。2009年3月，学校实地考察了叶良康师傅的竹编制作室和展览室，观看了叶师傅制作竹编作品的全过程，之后，以班级为单位进行了学习竹编的问卷调查，并请叶师傅开展了三节竹编展示课，发现学生对学习竹编有着极大的热情。经过一系列准备工作后，学校决定将竹编作为学校的特色课程，紧接着便制订了竹编课程计划，成立了竹编学习小组。

为了竹编课程的开发与实施，该校设置了专门的竹编制作室和竹编作品展览室，并配备了相应的设备，专门聘请叶良康师傅指导竹编教学，具备了优越的硬件设施与师资条件。区非遗中心也大力支持学校竹编课程的研究与发展，多次到校做现场指导。学校在师资培训上更是不遗余力，派竹编教师定期前往叶良康师傅家中，请教竹艺编织方法，与兄弟学校一起举行师生作品展，相互交流，取长补短，并定期开展竹编专题研讨课。这些都为学校推动特色课程的开发与实施，奠定了良好的基础。

塘溪镇第二中心小学的竹编制作室

老艺人指导学生们学习竹编

在有一定基础之后，该校成立了课题组，积极开展“基于乡土竹编文化的校本课程开发的实践研究”，着手编写特色课程教材，结合竹编教学的开展情况，经过不断完善和实践，2011 年 3 月该校的校本教材《竹艺巧编》出版。有了教材，再通过竹编教学组织与实施，学生在学习过程中激发创造精神，发展美术实践能力，形成了基本的美术素养，陶冶了高尚的审美情操，在思想、品德、情感、毅力、意志、个性等人文素养方面得到了全面的发展。

（二）分层次的竹编教学

在开展竹编文化进校园的活动中，塘溪二小结合学生实际，针对低、中、高不同学段的学生，制订分年级教学目标，注重普及与提高相结合，做到学习内容丰富多彩，尽可能满足不同层次学生的需求。

开展竹编教学活动的根本目的在于让更多的人认识竹编，参与到传承非遗项目的活动中来。因此，该校在全校各年级分层次、分目标开展竹编教学，确保每班每周一节竹编课，力求做到人人了解竹编的历史和文化，参与到竹编技能的学习中来，并对竹编产生兴趣。

在教学之余，该校开展竹编主题活动：建设好竹编陈列室和制作室，定期向全校学生开放；在走廊和墙壁上陈列竹编作品；将竹编纳入校园文化节范畴；开展了一系列以“我与竹编”为主题的黑板报、手抄报、征文、绘画等评比。

该校的竹编制作室为竹编小组或社团活动提供了操作的场所，专室专

学生的竹编作品

用，开展竹编专项训练，分类陈列专家、教师与学生的竹编作品，并确保每周三下午竹编社团活动的顺利开展。同时，强化对师生的培训，逐步达到掌握技巧、学会编织，挑选出一批素质较高的学生组成“特色班”，将他们编织出的具有代表性的竹编作品放在竹编陈列室和学校各班级门口进行展览，激发本校学生学习竹编的兴趣。“特色班”的学员也有机会代表学校参加各类竹编技能表演或比赛，将学习成果向全社会展示，吸引更多的人来关注竹编。

（三）工作坊教学模式

塘溪中学以“坊”的形式开展竹编拓展课程教学，设置了竹编教学场地和竹编展示厅，以展示促教学，仿学传统竹编技艺，以非物质文化传承人（民间竹编艺人）的传、帮、带、授的蹲点式校本教学，通过技艺、作品和艺人三者的结合，充分发挥竹编工作坊效能，有效地促进了学校竹编拓展课程的发展，凸显了传统文化中以艺育人的目的。

竹编工作坊在教学中渗透竹编发展的历史概况，通过竹编展示、编写竹编发展历史资料，注入竹编在人类发展过程中起到的积极作用，开阔学生的眼界，提升学生的民族自豪感。竹编展厅陈设了各式各类风格的竹编作品，这些技法纯熟和寓意美好的作品对学生起着耳濡目染的作用。

很多竹编作品都蕴含着深厚的传统文化，其深厚的寓意能从侧面反映出中华文化的博大精深。竹编的作品被赋予了文化色彩，在教学中便有了深刻的意义，如秦汉时期的竹编沿袭了楚国的编织技艺，又如 1980 年陕西西安出土的“秦陵铜马车”底部铸有方格纹，据专家分析，这方格纹就是以当时竹编席子的编织方格纹翻铸的。学校的陈设作品和图例介绍中，对竹编的发展历史、地域特色、技法风貌、名家作品等都有较为详尽的介绍，在竹编坊的拓展课程教学中让竹编带有特殊文化色彩，便于学生对竹编文化的理解和学习。

该校的竹编工作坊在课外自主实践中，以学生为主体，引导学生探究式学习，使学生能够主动参与、积极探究，在生活中感受历史文化的传承，结合竹编非物质文化遗产传承人编著的书籍中的相关知识，将知识与生活相结合，加深学生对知识的理解，改变单纯接受式的学习方式，提高综合能力，培养学生的问题意识、大胆行动的探究精神，提高学生对非物质文化遗产的保护和传承意识，做家乡非物质文化遗产的保护者和传承者。学生们在竹编技艺的学习过程中感受到了劳动的乐趣，领略到中国传统文化的魅力，将严谨认真、坚持不懈的精神应用于学习和生活，这也正是学校开设竹编拓展课程，设立竹编工作坊的初心。

塘溪中学的竹编工作坊

(四) 竹艺延伸课题

塘溪二小以竹文化引领学校发展，在全校普及竹文化。学生们爱竹、学竹、访竹，但不是人人都能编竹。为了让同学们都能了解编织技能，在美术课中，利用废旧的报纸，卷成细长纸棍，再利用竹编的编织手法编成了一个个造型各异的小房子。有同学将竹丝拉丝过程中产生的竹刨花进行染色，制成软软的坐垫，或结合太空泥塑造各种各样的小动物；还有学生以竹编手法构思的作品《天空之城》，获得 2019 年区立体造型二等奖。

在孩子们学习竹编的过程中，该校的老师发现，竹子的篾青是很好的竹编材料，竹根可做成竹编造型的底座，而大量的篾白被白白浪费，于是就引导学生们思索如何更好地利用篾白。同学们试着用这些篾白做小扇子，发现篾白做的扇子非常结实，大家都争着用篾白做扇子送给身边的小伙伴和爷爷奶奶。还有的学生用篾白做成画布，在上面作画，这一创意还曾在《未来作家》报上刊登。有了这些成功的尝试之后，同学们又尝试用竹子制作教具和用具，比如制作科学教具竹尺，制作玩具竹蜻蜓，制作风筝的骨架，制作班级的门牌，编织竹笔筒、竹筷笼、竹脚垫等生活日用品。

1. 变废为宝

竹编制品是将竹子劈开，经过十几道的工序加工成极细的竹篾，再进行编织。每次加工过后总会剩下些竹筒，扔了可惜，还能用它来做什么呢？师生们发现这些圆柱形的竹筒又像笔筒又像花瓶，随意取下一枝竹插入其中，还挺不错。他们将竹筒洗净晾干，用粗细不一的麻绳缠绕，加上各种装饰点缀，同色系的竹筒和麻绳的结合形成了复古花瓶和笔筒，再插上几枝翠竹。这些别致的小花瓶和笔筒曾获得2013年鄞州区艺术节一等奖。

竹片画是由竹帘画延伸改变简化而来的，竹帘画是传统手工艺品，曾被列为皇家贡品，既实用，又美化生活。竹帘画在精编的竹丝卷帘上绘画，通常运用具有传统特色的国画技法，小学生不可能掌握这么高难度的技法。教师们以学生为主体，继承竹帘画的传统工艺，并将它改造为小学生能够掌握的竹片画。竹片画不同于普通的绘画，绘画在纸上，画面是平的，竹片的外形有它自己特有的弧形，更加考验孩子们的用笔，以及对弧形构图的掌控，难度也随之提升。2014年学校成立了竹片画社，孩子们不单单是在竹片上作画，还尝试竹片布贴画。他们将竹子经过熏、蒸、烫、漂等十几道加工处理工序，在保持竹的自然光泽的基础上，大胆使用国画、版画、剪纸、烙画、贴画等诸多艺术表现手法，以精湛的制作手法，巧妙地制作出了典雅、惟妙惟肖的手工艺品。

师生们设计的复古花瓶

学生们创作的竹片画

2. 结合多元材料

在一次美术课上，该校教师看到学生们对着学校吉祥物竹娃娃描摹着，脸上洋溢着幸福的笑容，娃娃是小学生喜欢的玩具，有了喜爱之情，创作起来自然更加有兴趣，老师又想到竹编社的孩子们编织的竹篓，确实精致细腻，但完全是继承了老一辈的手艺，怎么才能创新呢？在竹簸箕添加上五官不就是一个个竹娃娃了吗？老师发动学生集思广益，征集制作竹娃娃的材料，最后选择了颜色丰富又逼真的毛线做头发，彩色纽扣、竹架子、扭扭棒制作五官。美术中色彩是一大亮点，竹簸箕的竹本色与艳丽的五官和头发，形成鲜明的对比。蕴含着学生们感情的竹娃娃让人爱不释手。

该校师生还积极探索利用竹编制作更多的艺术品，他们利用锡纸与报纸结合制成了类似水滴的造型，里面空心，无一根支撑柱，完美诠释了竹编作品中的中空概念，再将编织的竹灯放入其中，通电后一束束光从“水滴”空隙中射出来，甚是好看，作品取名《泉水叮咚》，曾在宁波市青少年创新大赛中获最佳创意奖和一等奖。

学生制作的竹娃娃

学生作品《泉水叮咚》

美术中的造型是指由视觉元素(点、线、面、色、体)所构成的具有某种意味的空间形态，所谓造型能力即是对以上诸元素的运用能力。立体造型作为一种独特的造型表现形式，能培养学生们的动手动脑能力和思维发展能力，受到越来越多的教育者的重视和学生的喜爱。2017 年，该校学生的作品《竹之语》，运用视觉元素，通过《问世》《邂逅》《迷茫》《思索》《取舍》《陪伴》六个部分来表达人在成长过程中的各个阶段，以竹为鉴，厚积薄发，该作品曾在浙江省艺术节中获一等奖。

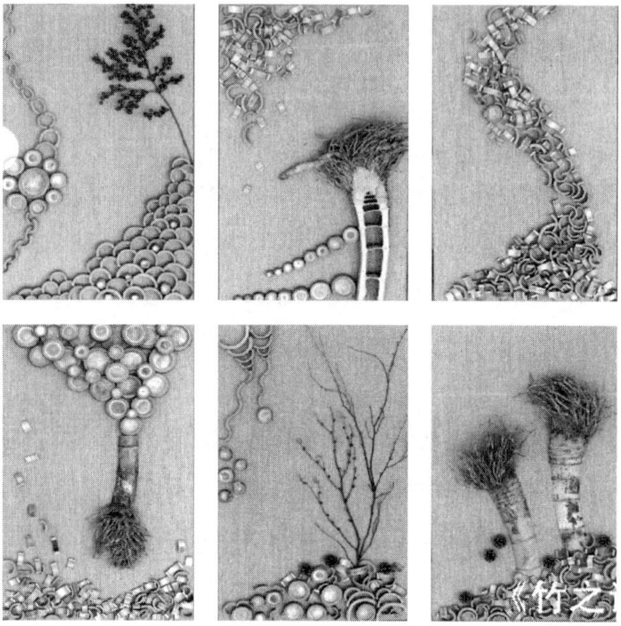

学生作品《竹之语》

3. 善用中华元素

红色是中华民族最喜爱的颜色，甚至成为中国人的文化图腾和精神寄托，代表着喜庆、热闹与祥和。中国近代史就是一部红色的历史，承载了国人太多红色的记忆。中国红氤氲着古色古香的秦汉气息，沿袭着灿烂辉煌的魏晋脉络，延续着盛世气派的唐宋遗风，流转着独领风骚的元明清神韵，以其丰富的文化内涵，盘成一个错综复杂的中国结，高度概括着龙的传人生生不息的历史传承。古代的婚嫁习俗中大量的竹编艺术品和生活用品，也为红色。竹编社的学生们创作“中国红”系列作品，有双喜拨浪鼓、双喜首饰盒、古韵茶具等，件件作品都透露着浓浓的中华传统元素。

学生们创作的“中国红”系列作品

三、竹艺课程实施的保障

1. 创设有效机制

每个人都有爱表现的欲望，中小学生更是如此，所以学校会不时地给学生搭建一个个展示作品的平台。

在开展竹编教学活动中，为了提高学生对竹编的热爱，也为了更好地加强竹编文化对学校文化的促进作用，学校采用了一套行之有效的激励机制。他们在竹编陈列室内和各班教室走廊处设竹编角，将优秀的竹编作品进行展览；在学校宣传窗张贴优秀的竹编作品照片；在班队活动课上开展竹编知识和技能比赛，评选出优秀班级；在周一升旗仪式上表扬竹编活动开展得优秀的班级和个人。通过这些平台展示优秀的竹编成果，既肯定了这些同学的劳动成果，又吸引了更多的同学来学习竹编。

学生们的竹编作品

学校根据学生的需求，成立了“艺新轩”竹编社团，吸引对竹编有浓厚兴趣的且有一定基础的学生参加，进行更进一步培养，让他们编一些难度较高的作品，提供机会让他们参观、演出、当小师傅带徒弟等。在竹编社团内，也根据学员们的知识和技能水平，分为“大师”(学龄两年以上，能熟练编织立体竹编)、“导师”(学龄一年以上，能熟练编织简易竹编)、“熟练工”(没有学龄限制，掌握各种编织方法和基本技能，能熟练编织平面竹编)、“学徒”四个等级。“大师”级和“导师”级的学生可以选择低于自己级别的学生作为徒弟，教他们竹编的本领，同时，他们也要向更高级别的“老师”学习，以便不断提高自己的编织技能。半年学习期结束后，考核竹编“老师”其及“学徒”的竹编技能，双优者可晋级，“熟练工”和“学徒”经考核后优秀者也可晋级。在每个级别内部，又采用星级制（每月月末考核，合格者可得一星，集齐五星者即可晋级）来激励学生的兴趣。学校虽然没有希望每一位学生都能成为一个“大家”，但至少可以让孩子得到更好的培养，树立工匠精神的意识。

学校还组织孩子们把在课余时间制作的竹编工艺品拿到市场上售卖，经久耐用的竹编篮子受到大妈大婶的欢迎，小巧玲珑的竹蜻蜓、竹笔筒受到孩子们的青睐，精美的竹制首饰盒是姑娘们争相购买的对象。学生们将售卖所得的钱款捐入学校爱心基金，帮助贫困的同学，这也为竹编课程的实施增添了新意。

2. 提供跨学科辅助

在竹编工艺的教学过程中，教师们也遇到了一些难题：叶良康师傅技艺精湛却无法用恰当精准的语言给孩子们进行指导；孩子们年纪小，一周一堂的竹艺巧编课程总是学了这节忘了上节；参加竹编课程的学生人数众多，但是僧多粥少，叶良康师傅无法照顾到所有学生……

在这个节骨眼，语文老师们群策群力，参与到竹编教学中。他们将学生根据年级分为低段、中段、高段，给各个年级段的学生布置相应的任务。低年级的学生不能独立地给自己制订观察任务，无法集中注意力长时间观察，他们的知觉主要由刺激物的特点和个人兴趣、爱好决定；中年级的学生观察的精确性大幅提高，并能够自我思考；高年级的学生能完整地把握对象，能做系统观察，而且在表述观察情况之前，往往会先进行思考，即将观察到的点滴材料进行加工，使观察内容更加系统化。基于学生的特点，老师请低年级的学生将竹编制作过程的每个环节画下来；请中年级的学生将竹编制作整个过程做成手抄报，以画面展示，用文字解说；请高年级的学生用日记写下学习竹编的过程，配上自己的思考感悟。经过学生们的配合，制作出了完整的竹编工艺流程图，将其中优秀的作品进行整理展示，在不知不觉中克服了遇到的困难。

2014 学年，学校又集中力量，选派专人对《竹艺巧编》下册中讲述的竹文化进行拓展，编撰出《访竹》一书，从语文的角度阐释竹文化的博大精深，并将总目标定为：在学习工艺竹编的过程中，学生能对竹产生浓厚兴趣，掌握一定技巧，形成初步的审美情趣，挖掘中国传统文化中关于竹的精髓，激发学生潜能，提升文化内涵，促进个性和谐健康发展。在总目标框架下，又制订各阶段学生学习目标：低段学生通过欣赏、背诵有关竹的古诗，结合生活实际，能了解竹，能对竹进行简单的评述，发表自己的见解；中段学生通过学习竹的说明文、记叙文、议论文等教学活动，结合竹编制作学习，了解、感悟竹的内涵；高段学生通过学习竹的古文以及竹在音乐上的用途，比较深入地欣赏竹，能在老师的指导下咏诵竹，形成良好的个性心理品质，发挥个性潜能。根据教学目标，该校在日常的教学中对低、中、高段学生采用分步教学法，具体内容为低段竹之诗，中段竹之文，高段竹之史、竹之乐。《访竹》投入使用后，在实际教学实施中，该校老师们力求做到"点面结合，多方渗透"，所谓的"面"是在40分钟的竹文化课堂上面向全体学生，所谓的"点"是选拔语文功底扎实的学生进行培养，"多方渗透"是指不光利用校内，还充分利用家长、村落、媒体等力量为学生创造出更丰富的活动形式，给他们更加广阔的展示空间。

2016学年，学校又推出一本新的校本教材《学竹》，并从小学生行为规范的角度出发，将总体目标定为学会工艺竹编，熟悉中国传统文化中竹之精神，延伸到自身的行为规范当中，做优秀小学生。这本书主要针对低段学生，分为上学啦、集会啦、上课啦、下课啦、吃饭啦、放学啦六个部分，主要以本校学生为拍摄对象，记录孩子们在生活中规范的举动，以此为范本，图文并茂，像绘本一般精彩有趣，迎合了低段学生的认知习惯。校本课程在一、二年级投入使用，老师们利用班会课时间进行讲授，并且以此规范孩子们的言行，期待他们成为如竹般雅正端方的君子。

在竹文化课程的探索中，学校将竹文化元素渗透在音乐教育中，利用社团课让学生学习吹奏竹笛，了解竹乐器的基本常识，掌握演奏方法，培养高雅的情趣，同时也加深了学生对竹文化的认识。2015年9月，该校成立了竹韵舞蹈社团，社团结合学校竹文化特色自主编排了舞蹈《笋儿尖尖》《青青竹儿》等多个作品，其中《青青竹儿》在鄞州区中小学生艺术节中获得好成绩，还曾在电影《策反》的首映礼上表演。

竹韵舞蹈社团的舞蹈表演

3. 建立评价体系

要让竹文化深入人心，势必要规范管理，制度先行。为了推进竹文化教育，学校以发展学生各种能力为宗旨，以“争章”为手段，以“达标”为要求，以“授章”为总结，全力培养“竹韵达人”。

(1) 评选“竹苑之星”，树立品行模范

挖掘竹子高风亮节、无私奉献的特质，关注学生品行，设置文雅之星、奉献之星；提炼竹子坚韧不拔、虚心进取的特质，关注学生的心理健康，设置自信之星、自强之星；提取竹子由笋蜕变为竹、推陈出新的自然特性，关注学生的文化素养，设置进步之星；根据竹子向阳生长的属性，关注学生的身体素质，设置健康之星；结合竹子作为多种艺术类型的呈现样式或载体，关注学生的审美素养，设置书法之星、绘画之星、文艺之星；结合竹子外形洁净的自然属性，关注学生的劳动技能素质，设置劳动之星。通过“竹苑之星”的评比，不断增加学生体验成功的机会，通过评选过程对学生进行教育，使整个评选过程变成督促学生确立目标，有所进步，不断发展的过程。

(2) 设立“竹苑成员”，促进个体品德养成

提炼竹子的自然属性、精神象征、文化内涵，以竹子各个部位为元素，以漫画的形式，设计“竹苑成员”吉祥物。

竹爷爷：“谦”为主题——以遒劲的竹鞭为元素，寄托竹子虚心正直的自然属性；

竹奶奶：“爱”为主题——以婆娑的竹叶为元素，寓意竹子无私奉献的崇

高精神；

竹爸爸："韧"为主题——以挺拔的劲竹为元素，蕴含竹子坚忍不拔的精神品质；

竹妈妈："雅"为主题——以摇曳的修竹为元素，展现竹子脱俗高雅的精神风貌；

竹宝宝："新"为主题——以鲜嫩的竹笋为元素，彰显竹子突破自我的形象内涵。

以书签等形式印制各个"成员"，制订操作规程，当达到一定标准时，奖励对应的"成员"书签一枚，将品德教育渗透在学生喜闻乐见的"争章集卡"活动中，引导每个学生参与收集"竹苑成员"活动。每个"成员"展现不同的品德修养方向，"竹苑成员"收集的过程，就是学生品德养成和提升的过程。

(3) 评比"翠竹班级"，展现团队风貌

根据学校"翠竹班级"评比细则，结合平时大队部日检情况，分别打分，评比出"翠竹班级"，授予锦旗，促进各班之间的良性竞争。

要给学生一杯水，教师必须要有一桶水。在教师的培养方面，学校更是不遗余力。《育笋芽导师考核条例》《竹苑名师考核条例》等方案纷纷出炉，更有效地促进教师的专业成长，让教师们不仅仅满足于做一个教书匠，更要充分认识到自己在教学上的优势，确定自己今后发展的方向，做教学中的"专家"。

四、竹艺课程实施的意义

(一) 提升实践能力

实践是人们有意识地、能动地探索客观世界、改造客观世界的活动。教学中，学生的实践活动主要是指学生在学习活动中将所学的知识加以运用和表达，利用所学知识分析问题、解决问题的过程。在竹编学习中，学生要学会使用工具、劈篾、制模、打磨、上油漆等多项技能，这极大提高了学生的动手实践能力。

其实，竹编学习就是一项动手动脑的实践活动。学生在学习了编织的基本技能后，要把看到的物品经过头脑的加工，说出来，画出来，做出来，这就是我们常说的“实践”。每一个作品的完成意味着学生实践能力的进一步发展与提高。另外，学校还将竹文化与综合实践活动整合起来，进行竹文化实践活动，提高学生的综合能力。例如，开展“调查有关竹制品的种类和用途”活动，提高学生调查能力和分析能力；利用竹笋制作佳肴、利用竹制成各种竹制品等活动，提高学生的动手能力。

竹编制作工具

在竹编学习的活动中，引导学生对竹编技艺进行研究，鼓励学生大胆想象、创造、求新、求异，努力培养学生的创新意识和创新精神，使竹编艺术不断得以传承、拓展、升华，具体实施方法如下。

一是空白添加法。在竹编作品本身或外部增加装饰物，可以使作品更具美感。在编织废纸篓时，启发学生要敢于创新，学生制作出来的废纸篓有的添加了手柄，有的添加了盖子，还有的给废纸篓身上装饰上了美丽的花纹。最有趣的是学生在废纸篓上装饰梅花、兰花、竹子和菊花，称之为“纸篓四君子”。

二是趣味游戏法。它是一种适合于学生并能引起学生学习兴趣的好方法。竹编课程主张开展具有游戏倾向的艺术活动，通过有组织或随机的游戏活动，增进教学的趣味性，提高学生对竹编的兴趣，使学生在游戏中体验艺术。在编织过程中，常常采用“比比谁最快”“比比谁的手最巧”的方法，提高学生的编织速度和精美程度，并通过“竹编小知识竞赛”等活动普及竹编知识。

三是课外拓展延伸法。艺术是生活的源泉，学生通过艺术和日常生活的连接，可以丰富自己的艺术体验和感受，提高艺术的感知能力，并学会用艺术的眼光观察生活，用艺术的手段表现生活、美化生活、提高生活的质量。因此，挖掘生活中有益的因素服务于教学，是非常有意义的。我们提倡带领学生走出教室，来到社会中，观察各种各样的生活用品，以身边的物品为素材进行编织，这对学生来说是既熟悉又具有挑战的，更能激发起学生的学习欲望和创作冲动。

学生编织的“纸篓四君子”

学生和他们的竹编作品

渐渐地，学校的竹编工艺不再“循规蹈矩”，学生们丰富的想象力和创造力为竹编工艺带来了“新生”。

(二) 传承非遗文化

学校通过课堂学习的形式，让每个孩子都能接触竹编，使学生对竹编技艺有了一定的了解与掌握。不同的孩子收获了不同的阶段目标，既充分地挖掘了他们的潜力，又促进了个性的发展。濒临失传的竹编技艺通过学校的功能得到有效传承，也让宁波市的非物质文化遗产得到保护。走进两所学校的竹编教室，学生娴熟的技艺告诉我们，竹编已经在他们心中生根。学生领略了非物质文化遗产的特有魅力，获得了一技之长，动手、创新的能力得到提高；教师在日常研究和教学实践中，提高了传承物质文化遗产的意识和自身的科研水平。竹文化不断代，塘溪二小与对口中学塘溪中学共同合作开展竹文化的衔接教学以及延伸工作。

(三) 社会报道

《焦点》杂志，《宁波日报》《宁波晚报》《东南商报》《鄞州日报》，以及宁波电视台、鄞州电视台等多家媒体多次报道两校竹编活动开展及学生的竹编作品，积极肯定了竹编校本课程的开发水平。学校进一步认识到了开展非遗传承教学的必要性和重要性，同时也增强了学校开展工艺竹编传承教学信心与动力。

我们相信，在未来，两校的竹编课程一定能走出鄞州，走向全国，甚至走出国门。

第九章 Art Education

大提琴——西方器乐在古镇开花结果

鄞州区咸祥镇中心小学

大提琴是西洋乐器，是管弦乐队中必不可少的次中音或低音弦乐器，有“音乐贵妇”之称。在小学组建大提琴社团，聘请专业人士进行大提琴技能的系统教学，既能培养大提琴音乐苗子，又能促进学校的艺术教育发展，并以此为起点，提升整个乡镇以及区、市的大提琴教学水准。

从2014年3月起，鄞州区咸祥镇中心小学以“小友友”大提琴社团为载体，全力开启音乐艺术教育大门。五年多来，该校不忘初心，知难而进，持之以恒，用艺术教育唤醒乡镇薄弱学校的活力，在实施艺术教育的探索中交出了一份优异的成绩报告单，使大提琴音乐艺术之花在滨海古镇盛开。

他们的主要做法是：公开公正选拔不同年龄的音乐尖子，不惜花大力气从省城特聘顶级专家，镇政府修复了国际著名大提琴大师马友友祖居，由此牵线马友友及其族人。

校长钟辉认为，“要把艺术教育做大，不单单是一个社团的发展。社团覆盖的学生群体有限，怎样通过社团营造校园文化更为重要”。所以，在社团建设的基础上，该校一步步地做好师资培训、课程建设、课题项目、学生培养，以及校园环境营造等，全方位大力推进大提琴教学工作。

以音乐为媒，“小友友”大提琴社团还推动了美国纽约COS乐团来访交流演出，远隔大洋的两个乐团牵手结谊；“小友友”还促成所在地古镇咸祥成为“大提琴小镇”、动工建造友友音乐剧院，这在全国也不多见；正因有了“小友友”，才促成全国青少年大提琴艺术周永久落户鄞州。

学校教育的最终目标是为国家培养人才。咸祥镇中心小学的大提琴艺术教学点亮了孩子们幼小心灵中的成才梦想。该校的“小友友”学员技惊四座，频频在省、市及全国各类比赛中获奖，有些学员凭借大提琴特长进入重点中学，有些后来考上了音乐学院。

教学需要创新才能突破。没有师资，想办法向校外聘请；没有资金，千方百计筹措；没有教材，老师们自己动手编写。咸祥镇中心小学创造了乡镇学校开展大提琴教学的成功范例。

如今，一个偏远乡镇的人们爱上了大提琴，高雅的西方艺术已深深扎根在乡土之中，优美的大提琴旋律在千年古镇回荡……

一、"零基础"培养大提琴学员

(一) 选拔学员

为慎重起见,招收首批大提琴免费学员之前,学校专门召开了家长动员会,向家长们说明学校为什么要组建大提琴社团、器材该如何准备、训练的时间、家长须做的配合工作等相关问题。

"音乐素养对人的一生都有影响,一是可提高人的审美能力,陶冶情操,二是能开发智力,增强想象力、创造力等,三是很多名人音乐素养都很高",音乐老师对家长说。咸祥是世界著名大提琴演奏家马友友的故乡,在创立大提琴社团方面有得天独厚的优势。

动员会后,家长和学生们反响强烈,社团收到了很多报名申请。这么多人报名,必须公开公正选拔学员。学校采用盲选、面试的方式,通过音乐素养、钢琴听音等测试来选拔学生。流程十分严格,先从家长报名、班主任推荐的 200 名学生中进行初选,学校组织了咸祥镇上的多名音乐老师,通过让学生听音准、打节奏、选唱一首歌的方式,筛选出 50 名同学。接着,由省大提琴协会专业委员会主任贺言信以及他推荐的毕业于天津音乐学院的曹凡老师,对学生进行音准、节奏、乐感等测试。层层选拔,"十里挑一",最终 20 名优秀音乐学子脱颖而出,成为首批学员。

20 名首批学员的年龄为 6 周岁至 12 周岁,其中除了 16 名镇中心小学学生外,还有校外幼儿 2 名,初中生 2 名,涵盖了整个义务教育阶段的学生。这些学生家长有的是个体户、外来务工人员,也有的是教师、医生,镇里出资为 20 名学生每人补贴了 1 000 元用以购置大提琴,首批学员的学费全免。

(二) 外聘专家团队

2014 年 4 月,"小友友"大提琴社团正式成立,镇政府聘请了贺言信老师为授课教师。这样,偏远乡镇的学生也能在家门口享受高雅艺术的培训。这是咸祥镇朝着"大提琴之乡"的梦想迈出的第一步,期待着这颗艺术明珠在咸祥大放异彩。

出生于20世纪50年代的贺言信教授，是国家一级演奏员、中国音乐家协会会员、中国大提琴协会会员、浙江省大提琴专业委员会主任。1978年至1982年，他曾在浙江越剧团担任大提琴演奏员，1982年进入浙江艺术学校（现浙江艺术职业学院）工作，长期担任大提琴教学工作，有着丰富的大提琴教学经验。给距离杭城160公里的农村学生当老师，对贺言信来说还是第一次。从此，这位老艺术家每月都要过上一次"双城"生活。

"小友友"成立后的第一年，贺言信老师每个月来上一次课，曹凡老师来上三次课。第二年，因为学生们要参加比赛，贺言信和曹凡老师一周一次轮流来上课。两年之后，天津音乐学院研究生毕业的裴凡接替了曹老师，成为第一位驻校的大提琴老师，贺老师则每两周来上一次课。

2016年，"小友友"社团中的两位优秀学员因大提琴特长被蓝青中学和鄞州中学单独特招，还有一些学生升入初中，"小友友"社团的人数大大减少。为了让更多的孩子能享受高雅艺术的熏陶，学校于当年秋季招收了第二批学员。

由于贺言信老师年龄大了，后期他每两周来一趟咸祥，身体有点吃不消。师资力量不足，老师不固定，这对学生长期发展不利，于是校长钟辉到处托人寻找大提琴老师。

2017年5月，为了筹备全国中小学生大提琴比赛，鄞州区政府邀请了上海音乐学院大提琴教授、硕士研究生导师、管弦系主任李继武来宁波一起商量赛事，当他听说咸祥镇中心小学缺大提琴老师时，马上介绍了他的同学潘梅珍。

潘梅珍1988年毕业于上海音乐学院，师从曹玲、吴和坤教授，曾在全国第一届大提琴比赛中获优秀表演奖。1990年，潘梅珍赴日本东京昭和音乐大学进修，师从世界著名大提琴家菅野博文先生，在日留学期间她多次举办大提琴独奏会。学成归国后，她曾在浙江交响乐团、珠江电影制片厂、深圳交响乐团等任职。后来，潘梅珍与一位喜欢音乐的台湾商人结成秦晋之好，随夫君到了台湾，曾在高雄市交响乐团、台湾独奏家室内乐团担任大提琴演奏。同时，她还在高雄市多所中小学的音乐班教大提琴，指导的学生在比赛中频获大奖。

虽然在台湾生活了20年，教了很多学生，但随着时光流逝、年岁增长，55岁的潘梅珍对家乡的思念与日俱增。2017年，潘梅珍放弃台湾独奏家交响乐团副首席以及台湾高雄市中小学音乐班的教职，来到咸祥，担任专职的大提琴教师，常驻学校。

潘老师每周至少上二十节课，第二批招收的学生有30名，加之上一批的5名，共有35名学生，分成高级班和初级班。潘梅珍老师教高级班，上音硕士陈丹丹老师教初级班。至此，学校的大提琴社团从周一到周五的下午、晚上都上课。

（三）发挥本校教师桥梁作用

外聘的专家老师起到引领作用，本校的音乐老师则起到了桥梁、助手的作用。自开办大提琴班以来，该校的音乐教师潘琴和吴霞就在“学生”与“老师”两种身份之间不断转换。

每周固定的专业课对孩子来说并不够，需要通过音乐老师“一对一”回课，对专家教授的演奏技巧进行复习巩固。于是，在每天早晨的自修课上，潘琴和吴霞各领一组学生，对学生的练习情况做检查、诊断，给学生当大提琴“老师”；而在平时，她们又是一名初学大提琴的“学生”，从基础开始一步步学习。每当“小友友”遇上演出或比赛，要利用节假日进行集训、排练，吴霞就成为带队老师，一路陪伴“小友友”成长。

（四）激发学生热爱

热爱是最好的老师。外聘专家和学校老师的言传身教，学校里良好的学琴环境和气氛，让“小友友”社团成员爱上了大提琴。

为了让孩子理解音乐的处理方法和技巧，老师们力求使大提琴课堂既严谨、形象，又活泼、巧妙，教课的间隙，除了穿插大量音乐理论等相关知识外，还即兴穿插音乐流派、舞台艺术等知识。老师们把自己的琴技毫无保留地传授给孩子们，还传递着自信与对音乐热爱，让孩子们对每一堂大提琴课都充满期待，每一堂课都有所收获。

另外，学生家长的重视和配合十分重要。他们说："这么好的机会，当然不能错过。"不少家长每次都陪着孩子来上课，在教室的角落里拿着笔记本认真地记录上课的要点。

在社团初建的半年里，班上没有一个孩子请过假，随着学习热情越来越浓厚，20 个零基础的孩子从拉弓、识谱、唱谱，到能演奏简单的变奏曲，拉出的曲子充满真诚和灵性，这样的速度可以用惊人来形容。可以说，大提琴教学在农村小学取得了初步成功。

创办"小友友"大提琴社团圆了乡村孩子琴弦上的梦想。通过大提琴教学，让它成为乡村孩子们的文化记忆，把大提琴这一西洋乐器变成乡村的音乐符号。

2014 年 8 月 29 日，浙江省音乐家协会"音乐教育培训基地"揭牌仪式暨大提琴艺术展示活动在鄞州区文化艺术中心举行。来自"小友友"大提琴社团的 10 名小琴童流畅地拉动着琴弓，整齐而又优美的音乐声响彻鄞州区最高级别的文艺演出会场，精彩的演出博得了来自全区的音乐教师和学生代表的热烈掌声。这是社团自成立以来的首场公众演出，省、市、区音乐家协会领导观看后非常激动，省音乐家协会主席翁持更还特别指出："目前国内，一所乡镇学校有这样高规格的大提琴教学，这样一批高水平的学生，咸祥镇是第一家!"由此，浙江省音乐家协会的省内第一个"音乐教育培训基地"花落咸祥镇中心小学，以培训基地为"试点"，着力将大提琴教学和培训在宁波全市推广。

二、"小友友"社团迅速成长

(一)"小友友"频频获奖

2015 年 4 月，浙江省青少年大提琴(业余)公开赛在宁波鄞州区鄞州职业高中进行，吸引了来自省内多个地区的两百多名少年大提琴爱好者。"小友友"社团的十余名学员也参加了这次比赛。虽然从社团成立到比赛只有短短的一年时间，但这些小选手经过勤学苦练，加上专家的指导，在众多选手中脱颖而出，获得了可喜的成绩。随后，4 月 19 日在宁波文化艺术培训中心举行了精彩的颁奖音乐会，参加比赛的“小友友”成员演奏了一首欢快的《乡村舞曲》，一等奖获得者独奏了《降 B 大调协奏曲》，他们和著名的大提琴演奏家同台演出，获得了难忘的演奏体验。

2015 年是收获的一年。一年里，“小友友”们应邀参加了各级各类演出、比赛，在大型舞台上频频亮相：参加中秋节举行的咸祥镇“八月半渔棉会”民间艺术大巡游；11 月 5 日参加了鄞州区“天天文化”志愿者文艺汇演；12 月 11 日在马友友祖居落成仪式上进行汇报演出；12 月 11 日在浙江省音乐家协会举办的“走亲连心”咸祥镇第二届海洋民俗文化艺术节闭幕式文艺晚会中精彩演出；等等。这些演出活动给孩子们搭建了一个个展示自我的平台，让孩子们更加自信自豪，更渴望学习艺术！

天才出于勤奋，佳绩来自刻苦。“小友友”社团成立五年来多次荣获省市器乐演奏大奖，2016 年、2017 年连续两年摘得浙江省、宁波市中小学器乐合奏小学组一等奖。2017 年，在上海青少年大提琴比赛、第七届“卡丹萨”杯全国青少年钢琴作品演奏比赛中斩获佳绩。2018 年，在中华音乐杯大提琴比赛中“小友友”团体获特别奖，多名同学获个人特别金奖等。2019 年 1 月，该校二年级学生在 2019（香港）国际弦乐公开赛中脱颖而出，分别荣获大提琴自由选曲 D 组第二名和第四名，其中一位同学还被俄罗斯大提琴大师选中参加了专题大师班。

（二）多股合力促成长

“小友友”能快速成长，离不开学校和镇政府为他们积极搭建成长发展平台。

一是举办省级、全国级比赛。2015 年 4 月，当地举办了浙江省首届“小友友杯”青少年大提琴（业余）公开赛，首次参加比赛的“小友友”们问鼎儿童组冠军，得到了评委高度肯定。2018 年由鄞州区政府承办、咸祥镇政府执行承办了首届全国青少年大提琴艺术周暨第七届全国青少年大提琴比赛。

二是邀请专家指导。社团成立以后，多次邀请了中国大提琴学会专家、浙江省音乐家协会专家对“小友友”大提琴社团成员进行面对面指导。

三是在各种舞台上频频亮相。“八月半渔棉会”、鄞州区“天天文化”志愿者文艺会演、浙江省2016“我们的村晚”录制等活动，都有他们的身影。

浙江省教育厅艺术委员会副秘书长鲁晓红曾在观看“小友友”演出后感慨地说：“在来之前，我一直在想象，在鄞州一个偏远的乡镇，高雅的大提琴艺术之根究竟会发出怎么样的芽？我到学校之后，发现孩子们举止之得体、服装之洋气、弹奏水准之高，一切都出乎意料的美好！”

四是艺术大师对孩子产生强烈影响。2018年10月24日，由杭州文广演艺集团与杭州爱乐乐团共同主办的“丝路行”——余隆携手马友友、吴蛮、雷佳及丝绸之路乐团、杭州爱乐乐团音乐会在杭州大剧院上演。咸祥镇政府领导听到这一消息，马上带上了两名“小友友”到杭州拜会马友友先生，会见的场面十分感人，马友友见到家乡来客，特别热情，他亲切地对“小友友”社团成员说：“孩子们，未来的大提琴世界是你们的。”“小友友”社团成员见马友友的佳话在学校里传开，给孩子们的心灵带来强烈的冲击。

三、“小项目”的“大反响”

（一）小项目推动大活动落户鄞州

2018年8月24日至30日，由中国交响乐发展基金会主办，宁波市委宣传部、市文广新局指导，鄞州区人民政府承办，咸祥镇政府执行承办的首届全国青少年大提琴艺术周暨第七届全国青少年大提琴比赛在鄞州区举行。

8月24日晚上，随着《德沃夏克第九交响曲》第四乐章的动人旋律在宁波文化广场大剧院响起，又一场艺术盛宴在鄞州开启。宁波市政协副主席，鄞州区领导，纽约COS乐团负责人、马友友的姐姐马友乘等嘉宾，评委会主席、国际著名大提琴演奏家王健等本次大赛专家评委出席开幕式。

世界级大提琴艺术家秦立巍与宁波交响乐团演奏了柴可夫斯基《洛可可主题变奏曲》；美国纽约青少年交响乐团演奏了鲍罗丁的《D大调四重奏》第三乐章等；王健与62位大提琴参赛选手一起演奏埃托儿·维拉·洛沃斯的《永远的情感》第二乐章……

演出期间，会场播放了马友友祝贺视频，他说："这个活动在我的家乡举行，我特别高兴，把音乐带给大家听，也让我们能够欣赏年轻人的天赋，希望这段时间大家能过得美妙，过得快乐！"

令人兴奋的是开幕式上，中央音乐学院大提琴教授、中国音乐家协会大提琴学会会长俞明青还向咸祥镇授牌"CELLO TOWN 大提琴小镇"。一个滨海古镇被命名为"大提琴小镇"，这在全省是首个，在全国也不多见。

这次大提琴艺术周，除了举办开闭幕式，还有王健大师公开课、秦立巍大师公开课、咸祥 CELLO TOWN（大提琴小镇）主题日、咸祥友友音乐剧院奠基仪式、首届全国青少年大提琴高峰论坛、CELLO TOWN 音乐之夜等丰富的活动，整个鄞州沉浸在大提琴的音乐氛围中，"小友友"社团成员们收获多多。全国青少年大提琴艺术周从此也永久落户鄞州。

（二）小项目促进全镇文化品位提升

2018 年 8 月 26 日上午，友友音乐剧院奠基仪式在咸祥镇举行。友友音乐剧院投资近 6 000 万元，总建筑面积达 8 730 平方米，配备可容纳 900 人的大型演艺厅，准备打造一个集教学、娱乐、鉴赏、交流等功能于一体的文化综合体，计划在 2020 年竣工，那时将成为象山港畔一道亮丽的风景线。友友音乐剧院作为全区标志性音乐文化设施，将为大提琴交流与推广提供新的平台、新的渠道。

咸祥镇还将启动音乐文化主题广场、音乐街巷、音乐河道、音乐建筑小品等一系列设施建设，把音乐元素更加多彩多姿、活力四射地呈现出来，把品牌文化的肌理进一步渗透到全镇中。

因为在镇中心小学试验大提琴教学，促进了马友友祖居的恢复，推动了音乐剧院、音乐文化广场的建设；因为有了"小友友"社团，承办了全省及全国的大提琴比赛，有些专业比赛与柴可夫斯基等国际比赛接轨。"小友友"社团推动了地方重视音乐事业，促进了音乐乡村建设的发展。

"小友友"大提琴社团也潜移默化地影响了当地群众的文化观念。在万众瞩目的"八月半渔棉会"上，"小友友"成员坐在仿古彩船上边演奏边巡游，让广大观众欣赏到了大提琴艺术。几年来，咸祥人对大提琴已从陌生到熟悉，从熟悉到喜欢，西洋的高雅乐器在乡村得到了推广。

（三）小项目影响整个校园文化气质

“一花开后百花开”，大提琴教学也影响了整个学校的氛围和校园文化。咸祥镇中心小学的艺术教育可以说是从无到有，再到光彩夺目。走进学校，在醒目位置的墙面上写着校训：大气有为，校风：以淳朴至之雅，教风：以厚德授之渔，学风：以自由得之真，学校的宗旨：奏响生命海洋的乐章，让每一朵浪花都舞出精彩。

校长钟辉介绍，学校的目标是让全校学生都会拉大提琴。现在学校已配有 40 把校用大提琴，开辟了 10 个专用大提琴训练室和集中训练室。教务处和音乐老师还合编了大提琴教材《琴韵》，使课程走向体系化。

令人想不到的是，这所学校除了大提琴名扬全省以外，合唱、舞蹈等也都不错，甚至在体育、计算机、美术等方面都有骄人成绩。

学校教务处每年开设大提琴、信息技术、国际象棋、书法、舞蹈、合唱、绘画等二十多个类别的拓展性课程，培养了学生兴趣爱好，促进了学生的个性发展。学校每年还开展精彩纷呈的活动，如庆“六一”大型文艺会演、科技节、体育节、校园十大歌手赛、唱红歌比赛、“我骄傲，我是咸祥人”演讲比赛、“童心绘咸祥”等一列活动，丰富了学生的校园生活，为学生的素质培养提供了空间和土壤。学生也在各级各类体育和艺术比赛中频频获奖：音乐（竖笛）社团在市、区艺术节比赛中获一等奖；信息技术社团成员多次在市、区各类比赛中获一、二、三等奖，社团被评为区优秀社团；合唱、舞蹈社团成员多次在区艺术节中获奖；美术社团多名成员的作品在省、市、区的少年宫、艺术节等比赛中获一、二、三等奖；经典诵读社团获鄞州区经典诵读一等奖。学校还获得“全国乡村学校少年宫”的荣誉称号。

艺术教育具有陶冶情操，培养学生良好的思想品德的作用；具有增强审美意识，让学生身心得到健康发展的作用；具有启迪智慧，提高和发展学生创新思维的作用；具有发展学生个性和培养学生合作意识的作用。

该校的校长说，以前师生只盯着主课学业成绩，现在注重德智体美全面发展。孩子长大后能记得接受过大提琴教育，有家乡记忆，能记住母校。下一步，打算成立学校弦乐团，成立“小友友社团俱乐部”，督促离校的学生们继续学习大提琴。

2018年1月，鄞州区成为第一批12个省艺术教育实验区之一。咸祥镇中心小学与宁波市李惠利中学、宁波国家高新区外国语学校、宁波市爱菊艺术学校一起被列入全省47所艺术实验学校名单，是全市首个进入名单的乡镇学校。

《咸祥镇中心小学艺术实验学校三年规划》已于2018年5月制定，明确了艺术实验学校的发展目标、具体措施，以及整体规划、课程设计等，艺术实验学校的蓝图不但已绘就，而且早已起步探索并获得初步成功。

培养学生博大宽广的胸怀、热情创新的精神、永不放弃的意志，张扬学生的个性，促进学生素质全面发展，这是艺术实验学校的宗旨，也是咸祥镇中心小学全体师生的奋斗目标。

第十章 校外艺术实践——『新艺十』

Art Education

宁波市新城第一实验学校

重视艺术的实践与体验,是达成艺术教学目的的基本途径。2011 版《义务教育美术课程标准》明确提出:“美术课程应重视学生实践能力的培养,认识到美术对社会生活的独特贡献,加强学习活动的综合性和探索性。”由此,艺术课程的授课范围不应仅限于校内,学校应鼓励学生打破传统、迈出校门,投入到相关的校外实践活动中,借助多元化的教学形式提升艺术素养与能力。

“新艺+”是宁波市新城第一实验学校学生们策划、经营、服务、管理的校外艺术实践空间,展出寄售本校以及湖南省怀化市溆浦县学校学生创作的书画作品。“新”指新的艺术展现形式与表达方式,“艺”泛指艺术与艺术教学,包括学校音乐、美术学科以及一切与之相关的内容,“+”指将展演、创作、经营、公益叠加渐进而后融为一体的综合文创形式。此活动旨在引导学生树立正确的人生观、价值观,通过活动证明自己、感恩他人、回报社会;同时通过校外艺术空间运营的先期布局,为艺术教师提供校外实验空间,向社会展示艺术社团日常授课活动。

“新艺+”店铺的日常管理运营由宁波市新城第一实验学校艺术社团成员和学生会成员负责。店内有作品出售区,有 250 平方米用于学生作品展示与出售,分别为色粉、丙烯(流体)、书法、木工、湿拓画和装饰画;250 平方米用作艺术展示区,其中课程展示区每天晚上 7:00—8:00 都将有学校专业老师带领社团成员来到店内开展日常社团活动,顾客可带领孩子参与其中;音乐展示区用于学生轻音乐才艺展示,邀请学生在每日固定时间为顾客演奏音乐。

“新艺+”店铺策划、销售、服务、管理工作都由该校的学生自主完成,这为他们开辟了一条走向社会的实践之路。店内每一幅作品售出后的收入都有一部分用作经营成本、工资、稿费和小演员的出场费。学生们将有机会通过自己的双手创造财富!除了支付经营成本之外,小艺术家们将用这笔收入来实现自己的小愿望,感恩身边的一个人,或是支持公益。对口的溆浦县学校的学生们将通过作品寄卖来展示他们的艺术才能,体现他们的力量和自强不息的精神。

以“新艺+”艺术实践空间为起点,鄞州区“艺心益意”艺术公益联盟、宁波市新城第一实验学校合作发起了“双手改变命运，艺术改变生活”的艺术实践公益活动，募集了艺术基金2万元，加上“新艺＋”湖南、宁波两地学校学生艺术作品寄售所筹集的资金，成立宏泰新城助学基金会，同时成立奖学金管理委员会，艺术奖学金将被用于资助两地品学兼优、家境贫寒且有一定艺术天分与追求的孩子，为梦想助力！

为了让更多的社会力量关注公益事业，用艺术改变贫困地区学生的生活和学习状态，助力扶贫攻坚，新城第一实验学校与鄞报爱心联盟、宁波市诸丁汉附属中学、中国狮子联会浙江致远服务队共同发起了“中国梦·湘甬情”暑期艺术实践公益活动。邀请湖南的小客人们参与“书藏古今”“港通天下”等深具宁波特色的研学课程，体验水拓画、色粉画、钢琴等特色课程。2019年7月至12月间，新城第一实验学校还与鄞报爱心联盟组织举办了湖南溆浦学生优秀作品展，把当地孩子们的优秀艺术作品引入鄞州售卖，所得全部收入汇入艺术种子基金，普惠更多湖南学子。

一、“新艺＋”展演

近年来，校园文创品牌的开发掀起热潮，同时这也是艺术教育多元化的一种体现。平日里，学生在美术社团和课堂中的优秀作品往往被带回家或者由老师安排在校内展出，随着时间的推移，留校的优秀作品也积压得越来越多，存在存放困难的问题，很多作品由于南方潮湿的天气而霉变，最后只能当垃圾扔掉，实在可惜。由此，学校以“新艺＋”为契机，通过展演的形式解决学生作品的展示和存放问题，真正体现艺术教育的实质，将美育渗透到孩子心中。

（一）搭建展厅空间

展厅空间的搭建分三步进行。首先，进行展厅的实地考察，了解布展空间；然后，根据不同区域做好布展方案，保证不同类型的作品最终呈现在观众面前是比较自然的效果，具有一定的视觉美感，还要考虑动态和静态的呈现；最后，学校优选两地学生作品，在店铺内面向社会大众公开售卖。

作品展示与出售区根据画种分为平面作品——色粉画、油画、版画、平面设计、民间艺术、书法等;立体作品——雕塑、立体装置、木工坊等。根据策划把湖南溆浦学生的画作放在展厅最显眼处,然后依次展示新城第一实验学校不同社团的学生作品,力求在色彩上过渡自然。每一个展区都有海报进行简介,让观者以最快速度了解不同区域的作品特点。展厅的整体空间可以看作是稳定不变的,但是展览的布展过程则必须在展厅的有限空间里,变幻出无限的格局。比如,除了利用好展厅的每一面墙壁外,还对空间内的柱子进行布置,将立体装置和柱子巧妙结合,在空中搭建木工坊的装置作品(尤克里里),设计大型的签名墙、摆放电子屏幕、规划休息区、展示布展辅助物品和文字说明,以及利用影像资料以及灯光音响等综合因素进行配合。"新艺+"的展览布展已经接近美术馆的标准,一方面体现了布展的系统化与综合性,另一方面也体现了布展的分工化与协调性。

艺术是相通的,展厅中还特意设计了一个音乐展示区,放置了钢琴、扬琴等。校音乐社团的学生每天将在固定时间演奏轻音乐,社团联动使"新艺+"更具魅力,让每一位观者在欣赏作品的同时拥有美妙的听觉享受。

"新艺+"校外艺术实践空间的作品展示与出售区、音乐展示区

(二) 利用展厅进行项目化教学

学校艺术中心下辖色粉画、木艺、湿拓画、丙烯画、书法等多个分团,项

目种类繁多。展厅中每天定时安排不同的项目教学，教师们“各显神通”，在授课过程中，社团之间并不是完全独立的，而是可以互通的。

1. 传统类：湿拓画、流体画

湿拓画课程以“水”为媒介，开发出适用于小学低学段学生的水拓画课程，通过感官体验、色彩训练、二次创作等方式，激发学生对水拓画的学习兴趣，从而培养学生的艺术审美能力和创新能力。学生在纸张、盒子、扇子等上面进行现场拓印，现场的小观众也可以参与进来，进行互动。

所谓流体画是20世纪或更早，民间艺术因装饰所需，运用油水不溶之原理发展的染纸工艺。流体绘画只要一张纸和颜料，就可以画出好作品。对于美的寻找，绘画可以有多种形式，不管是抽象的还是具体的，在其精神层面都是美观的。学生在学习流体画的过程中发现美，体会利用有限的材料创造无限美的可能性。学生在展厅中现场演示的作品色彩绚丽，流光溢彩，完成的作品也一起参与到“新艺+”的售卖中。

学生们观看教师示范绘画技法

2. 现代类：色粉画、风格装饰画

色粉画具有丰富鲜明的色彩，稳定性好，无水彩的干湿差别。它不借助油、水等媒介来调色，既有油画的厚重又有水彩画的灵动。学生们在画的时候可以利用色粉笔的特点，进行叠加、渐变，能在有限的课堂时间里画出自己想要的画面效果。而且色粉画是真正的指尖上的绘画，学生只需把色粉相互揉合即可得到理想的色彩，天马行空的想法都能在孩子们的笔下跃然纸上。

风格装饰画是一种集装饰功能与美学欣赏于一体的艺术品。随着科学技术的进步与发展，装饰画的载体与表现形式也越来越丰富，大大提高了当今人们对品质生活的追求和热爱。社团学生通过由简单到复杂的绘画步骤训练，锻炼脑、手的协调能力，提高观察、记忆、想象和创造等方面的能力，为具备丰富的审美情趣和高雅的艺术修养打好基础。风格装饰画色彩丰富，既可以表现古朴的色调，又可以表现艳丽的装饰画面，满足了不同人的审美需求。

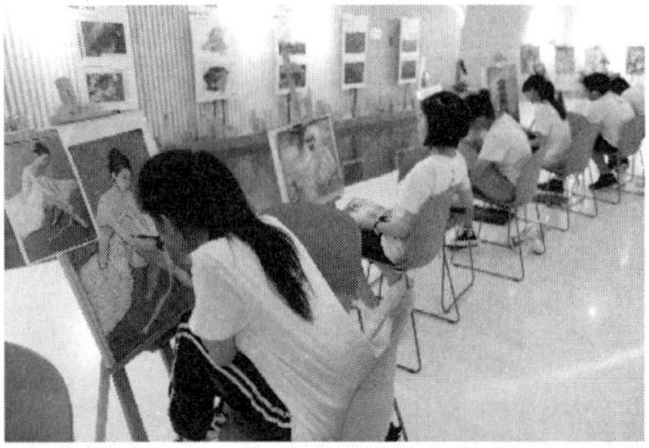

学生们在创作

学生的装饰画作品

3. 缘木工坊

缘木工坊是为学生建立的具有个性特色的木工区。其遵循华德福教育理念，通过木工创造实践活动，实施 STEAM 创客教育，培养学生创造能力及工匠精神，提升美学素养。华德福教育重视人的身、心、灵和谐发展，尤其注意儿童想象力和创造力的培养，儿童通过大量的艺术和手工活动，促进个性全方位发展。缘木工坊的作品既有欣赏价值又有使用价值，比如书签、烛台、手镯、勺子、梳子、发簪、尤克里里等，很多小孩子喜欢待在展厅的工坊区和社团的师生们一起互动。

缘木工坊中的互动

4. 翰墨书苑

新城第一实验学校是浙江省书法研究会实验基地和沙孟海书法教学研

究基地，学校结合办学理念把书法教学列为学校特色之一，从不同角度长期完善和充实书法教育教学工作。以翰墨书苑为抓手，开设了“趣味书写”“爱善宣言”“翰墨点彩”“励志对联”“祝福新年”“小试牛刀篆刻体验”等课程，从兴趣入手，落实书法、篆刻技艺提升要求，并在这个基础上发掘书法、篆刻的好苗子，“抓重点，出精品”，积极参加各类比赛，检验成果，凝聚社团活力。在展厅中，社团学生现场写“福”、送“福”，很多买了画作的市民，得到赠送的“福”字后满心欢喜。

翰墨书苑中学生正在创作

(三) 展厅中的现场创作

遴选学校不同美术社团的优秀学生在展厅进行现场绘画活动，让学生充分展示绘画艺术的形式与手法，激发孩子们对生活与艺术的美好向往。“新艺＋”在展示该校学生蓬勃向上精神风貌的同时，也为孩子们搭建了一个交流展示的平台，不仅丰富了学生的课余生活、文化生活，还提升了他们的自主创新能力和艺术审美修养。

现场创作中，孩子们非常有序地在各自绘画区域中展开画布，用不同的绘画材料描绘创作主题，有用丙烯画表现美好家园，有用插画的形式表现故事，有用色粉画表现家乡的美景，有用马克笔和丙烯颜料相互组合画在油画框上的创意作品等。现场绘画作品种类繁多，作品的表现形式也非常丰富，深深地吸引着看展的观众，他们或拍照发微信朋友圈，或与小作者合影，或拍下了小作者绘画的场景，有些观众甚至当场买下了小作者的作品。

学校将现场创作的作品作为学校艺术节的活动之一进行评比，有最佳创意奖、最佳画面奖、最佳材料奖等。做到人人有奖，以此鼓励孩子们的创作，激发他们的绘画热情。

学生们在展厅中现场创作

二、“新艺十”经营

在瞬息万变的当代艺术背景下，传统的艺术教育模式不再能完全适应艺术观念及艺术表达的多样化态势，因此，学校的艺术教育模式也需要进行多元化的建构。目前，对于多元化艺术教育模式的探索，特别是学生的艺术综合类实践体验，大多存在于高校中，也就是培养专业化艺术人才的阶段，而在更为重要的艺术普及性学习的义务教育学段，还停留在美术的基础技能教育上。基于此，新城第一实验学校以“新艺十”为契机，将“三定经营法”“三方经营法”“三动经营法”融入店铺的经营模式，将美育通过社会实践的形式渗透到孩子心中，使学生真正体会到“学以致用”。

（一）三定经营法

三定经营法，即“新艺十”选择在每年的固定时间——寒假来临前，固定地点——宏泰广场，以及固定规模——500 平方米核心店铺，来开展校外艺术实践活动。

店铺的场景布置完全由该校学生们操办，在整个布置过程中，他们遇到了许多从未遇到过的难题，比如“如何悬挂画框更牢固”“怎样把画挂得更加整齐”“什么样的桌布可以突显作品的价值”等一系列现实问题，他们开始主动思考起来，想办法，自发地去攻克眼前的困难。在这个过程中，便已无形地提升了学生发现问题和解决问题的能力，从而使学生产生成就感、责任感，进而磨炼意志。

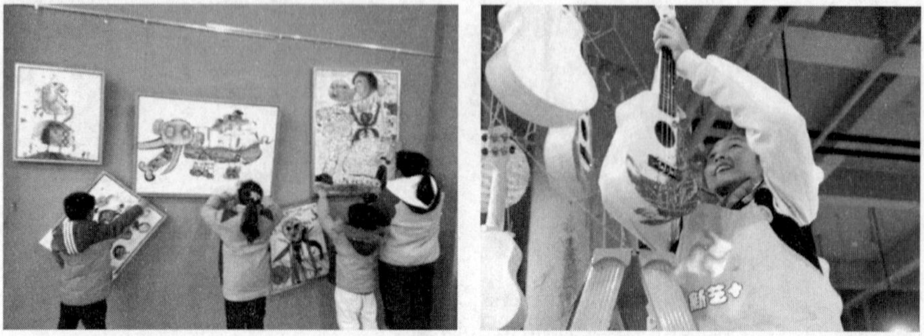

“我是小店员”店铺布置现场

(二) 三方经营法

三方经营法，即新城第一实验学校携手湖南省怀化市溆浦县三江镇学校、陶金坪乡学校，将两地学生艺术作品摆放到宏泰广场进行展卖，店铺由新城实验的学生自主策划、销售、服务，形成三方经营体系。

在开业的一个多月前，新城学生会广发“英雄帖”，征集了数十份营销策划案，并从中精选优化出最佳方案，发动学校 28 个学生社团现场轮流助兴造势。方案中涉及不同的美术社团现场教学，顾客等候区的茶水供应，手机扫码付款及留言，等细则。在布展、各类社团活动助兴、现场服务环节中，除了少数几位老师做场外指导外，全由新城第一实验学校的学生们一手打理，小店员们用最大的热情为每一位到店的客人服务，用稚嫩的言语专业地介绍店里的每一幅画作。

参与“新艺+”的学生说：“本次的艺术实践拓宽了视野，也证明了自己的能力，每当一遍遍地向顾客介绍画作时，都会先想从哪个角度评画比较好，不知不觉仿佛变成了一个艺术评论家，审美水平也跟着提高了。”校色粉画社团的一名学生说：“我爱上绘画是因为它带给我快乐，看了同学们的优秀作品后我更加有动力了，以后我会继续创作更多的作品，也非常感谢‘新

“新艺十”小店员们热情接待顾客，用自己的语言介绍店内的美术作品，顾客们认真聆听，其中最小的店员是一年级学生

艺十’艺术实践，让我的色粉作品被人收藏。”

（三）三动经营法

三动经营法，即从宏泰兜售、网上兜售、企业兜售三个动态维度拓宽学生艺术作品的销路。

“新艺十”店铺把学生的美术作品推向市场，既展现了学生美术社团的建设成果，增强了社团学生的自信心，推动和加强了校园文化建设。不少参与“新艺十”的同学都反映，此活动让以前衣来伸手、饭来张口的他们“摇身一变”成了自产自销的劳动者，使他们学会感恩与助人，全面促进了综合素养的提升，体现了学校美术课程的人文性质。

“新艺十”店铺开张后，每卖出一幅作品，负责的小店员们便会将信息记录到店内的小黑板上

三、"新艺＋"公益

（一）公益展卖

将学生作品作为商品买卖能够增强他们的自我认同感，提高绘画的兴趣。然而在很多学校组织的校内义卖活动中，家长为了保护孩子的自尊心，免不了自己花钱捧场，踊跃买下孩子的作品，如果让孩子再用这些钱去做公益，只是营造一种虚无的和谐。由此，在首期"新艺＋"运作过程中学校老师产生了一个大胆的想法，不鼓励家长购买，小画家们的卖画收入不再用于纯公益，而是先实现他们自己的愿望，再感恩身边的人，最后才是支持公益。这样，同样的艺术作品能够体现出多种艺术价值，让孩子们真正变成"小艺术家""小商业家"和"小公益家"，以此让他们知道只有学会证明自己、感恩他人的人才有能力回报社会。

艺术可以改变生活，艺术可以温暖人心，贫困地区艺术火种亦是星火燎原。二期、三期的"新艺＋"携手湖南溆浦两所学校，将从湖南来的 45 幅作品与新城孩子们的作品一起售卖，出售所得的 50％用作艺术奖学金，来帮助并支持那些家庭贫困但有艺术梦想和天赋的孩子。"新艺＋"的尝试旨在让孩子们尤其是贫困地区的孩子认识到脱贫不止靠接受资助，更要靠自己所学改变境遇。

2019 年 1 月 20 日上午 10:00，温暖甬城的"新艺＋"再度在宏泰广场红红火火的开张了！店铺内近 600 件学生艺术作品开始售卖，吸引了不少顾客驻足，好不热闹。中国好人、浙江骄傲周秀芳老师早早地来到店铺，她一遍遍对购买学生作品的宁波好人们表达感谢。她说，是大家的爱，让更多的山区孩子有希望接受更好的教育。鄞州区美术家协会主席龚建军老师买下了一幅湖南孩子的绘画作品，并给小画家留言：你画得很好，我是中国美协的会员，我看好你！宁波诺丁汉附属中学国际班的学生到现场做义工，一周之后他们将接力新城第一实验学校的孩子，带着现场售卖剩余的作品走进宁波的企业展卖，放在网店销售。孩子们的愿望很简单，就是把艺术公益基金建起来，让更多山区的孩子受益。

（二）公益夏令营

“宁波的晚上，真的好亮啊！”“宁波城市好大呀！”2019年6月29日，参加“中国梦·湘甬情”公益夏令营的10名湖南学生在当地老师的护送下，安全抵甬。此次公益夏令营倡导“双手改变命运，艺术改变生活”，用艺术改变贫困地区学生的生活学习状态，助力扶贫。开营第二天，湖南溆浦的小客人们在新城第一实验学校体验了艺术特色课程。

溆浦的孩子们在夏令营中体验新城第一实验学校的水拓画课

7月4日下午，“中国梦·湘甬情”公益夏令营闭营仪式暨湖南溆浦学生画展在宁波市城市展览馆开幕。湖南的小客人们和宁波的学生一起，在宁波城市展览馆现场作画，用色彩表达夏令营中的所闻、所见与所学。这些艺术创作品在宁波城市展览馆现场展出，所有创作的艺术品将用于义卖，售卖所得作为艺术种子基金，交由湖南溆浦教育局规划使用。

“新艺十”把学生的美术作品推向市场，增强了他们的自信心，培养了他们的感恩与助人精神，全面促进了他们综合素养的提升，体现了学校艺术课程的人文性质。这独特的校外艺术空间，让孩子们所学的艺术技能得以学以致用，让学校的艺术教育更有温度。

第十一章 戏曲——传承越剧艺术

Art Education

鄞州区东南小学

越剧在浙江流传甚广，曾经各村各镇在年节、时节总会搭台唱戏，吸引大批群众观看。但是，随着社会和经济的发展，越来越多的新兴娱乐方式吸引了大众，传统戏曲的吸引力逐渐降低，更缺少相应的艺术品牌。越剧作为浙江的地方戏，大多数学生对它知之甚少，更别说会唱越剧了。传承优秀越剧文化，创建越剧品牌，提高越剧品牌质量已迫在眉睫。国家层面也意识到了这种危机，早在 2015 年，国务院办公厅就印发了《关于支持戏曲传承发展的若干政策》，部署进一步加强政策支持，振兴我国戏曲艺术。2017 年 8 月，有关部门联合发布《关于戏曲进校园的实施意见》，指出应加强戏曲通识普识教育，到 2020 年戏曲进校园基本实现全覆盖。

2010 年 5 月，东南小学秉持着“传承越剧艺术，创建校园品牌”的指导思想，开始进行越剧社团建设的试点工作，让越剧这一传统戏曲走进小学校园，让更多的学生认识越剧、欣赏越剧、学习越剧，并以“小梅花”这一重要的戏剧奖项命名，成立了“小梅花”越剧社团。全校近 30％的学生学习了越剧艺术并且参与了校内外越剧文化活动。学校牵头开展以弘扬越剧文化为目标的课题研究，师生共同在传承模式、传承内容、评价方式、团队组建、时空营造等方面进行了有益的尝试。同时，学校还在课程进行的过程中开展了一系列的越剧文化传承活动，使越剧文化走进校园，走入课堂，走进学生的生活。

一、越剧课程的实施

传承越剧艺术是打造文化品牌、提升学生审美素养、丰富课余生活、促进身心发展、弘扬传统文化的有效途径。东南小学将越剧文化艺术的传承纳入学校的规划发展中，让越剧这个乡土品牌进学校、进校本、进课堂、进社团，从而提升越剧品牌的质量。

（一）以点带面进行培育

2010 年 5 月，宁波市首家浙江省越剧“小梅花”基地落户东南小学。为了让学生在学习和传承民族文化技艺的过程中，进一步接受优秀越剧文化，感受民族精神，弘扬民族文化，继承和振兴戏曲事业，同时也为了更好地丰富校园生活，提升办学水平，学校对戏曲艺术的传承构建了点、线、面三位一体的传承模式。

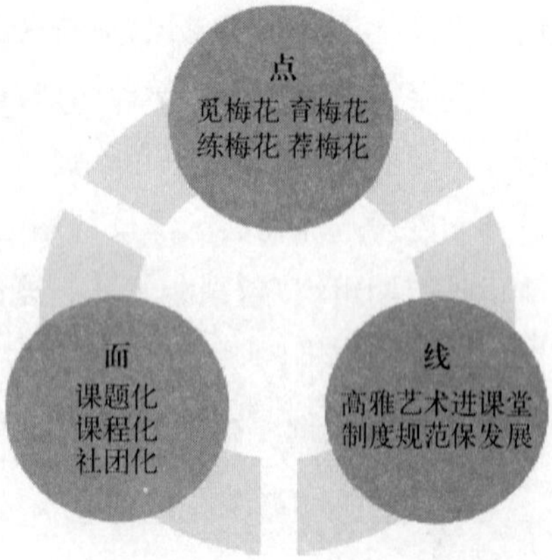

东南小学越剧传承模式结构图

1. 建立“小梅花”基地

越剧“小梅花”基地是学校越剧特色教育的重心，是“面上普及”和“线上拓展”的基点，主要围绕“觅、育、练、荐”四部曲展开。

校园内外“觅苗子”。学校领导和指导老师密切关注每年的新生，及时发现“好苗子”，同时在各种比赛中“慧眼识才”。对于有越剧基础和天赋的特长生，学校通过特事特办的优惠措施引进就读，并为他们量身定制一套培训计划，培育他们尽快成才。

越剧班里“育苗子”。首先，学校提出了“三高两突”教学思路，即“低段高起点，中段高质量，高段上档次”，突出表演技巧，突出苗子扶植。为保障学生更好地进行越剧的学习，学校为每一个学员都制订了学习目标：a. 学会越剧身段表演的基本功，如踢腿、鹞子翻身、劈叉、指法等。b. 学会 5～6 首不同流派的唱段。c. 能组合排演越剧选段、小型剧目。d. 推出越剧精品，走上越剧大舞台。其次，越剧“小梅花”基地专设了越剧演唱课和表演课，于每周一至周四下午的“童乐城”时间进行专业训练。同时，该校提出了以唱为主、表演为辅、唱演结合的方式，创新思想，打出自己的品牌。

各类活动“练功夫”。“台上一分钟，台下十年功”，学校举办各类活动，为小演员搭建展示和发展的舞台，促使他们在实践中提高越剧表演水平，主要铺设了公益演出和竞赛活动两条道路。

积极向上“荐新苗”。“海阔凭鱼跃，天高任鸟飞”，高瞻远瞩，胸襟宽广。为了让这些越剧幼苗能够吸取更丰富的养分，最大限度地发挥他们的潜能，学校积极地向上一级艺术学校举荐越剧新苗。

2. 全校普及，营造氛围同发展

除越剧“小梅花”基地外，东南小学更注重全校学生的素质教育，致力于培养全体学生的参与意识、集体观念和活动能力。

高雅艺术进校园。学校邀请杭州、嵊州等地国家一级演员进校园表演、指导，并组织全校师生一起欣赏。

制度规范保发展。学校利用红领巾广播台、童心电视台开设越剧专题节目。定期组织“越剧沙龙”“越剧故事会”“小明星演唱会”等，为校园营造浓郁的越剧氛围。

3. 面上拓展，延伸发展话和谐

“面上拓展”是深化越剧艺术教育，巩固素质教育成果的有效途径，运用特色教育，开展社会实践。一方面把越剧特色教育引向深入，逐步规范；另一方面也让学生们在社会实践中得以成长。

（二）开发多元学习方式

1. 静观默察，发现越剧之清美

随着信息技术的深入发展，人们对传统戏剧的关注度逐渐降低，除了老年人，很难寻找到忠实的越剧迷，尤其是在小学生中，有些甚至连越剧和京剧都无法辨别。如果学生缺少对越剧的了解，便无法产生情感，更无法实现普及。因此，开展越剧教学首先要激发学生对越剧的热爱之情，让知识带动学生的能力发展，让学生了解越剧，发现越剧的美。

越剧的剧目崇尚“出典”，经典曲目几乎都来自古代文学典故，这些经典的文学作品都是中国古代文学宝库中的明珠。感人的故事、生动的情节都能打动学生的心。开展越剧教学时，应当重视戏曲文学的学习，通过“了解故事，知经典”的方式让学生走进剧目，了解典故，激发学习越剧的热情。此外，越剧唱段中优美的句子很多，它不仅能使听曲之人品味江南雅韵之美，更给人一种中国古典文学艺术的享受。

越剧的特色服装是古装衣，是剧中年轻女子和中年妇女的穿戴。水袖、云肩、长裙、短裙、中裙，上面配上精美的江南刺绣，配以精致的玉佩、腰带、飘带、玉饰等物，让人不禁被古代女子的精致典雅之美所折服。尤其是越剧莽，上下色、间色都有使用，图案色彩独具特色，如《打金枝》中蟒的色彩、纹样更简练、更随意,《孟丽君》中用了许多的间色蟒袍,让人物形象更丰富,性格也更加分明。精美的服饰配上精致的妆容在舞台上独具形象美,对激发学生学习越剧、了解越剧有很好的引导性。如在授课时,教师可用课件展示越剧中的服饰,并让学生猜一猜这些服饰会穿在哪些角色的身上。再用游戏“连一连”的互动学习方式,让学生进行服饰与角色连连看,并讲一讲理由,分析剧中人物的个性。在戏曲中,不同的服饰往往代表不同人物的角色,能够表现出人物的社会地位以及生活状态。

俗话说“内行看门道,外行看热闹”。通过教师引导,在一次次主动学习中,一大批“外行”的小学生化身为“越剧迷”。他们从文字美和服饰美方面迅速了解越剧、爱上越剧,为接下来的学习打下良好的情感基础。

依依惜别同窗情,十八相送到长亭

2. 倾耳聆听,学唱越剧之韵美

“千斤念白四两唱”是形容越剧表演中念白的重要性。明朝魏良辅在其所著的《曲律》中讲道:“曲有三绝,字清为一绝,腔纯为二绝,板正为三绝。”越剧更有完整的声、韵、调,自成系统的表演语言。让学生在反复聆听念白的过程中,找到越剧念白的特点,在自主学习的过程中学会阶段性小结。

越剧“小梅花”基地学员的精彩表演

越剧作为浙江的地方剧种,是嵊州的“特产”,用嵊州的“官话”(书面语)来演唱。吐字准确和清晰与否,直接关系到演唱质量和水平的高低。唯美典雅的越剧如能做到咬字准确,吐字清晰,必能给欣赏者带来听的盛宴和美的享受。

“口传心授助唱腔。”从古至今,音乐学习中“口传心授”是最古老传统的教与学的方式。特别是在民间艺术及具有地域风格艺术形式的掌握上，口传风格、流派，心授风采神韵，将教师在经典剧目中习得、理解、掌握的戏曲文化尽可能原汁原味地保留并传播下去。例如在《天上掉下个林妹妹》教学过程中，教师利用旋律线的起伏，借助图形谱，让学生明白了越剧唱段中最后一个字音的奥妙所在，并且学生在认真观看教师的演唱与动作中能自然地学会该唱段的唱腔。

在“越剧进课堂”的教学中，唱腔学习是越剧教学的重难点，因此教师在课堂上的范唱就显得尤为重要了。教师准确到位的范唱能够激起学生强烈的学唱欲望，产生学习兴趣。

3. 学问思辨，探究越剧之流派

越剧的发展离不开越剧流派的继承和演变，欣赏越剧也离不开对越剧流派的欣赏和鉴别能力的培养。教师通过听音辨异同点的方式，让学生进一步理解所学唱段的唱腔特点和派系区别，在这一基础上学生的练习就会有目标、有方向，学习起来事半功倍。

在教学过程中，除了借助派系特点学唱外，还可以让学生分组合作，开展如“越剧流派的探索之旅”这类研究性的学习活动。通过任务卡的方式，引导学生从剧目、唱、念、做等多个方面探讨各个流派的差别，使学生在探究中学习，在学习中生情。

4. 以情带腔，演绎经典之片断

音乐课堂是学生表现能力、展示自我的舞台。在“越剧进课堂”的教学过程中，也不能缺少学生展现自我、展示学习成果的展示台——表演。借助表演开展越剧教学是教学的有效方式。

很多地方的戏曲教学，仍然是听一听（听一次配套的录像）、唱一唱（唱几个越剧片段）、看一看（看教材的一些图文介绍）、考一考（抽查一首曲目作为学习成绩），这将致使学生的学习停留在认知特点的阶段，缺少对戏剧的深入了解、欣赏和演绎。

（1）树榜样

学校将“小梅花”奖得主的越剧表演录像进行整理，选择其中的服饰装扮、表演动作、唱腔唱词、道具场景等，制作成微视频，用于课堂教学，引导更多的学生在观看中了解越剧。学生在同龄人的身上看到了越剧带来的艺术感染力和艺术张力，产生的效果非常奇妙。课堂上，越来越多的学生愿意上台进行片段展示，课后的校园演出中，也有很多学生上台表演越剧选段，业余时间中参与讨论、点评越剧节目的学生也不断增多，学生的越剧欣赏水平愈发精进。

（2）展成就

“小打小闹”还不够，为了让校园里的越剧教学落地生根，该校还利用40分钟的音乐课堂举行小型的“越剧新秀擂台赛”。让学生在所学的选段中挑选喜爱的片段，在课后反复模仿肢体动作，像兰花指、剑指、步法、亮相动作、台步、开关门的技巧等；更重要的是演唱时表情的模仿，如眉毛和嘴巴的上下变化，握拳的姿势，哀、乐情绪的传达……通过反复指导和练习，学生的表演水平有了很大的提升。

（三）完善评价体系

在推进越剧文化传承的过程中学校采用形成性评价体系，以“激励”为宗旨，重视学生的情感、态度及价值观变化，运用合作评价、教师评价、集中展示相结合的方法，促进活力教育目标的实现，激活童心，突出越剧文化的幸福体验。主要从评价标准、评价主体与评价方式三个方面进行建构。

1. 螺旋上升的评价标准

完善越剧文化传承评价的根本目的是促进学生学习，改善教师教学。因此，应充分运用多种评价方式，根据不同学段学生的学习特点，用逐步上升的评价标准，具体按照不同年龄段学生的学习特点进行评价。

2. 三位一体的评价主体

采用同学评价、教师评价、家长评价分别对被评价者参与越剧文化传承的过程及结果展开评价。

（1）同学评价

同班成员间可以根据越剧文化传承活动的表现及平日表现进行相互评

价，为对方“我是小小越剧迷”评价表格内的“成长足迹”栏增添“小脚印”，最后“走得最远”的孩子将成为“我是越剧小明星”。这种评价方式实施起来非常方便，教师可以在教学中随时抓住时机，引导学生开展互评活动。

（2）教师评价

结合学生参加的各级各类越剧文化传承的比赛及活动，用“我是小小越剧迷”卡（即学分卡）进行评价。根据个人表现，依照评价标准，分为每月一评、期末评价和学年总评三类，参照评价结果在学生《小小越剧迷成长册》的“VIP卡”上加盖印章。

“我是小小越剧迷”评价细则表

评价方式	评价内容
每月一评	每月月底教师根据学生校内外越剧文化传承活动的参与度和学习越剧知识的积极性对每位学生施以评价，分两个等级，每达到一级即可获得一枚印章，最多可获得两枚印章
期末评价	每学年第一学期期末，教师根据本学期学生越剧文化传承知识和素养的总体表现和提升情况给予评价，分三个等级，每达到一级即可获得一枚印章，最多可获得三枚印章
学年总评	一学年，即一个单元的学习结束后，教师根据学生对教学目标的总体掌握程度进行总评，分五个等级，每达到一级即可获得一枚印章，最多可获得五枚印章

学生在集齐五枚或以上印章即可申领相应额度奖品或特权，如五枚印章，可到越剧团参加排练一次；十枚印章，可到社区参加越剧表演一次；十五枚印章，可成为校越剧团专业演员。

学生所得印章数量还将在期末阶段汇总，作为评选“我是越剧小明星”的一大依据，以此形成评价结果运用的动态模式，在潜移默化中促进越剧文化的传承。

（3）家长评价

越剧文化传承需要在学校中展开，更需要在社会中实践。结合孩子在家及社区等地方的表现，家长在孩子的《小小越剧迷成长册》中“家庭或社会表现”上加盖印章，也作为期末阶段评选“我是越剧小明星”的依据。

3. 动态生成的评价方式

丰富多彩、张弛有度的活动能激发孩子们的情感，有效提高学生的艺术综合素养。每年5月的校园文化艺术节，越剧社团都会组织异彩纷呈的越剧小达人、越剧才艺展示等活动，形式不同，内容也各有千秋。

如越剧新星PK赛，每个班级推选一名“越剧新星”上报越剧“小梅花”基地，展示自己在越剧文化传承中的所学所得。先进行初选，角逐15个名额；接着进行总决赛，每人限时3分钟，表演内容包括简短自我介绍、才艺展示、竞选口号；最终评选出10位“越剧新星”。

【越剧知识记一记】

越剧的妆容与服饰

越剧服装具有淡雅、柔美、简洁、清新的特点，并在刺绣上采用了“深入淡出”“淡入深出”的形式。越剧古装戏服装可分古装衣、越剧蟒、越剧靠、越剧裙、越剧云肩、越剧褶子。

东南小学的越剧校本教材《童乐小戏园》

又如越剧文化大讲堂，这是学生学习越剧文化、提升艺术综合素养、促进个人发展的重要平台，旨在进一步培养学生热爱越剧，传承、推广与发展越剧文化。下设“越剧小明星广播站”“传承越剧文化手抄报”“画画越剧人物像”“越剧知识小竞赛”等项目。学校还专门就越剧文化大讲堂配备了导师。每学期，导师们都会以开放互动的形式带领孩子们在校越剧“小梅花”

基地中接受越剧文化的熏陶。

通过各类展示，学生的信心与激情得以增加，越剧小明星不断显现。如今，东南的孩子们在各级各类大赛中的精彩表现，获得了观众及社会的一致好评。

二、越剧课程实施的保障

越剧教学中的主体参与是一个比较宽的研究范畴，涉及主体参与的本质和特点、理论基础、内在结构、外在表现、影响因素、主客体关系、原则策略等等。东南小学的教师们在分析自身的研究条件和教学实际后，认为越剧艺术传承应当从实践层面入手，以课堂教学为中心，以策略研究为重点，以课外活动为载体，从而解决实际教学中的问题。最终，在实践的基础上进行反思、提炼，形成一套理论体系，走理论—实践—理论和特殊——般的研究之路。教师思想的转变、理念的提升为该校越剧文化传承实践与研究工作的有效开展奠定了坚实的基础。此外，在课程团队组建方面，该校也在两支队伍的建设上取得了新的突破。

（一）培养双师型教师

新时代的教师，对于自己的专业，已经打破“一门课，一本书，一份教案讲多年”的禁锢，向纵深发展。跟越剧团专业老师的“拜师”学艺，充分调动了教师们的积极性和创造性，融合了校内教师力量，建立起了一支高素质的课程开发队伍。

（二）发挥社区教育功能

越剧就是社会、人生的缩影，台上演的戏，其实就是在演绎我们的生活。在我们的周围，有很多相关专家、民间艺人或专业戏曲演员。所以，学校又做了在课堂上引进外来人力资源的尝试，聘请了越剧专家和民间艺人来学校授课或开展讲座，采用更为开放的教学方式。这种方式不仅能激起学生高涨的学习兴趣，增强他们的积极性和自主性，而且还能拓宽他们的视野，教育他们有才能，才有作为，同时也对学生进行了热爱家乡的教育。

三、打造越剧课程品牌

经过几年的发展，东南小学的越剧文化传承的实践与研究取得了显著的成果。这一研究，不仅为东南小学的孩子们带来了越剧艺术的体验，也为东南小学的越剧特色教育带来了勃勃生机，更有助于学校打造富有特色的文化品牌。

（一）从校园传承走向舞台实践

自“小梅花”基地建立以来，越剧班的学员们在表演中得到了锻炼和展示。在鄞州区戏剧家协会的推荐下，东南小学越剧“小梅花”基地的《穆桂英挂帅》最终在来自全市各区的四十多个剧目中脱颖而出，作为十个优秀剧目之一入选了在逸夫剧院举行的“相约梨园”优秀剧目展演，并作为开场节目在观众面前亮相。《穆桂英挂帅》这个经典剧目还曾在鄞州区文化艺术节的开幕式上与广大的戏迷和观众见面，精彩的演出让全国各地的戏迷们惊叹不已，连连称赞。

国家一级演员、中国小百花越剧节金奖得主王君安老师见面会曾在鄞州区文化艺术中心举行，学校越剧“小梅花”基地的学生闻讯慕名而去，有幸得到王君安老师的现场指导，王老师是著名越剧表演艺术家尹桂芳的嫡传弟子，学员们在王老师面前演唱了经典唱段，得到了王老师的肯定和赞扬。

2012年元宵佳节期间，央视戏曲频道播出了《快乐戏园》节目，东南小学的三名学生有幸登上了央视的舞台，表演了精彩的越剧唱段《我家有个小九妹》《穆桂英挂帅》等。学校的越剧“小梅花”名声越来越响，成为学校的一张有影响力的文化品牌名片。

聪明伶俐的“小九妹”登上央视大舞台

时间匆匆而过，但从同学们有

模有样的身段、掷地有声的唱腔和丰富的舞台经验中可以看出这帮孩子们已经深深地爱上了越剧。越剧不仅丰富了东南孩子们的课余生活，更提升了孩子们的艺术修养，这也是东南为孩子们开启的又一扇文化艺术之窗。

（二）从艺术传承走向文化自信

越剧“小梅花”基地成立以前，大部分学生对越剧认识甚少，甚至有些还认为越剧只适合老年人欣赏，喜欢越剧的学生少之又少，会唱、会演越剧的学生更是寥寥无几。自从越剧进校园以来，学校的艺术教育显得更为立体、生动、丰满。宛转悠扬的越音，精巧华美的妆容，婀娜俊俏的身段使孩子们的课余生活更加丰富，身心更加愉悦。他们从不喜欢、不了解越剧到渐渐地认识、学习并爱上越剧，越来越多的孩子被越剧的魅力所吸引。现在，该校的多数孩子都能够听辨越剧的经典唱段，许多孩子能够有板有眼地哼唱熟悉的越剧唱段。越剧进校园使得学生增强了对于本民族传统艺术的文化自信，弘扬传承了本民族传统艺术文化。

越剧作为一种传统艺术，在内容、表现方式以及在校园所形成的文化环境和文化氛围方面都对学生有着潜移默化的导向作用。越剧“小梅花”基地活跃了校园文化，从整体上推进了校园文化艺术的建设。从走进学校到打开教学渠道，从咿呀模仿到精彩演出，在教师们的细心指导下，校园里的“小梅花”竞相开放。越剧艺术在校园内开花结果，逐渐成为东南小学响亮的文化品牌。

第十二章 微电影——数字化综合创新能力的培养

Art Education

华泰小学教育集团

随着互联网的飞速发展，互联网技术和手机、iPad 等移动终端的普及，我们时刻都能感受到“微电影”带来的视觉文化冲击，也让我们进入了全新的“自媒体”时代。这预示着摄影、摄像、数字化、信息化能力将是未来人类必备的基本素养之一。

2014 年的秋天，华泰小学举办了一场特殊的微电影首映礼。那是一场以二年级学生为主角拍摄的真人版微电影《冰雪奇缘》慈善首映礼，在看到孩子们的精彩表现并为之骄傲的同时，华泰小学的老师意识到，这样一部统整了文学、表演、美术、音乐、信息技术、摄影等诸多学科的微电影，正是他们苦苦寻觅的、能够完整呈现课程体系中所有学习效果的绝佳载体。

华泰小学敏锐地抓住微电影这一深受儿童喜爱的新兴资源，创新性地构建了“A-plait 微电影”课程体系，不断挖掘课程内涵与外延，努力用课程满足每位学生的发展之需。以生活教育理论和学习金字塔理论为基础，面向自媒体时代，统整多学科，构建横向贯通、纵向发展的课程体系，探索“自主、合作、探究”的微电影课程教学模式，旨在全面培养学生的审美、创作、表演等能力与健康乐观、积极向上的生活情趣。

自媒体时代，数字化综合创新能力将是学生现代和未来的核心素养，包括信息素养、媒体素养、信息与通信技术素养(ICT 素养)。在微电影课程学习过程中，学生通过微信、QQ 群、网络课程等平台，自主学习微电影教程；在微电影制作过程中，学生熟练掌握 iMovie、Premiere 等软件；在微电影展示过程中，学生开创个人网络空间、开通微博微信、建立电子相册，在网络上呈现优秀作品，从而不断提升数字化和创新实践能力。微电影内容的开发，不但能综合推进学生艺术主题创新、情节创新、人物创新、语言创新、画面创新等素养的提升，还能推进学生从关注社会与人性走向关注生态与科学，从关注艺术与情感走向关注美育与理性，从关注性质与结果走向关注问题与生成的思维转变。

微电影课程不仅关注孩子的创作实践，更关注他们的思维创意；不仅关注孩子的技能应用，更关注课程的有机结合；不仅关注孩子表现的主题，更关注育人的核心价值；不仅关注孩子的艺术表达，更关注他们的审美品位。

一、课程理念与建设

(一) 课程理念

在教育3.0时代,教育改革的重点是培养学生的核心素养。宁波市鄞州区华泰小学教育集团在核心素养、学生兴趣、教育资源之间寻找契合点,将“为学生的终身发展负责”的育人理念与创新型人才培养、艺术素养培育、智慧校园建设相结合,在国家课程和校本课程(“才艺展示课程”“阳光旅程课程”“学科拓展课程”“体验实践课程”)的基础上积极探索课程整合的价值,构建了融人文气息与艺术特质的“A-plait微电影”课程(A-plait即艺术、摄影、文学、表演、计算机科学技术、技术六个英文单词的首字母)。

互联网的飞速发展让我们时刻都能感受到微视频带来的视觉文化冲击,手机、iPad等摄像设备的普及,让我们进入到了全新的“自媒体”时代。微电影课程中BYOD(自带媒体设备)学习将是教育3.0时代发展的方向和学生未来基础素养培养的有效途径之一。

以微电影课程的“新想法+好做法”为初心,通过学生“自编、自导、自演、自拍、自制”,引导学生“自管理(自主诊断能力)”“自教室(自主开发教室)”“自专业(自我选择专业)”“自学习(自我完善能力)”“自媒体(自我开展营销)”的“五自”途径,利用课程管理、学习空间、学习视角、学习方式、评价渠道等平台,培养学生创想法、创学习、创能力、创发展、创评价的“五创”经验,从而提升学生自主学习能力和综合素养。

在“A-plait微电影”课程实施过程中,华泰小学按照微电影的剧本编撰到影片制作的流程将课程分为编剧社、导演社、表演社、拍摄社、制作社五大类。在学习过程中充分调动学生对知识技能的渴望,挖掘学生对新事物的好奇。这种“自主、合作、探究”的学习方式是学生学习能力培养的需要,也是学生社会性发展的需要。

(二) 课程建议

1. 确定课程目标

本着“自主、生成、实践、趣味、综合”的课程开发原则,在“以爱启心、以德正心、以智慧心、以艺润心、以体健心、以美悦心”的“心育”理念引领下,学校将课程目标设定为:通过 BYOD,自编、自导、自演、自拍、自制微电影,帮助学生具备基本的创新能力(包括创新意识、创新思维、创新技能)、信息素养(包括文化知识、信息意识、信息技能)、多媒体应用能力、网络素养、文学素养、艺术修养、家国情怀、国际视野,从而提升学生的想象力、创造力、语言表达能力、人际交往能力、动手操作能力、团队合作能力。

2. 开发课程内容

围绕微电影制作的“编、导、演、拍、制”各环节,学校对相关国家课程进行了整合,开发了多门面向三到六年级学生的校本选修课程:编——语文习作;导——影视音乐欣赏、美工布景创意、影评鉴赏;演——语文课本剧表演、英语课本剧表演;拍——摄影摄像、无人机航拍;制——影片剪辑、iPad 音乐。为了与每个环节相对应,学校还开发了五项旨在满足全体学生基本需求和部分学生专业技术提升需求的拓展课程——编剧、导演、表演、拍摄、制作,并组织相关教师编写了校本教材《小学生微电影随手拍》。

3. 建设师资团队

“A-plait 微电影”课程体系中的校本课程均由学校教师任教,教师选聘以教师本人申报与学校筛选相结合的方式进行。五项拓展课程中除一门由本校教师担任指导教师外,其他四门均由校内和校外教师合作开设。此外,针对一些对专业要求较高的课程,学校还邀请了宁波市甬剧团、小百花越剧团的专业老师担任导师,对学生进行专业化指导。

为了提高教师执教水平,学校不定期邀请专家到校对课程组教师进行辅导,并经常选派在课程建设方面成绩比较突出的教师外出参加相关培训、论坛、研学活动,与同行进行交流学习。

学校围绕微电影系列课程的建构与活动研究逐步展开,积极探索课程模块、课程设置；同时，依据微电影“编—导—演—拍—制”环节进行系列研究，旨在寻找微电影课程的一整套课程及实践活动体系。

“A-plait 微电影”课程的教学目标、主要内容和研究方法

(三) 课程发展的三阶段

华泰小学的“A-plait 微电影”课程从最初构想，到现今建立起较完整的体系，大体经历了三个阶段的发展。

第一阶段，改革预备阶段。2012 年，学校开始以实验班的形式尝试对美术学科知识进行整合，将美术教科书内容按绘画、手工、设计等进行分类后，分别进行系统的教学方案设计。2014 年，学校将改革主要集中于两个方面：一方面为主题设计，如赞故乡、秋韵、过年、我和春天有个约会、寻找身边的美等主题；另一方面为建构学科整合式教学模式，如在“赞故乡”主题的教学中，语文组教师与美术组教师共同围绕主题的目标、内容、实施、评价进行拟定，在实践后进行调整。

第二阶段，构建项目主题课程。学校以年级段为单位选择项目主题，由年级段长负责召集各学科教师展开头脑风暴，分工落实。最后以年级为单位通过课堂教学、节目表演、微信报道等形式进行项目课程的汇报。

第三阶段是在第二阶段项目主题课程的基础上，结合学校微电影课程的特色，开展了全校一至五年级学生的微电影项目课程。各年级都围绕微电影这一主题进行项目式学习，每个年级选择不同的微电影拍摄主题，每个学科结合本年段的微电影主题组织项目式学习。以东校区一年级为例，确定“心娃的礼仪之旅”这个主题，语文课学习国学、体育课学习队列、美术课画文明礼仪漫画、音乐课唱礼仪儿歌。微电影项目课程最终的汇报形式是首届校园“奥斯卡”微电影节，各年级段呈现了舞台表演、微电影作品、分镜头手绘稿、微电影海报等学习成果。

在三个阶段课程改革实践中，许多主题都是以教师讨论为基础确立项目或者以学校的特色发展为源头进行主题式推广。接下来，该校将从师生实际问题需求出发，尝试开展师生自助式项目课程。让学生成为真正的项目学习设计者，而教师充当项目设计和项目实施的过程中的指导者，同时也充分利用社会和家长资源为学生的项目学习搭建更广阔的实践平台。

二、课程实施方式

(一) 课程管理

微电影课程项目旨在培养孩子自编、自导、自演、自拍、自制微电影的综合能力。为此,以微电影制作流程为依据,建立“编、导、演、拍、制”五大版块与义务教育其他课程及拓展课程相结合的综合体系,体现了鲜明的模块化特点。

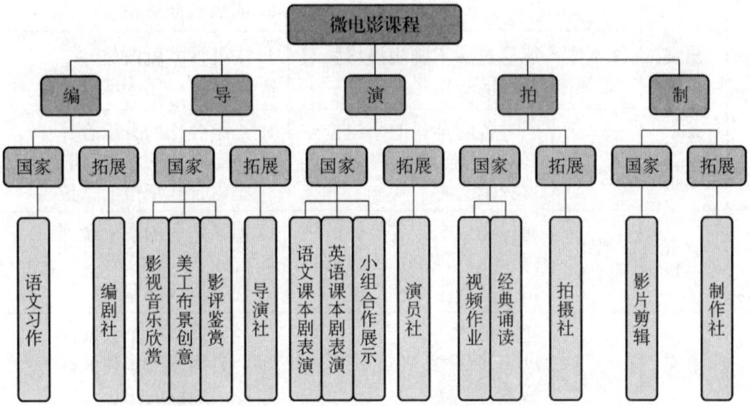

微电影课程结构图

为达到每个孩子能自主参与实施微电影“编—导—演—拍—制”一体化课程的目标,结合微电影与各学科间的融合,从微电影的剧情、视听、文化价值等要素出发,学校整合了10项与之相关的国家课程,并确立相关学科下每个版块的课程目标和课程内容。

“A-plait 微电影”课程体系下十项国家课程的整合设置

课程版块	课程学科融合	课程融合项目	课程目标	课程内容
微电影编剧	语文	习作	尝试接触剧本编写或改编	1. 以记叙文的形式展开故事情节撰写 2. 以创新想象方式编写故事情节

续 表

课程版块	课程学科融合	课程融合项目	课程目标	课程内容
微电影导演	音乐	影视音乐欣赏	初步接触与简单欣赏电影中的音乐表达	1. 片段欣赏 2. 配乐演练
	美术	美工布景创意	初步接触与了解影视作品中的场景布置与简单设计	1. 创意作品欣赏 2. 命题作品构思 3. 开放性作品创作
	语文	影评	能简单评析微电影的创作主题、内容、效果等	1. 影片主题鉴赏 2. 影片故事情节鉴赏 3. 影片风格鉴赏 4. 演员表演鉴赏
微电影表演	语文 英语	课本剧表演	能通过课本剧表演增强表演技能	1. 中外课本剧改编 2. 课本剧小组表演
	所有学科	小组合作	通过各门学科的小组合作展示，增强学生的语言能力和镜头感	1. 小组合作的分组合作 2. 小组合作的汇报(语言、肢体) 3. 小组合作汇报的站位
微电影拍摄	所有学科	视频作业	通过完成个人或集体的视频作业，了解 iPad 的基本拍摄技巧	1. 视频作业的案例学习 2. 视频作业的实践 3. 视频作业的鉴赏
	语文	经典诵读	通过集体朗诵，专家拍摄，进一步了解演员的镜头感等	1. 经典诵读的个人演绎 2. 经典诵读的集体演绎 3. 经典诵读的拍摄
微电影制作	信息技术	影片剪辑	掌握影片剪辑中初剪和复剪的技巧	1. 影片的初剪与组合技巧 2. 影片的复剪技能

“A-plait 微电影”课程按照微电影的剧本编写、导演、表演、拍摄及后期制作五个版块进行分组，为了让每个课程能进一步为微电影的创作服务，结合各拓展课程所要达成的活动计划目标，拟定了各拓展课程活动内容。

拓展课程建设一览表

课程版块	课程目标	课程内容
微电影编剧	1. 学习各种剧本中的人物语言、动作设计、情节构思、主题提炼等专业化知识建构 2. 尝试编写剧本并进行反复润色修改	1. 欣赏经典剧本 2. 学习剧本的结构、编写特点 3. 尝试编写各类剧本 4. 尝试对剧本进行润色

续 表

课程版块	课程目标	课程内容
微电影导演	1. 能对剧本进行分镜头处理 2. 能把握各分镜头的效果呈现，做具体决策 3. 能通过微电影的拍摄表达自己的思想，展示自己的风格	1. 分镜头处理 2. 把握整体剧本构思及荧幕形象 3. 确立影片的叙事结构及风格样式
微电影表演	1. 掌握基本的表演技巧，包括人物的语言、肢体动作等 2. 掌握并领悟各类表演技巧 3. 训练镜头感等	1. 台词 2. 形体 3. 声乐 4. 表演
微电影拍摄	1. 懂得基本的微电影拍摄理论知识 2. 能结合基本的拍摄技巧拍摄简单的微电影及片段	1. 景别 2. 光线 3. 色彩 4. 构图
微电影制作	1. 强化微电影的基本剪辑技巧 2. 深入学习影片的特效制作等处理技巧 3. 能掌握更多的制作技巧以增强影片效果	1. 剪辑影片 2. 蒙太奇技术 3. 添加音效、画面效果 4. 编辑片头、片尾及字幕效果

学校在进行微电影课程建设时，始终坚持以生为本，遵循课程源于师生并服务于师生的原则，以促进师生共同成长为最终目标，因此，学校尽最大努力为课程建设创设有利条件。

量师定做：选“购”校内师资。学校将决定权还给教师，教师可根据自己的特长申报微电影课程项目相关课程，不断挖掘自己在第一课堂外的潜能。经过筛选，微电影课程十项国家基础课程均由本校教师担任，五项拓展课程中有一门课程由本校教师担任指导老师，其他四门均由本校和外校两位教师合作担任。

量力而行：入“货”校外专家。对于部分专业性较强，本校教师无法承担辅导的课程，学校求助热心家长或向广大社会聘请外援，如表演课邀请了宁波市甬剧团、小百花越剧团的专业老师担任导师，保证教学的专业度。

量体裁衣：开“张”课程超市。学校充分尊重学生的自主权，为学生提供超市化课程，学生可根据自身在拍摄微电影过程中遇到的困惑选择相关课程，在进一步提升自身能力的同时，为“自编、自导、自演、自拍、自制”微电影作品提供保障。

(二) 创设学习空间

1. 走读合作课堂

微电影课程从前期剧本编写到后期拍摄制作，每个环节都需坚实的专业技巧。为实现全校人人拥有拍摄微电影的能力，学校依据编、导、演、拍、制五大版块，开创微电影双轨课堂，即融合国家基础性课程，将微电影五大版块融于学科知识学习，开辟一体化的拓展课程，制订相应教学目标与教学内容，并在整个实施过程中开展了课程内、课程间的走读合作式课堂。课程内走读合作，如导演社可就各自的影片风格、影片构思进行交流，并合作完成导戏课程；课程间走读合作，如微电影拍摄社可走入制作社学习简单的音频插入编辑方法等，以便深化个人作品的拍摄与编辑能力。

表演社专用教室

表演社形体训练教室

2. 综合实践课堂

学以致用是微电影课程项目的重要方式之一。课程实践中，学校给予课程指导教师充分的自主权。教师在允许的范围内可以打破固有地点、人员安排，灵动地寻求教学资源或创意元素等，建立“以学为中心”的课堂。如打破固定地点，带领微电影拍摄社走进鄞州日报社，见识报社一天的工作；组织表演社孩子到养老院表演或携带作品开展义卖；组织编剧社的孩子与新华书店合作举办赛诗会等。

3. 定点分群课堂

随着教育3.0时代的到来，网络微课在我们的教学中的使用日渐频繁。

定点课堂，即在教学中推送指定的网络微课让孩子们在课后进行自我学习与提升。分群课堂，即建立微信群或QQ群，组建网络讨论平台。拓展课老师曾向学生推荐网络课程，老师惊喜地发现孩子们尽管一周只有两节拓展课，但每节课都会通过课前自助网络学习携带新的知识进课堂。可见，给予孩子学习平台，孩子带给我们的是无限惊喜。

(三) 微电影学习方式

1. 编：创编剧本

(1) 以校内生活为源，编校园情景小剧

学生是学校活动的主体，学校活动源于学生，旨在提升学生综合素养。华泰小学的微电影课程研究，主要围绕学生校内学习、生活展开，拍摄了一百余部能在学生日常行为习惯中起一定作用的微电影作品。如该校曾联合学校学生发展中心，针对学生文明行为方面进行微电影拍摄，要求孩子们以小组为单位，悉心观察校园文明行为，找出问题，针对问题编写内容发人深省的剧本并拍摄。

《不能破坏学校公共物品》剧本

剧情简介：一位学生跑进学校的梅园，被怒放的梅花吸引了，偷偷摘下了一朵，这时正好被两位巡检的学生发现了，巡检员对这位学生进行了警告，并跟他讲道理，劝导他以后不要再破坏公物。

第一幕

场景：学校梅园　　　　时间：放学时分
演员：一位同学、两位巡检员

《不能破坏校园的公共物品》局部剧本和剧照

(2) 以原创作品为源，编科幻创意小剧

为了让全校的学生都能参与到微电影的制作中来，并激发孩子们的写作欲望和写作潜能，该校经常发动孩子们在自己所在的班级中征集优秀的作品，并与小作者协商优化剧本，再进行拍摄，共产生近百部完整作品。

该校同学的作品《绿色奇迹》曾发表于学校的学生刊物《含英》中，后来还将其改编为剧本并拍成微电影，该剧一经播出便受到各界媒体关注，还走上央视《看我 72 变》的舞台。

微电影《绿色奇迹》

创意要点

用身体部位展现植物生长、开花、结果，用黑色幕布作为背景。

表演流程

第一幕

旁白：

工业化进程破坏了生存环境，有一个小孩欢喜地得到了一颗新的种子，种在花盆里，他天天都去浇水。

第一天，他去浇水，对种子说："种子啊种子，你快快长大吧！"

第二天，他去浇水，对种子说："种子啊种子，你快快长大吧！"

第三天，他去浇水，对种子说："种子啊种子，你快快长大吧！"

…………

可是好久，种子都没有动静。他只好灰心地离开了。

第二幕

种子听了，很伤心，大声哭泣起来："我想长大，我想长大！"

一天又一天，经过日晒雨淋(学生扮演太阳和雨神)。植物奇迹般地开始生长。

开始长出了几根树枝(用手展示)。种子说："哇，看我的手，多纤细！"于是，树枝们开始慢悠悠地活动起来。

《绿色奇迹》局部剧本

《绿色奇迹》演出掠影

(3) 以学科知识为源，编经典名著桥段

每一门学科的选材，就知识而言，都由其固有的思想、感情、材料、结构、表达方式等众多要素构成；就内容而言，它可以是经典的再现重温，可以是优秀作品的欣赏，可以是语言交际的习得等，每一篇课文都是指引学生获得知识、提高能力抑或是激发思维的载体。因此，该校的微电影课程经常鼓励孩子们将自己感兴趣的课本故事改编成课本剧。

在他们改编的近三十部课本剧中，有英语故事 *Snow White*、*Cinderella*，经典故事《拔苗助长》《守株待兔》，世界名著《西游记》等，而且这些作品的真人版也成为学校艺术节中最受欢迎的作品。

(4) 以生活时代为源，编时尚热点小剧

21 世纪新生代的孩子不仅仅满足于课本提供的那些故事，他们的创作永远走在时代的前列，他们更喜欢着眼未来，更善于与时代接轨。因此，在老师鼓励下，华泰小学的孩子们关心社会热点，聚焦新闻焦点，创作了十余部颇具时代感的作品。

《二孩？二孩！》排练现场

例如，当全国掀起二孩浪潮时，有人在思索要不要二孩，有人在思索妈妈会不会要二孩，有人在感慨政策来得太晚。而我们的孩子呢，他们抓住这一契机，撰写微电影剧本并进行反复排练、拍摄，最终他们的作品《二孩？二孩！》获得鄞州区特等奖，市一等奖。

(5) 以校园活动为源，编励志公益小剧

微电影的剧本灵感可以来源于孩子们的原创、改编，也可以来源于孩子们的梦想。华泰小学结合学校举办的第一届的“心梦想、新舞台”比赛，为经过层层角逐最终胜出的拉丁三女孩圆梦，为她们拍摄了一部讲述她们经历的微电影。电影中有孩子们苦练拉丁舞的场景、有家长们和老师们的寄语、有她们自己的喜怒哀乐。电影一经播出，不仅给了这几个孩子继续坚持艺术之路的信心，也为其他孩子们在追求他们的艺术道路上树立了榜样。

《拉丁三女孩》微电影海报和拍摄现场

2. 导：构思影像表达

(1) 构思影片分镜头

导演课程中，孩子们需要将剧本进行分镜头处理，也就是把文学剧本中的文字转化为声画结合的形象，将文学剧本的内容分切成一系列可以摄制的镜头剧本。

(2) 构思表现手段

要成为“专业”的导演，孩子们还需学习各种导演手段，按照剧情策划每个镜头画面的运动以及镜头间的组接，音乐、语言的运用，场景交换、气氛烘托等，使每个镜头都依照一定的逻辑关系组成一个个有立体感的画面，从而保证整部作品的拍摄有一个完美的“施工图”。

(3) 构想影片风格

每部作品都是导演个性和工作方式在电影中的自然流露。因此，导演班的孩子要使自己的作品有独特风格，就要在创作构思上求新，多从作者、观众、拍摄对象的不同角度进行全方位的思考。

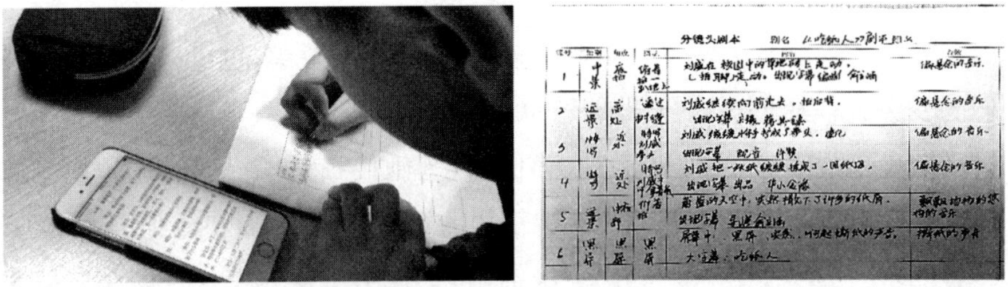

学生进行分镜头处理及处理后的分镜头剧本

3. 演：锤炼演技

对于艺术创作来说，画家的工具是笔和纸，演奏家的工具是乐器，而演员的工具则是自己本身。要想成为校园明星和实力演技派，小演员们的声、台、形等技能缺一不可。

(1) 练台词，提升语言魅力指数

每天十句绕口令、十分钟人物模仿、十分钟朗诵训练是演员班孩子的基本功课。为了让每个小演员均能掌握台词中的停顿、语气、语调、节奏快慢等专业技巧，指导老师们结合学校书香特色，分三步进行训练。第一步，通过朗诵考察学生的声音条件及对朗诵材料的理解与情感表达；第二步，选择熟悉的、生活化的作品进行练习；第三步，演绎一些相对集中且感人的故事情节，如表现亲情、师生情、友情、高尚品行、难忘往事等。通过层层递进的训练，培养和加强孩子们的情感投入度及表演技巧。

(2) 塑形体，增加形象气质指数

健美操、跆拳道、拉丁舞等体育特色课无疑是孩子们塑形体的绝佳时机，而每天放学后一个小时下腰、猫步、体操、舞蹈更是表演班孩子的必修课。经过专业训练和表演实践后，学校也涌现出了一些校园小明星。实力派：擅长塑造各类人物形象，包括特定人物的说话语调、走路形体及各种情绪下的表情、动作等肢体语言；偶像派：因各类表现在学校小有名气的小演员们。

(3) 促演艺，提高个人特色指数

为了让小演员们的表演更加惟妙惟肖，从而使影片更具魅力，在表演课程中孩子们还会接受声乐训练，主要针对发声的位置、音色、音准进行训练，还有演员个人说话的音色、音准及同一个人不同角色中的音色、音准变化。为此，除了安排常规的声乐训练课，还专门开设老年人、青年人、小孩，干部、农民、工人等二十余种不同年龄、不同职业人物的表演训练，及开心、悲伤、愤怒、着急等八种情绪的表演训练。

4. 拍：影片拍摄

(1) 选景别，拍学科类影片

微电影创作中，该校坚持学生作品“源于学科，用于学科”的理念，鼓励老师们将学科教学与微电影课程相结合，鼓励孩子们努力通过不同景别构图(全景、中景、近景、特写)，给观众以不同的形式美感和视觉感受。

(2) 择角度，拍德育类影片

为循序渐进地实施学校养成教育，华泰小学引导孩子们将学校的《心种子成长序列》改编成微电影《心种子成长记》，让他们自主选取成长序列中的任意主题进行创作，并尝试根据剧情变化让镜头通过平摄、俯摄、仰摄等专业拍摄角度进行展示。在学生作品中，为了人物表情刻画的需要，小摄像师通过平摄近景角度凸显演员神态；当表现演员的动作细节时，小摄像师立马转换俯摄角度。这些角度的选择都取决于剧情的需要和感情的烘托，它展示着拍摄者个人独特的审美取向与拍摄水平。

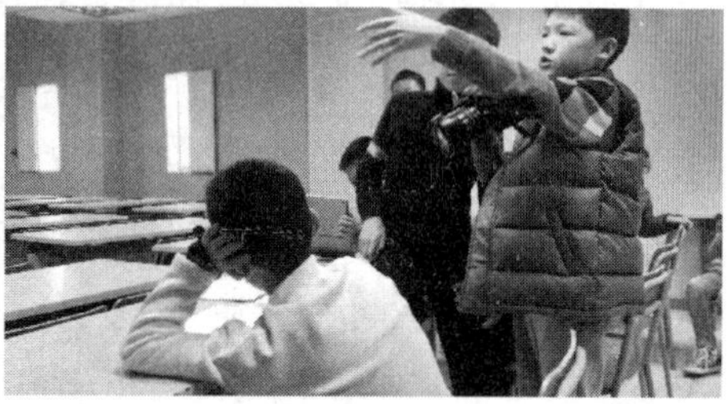

微电影《梦里老师》拍摄现场中的平摄和俯摄

(3) 取意境，拍创意类影片

为顺应剧情发展，在一定程度上烘托气氛或强调拍摄对象，孩子们还需在拍摄过程中关注不同的光线，包括对自然光、人工光的合理运用，用光表现特定环境下的人与景。在学生作品《花季，雨季》影片中，小摄像师就通过侧逆光的手法来展现人物的线条轮廓，塑造了一个乐于助人的微笑小天使形象。小摄像师通过有效的光线技巧巧妙地表现创作者的情感态度，引起观众共鸣。

《花季，雨季》中的侧逆光拍摄

学习拍摄光线技巧的孩子们

5. 制：影片制作

为了让自己的影视作品能在声效、画面等方面具有美感，影片的后期制作成为重中之重。

(1) 影片剪辑，尽显画面流畅美

鉴于小学生特有的年龄和认知特点，在影片制作课程上，该校的微电影课程引导学生通过 iMovie、Premiere 等剪辑软件，历经初剪、复剪、精剪、综合剪等几个步骤，保证镜头与镜头间叙事的自然、流畅、连贯。

(2) 添加特效，凸显画面层次美

为了让学生的微电影作品在画面、音效等方面具有特色，学校特别邀请专业教师给孩子们做技术指导，将画面、色彩等诸多元素进行编排组合，让电影中的故事情节更具吸引力，将创作者的情感思想表现得更为淋漓尽致。

(3) 片头尾字幕制作，畅显剧组创意美

一部吸引眼球的电影除了给大家剧情上的回味和思想上的震撼外，还会带给观众视觉和听觉上的冲击。这其中，不得不提影片的片头、片尾及字幕。学习了如何制作片头片尾及字幕后，孩子们在电影制作方面有了更加浓厚的兴趣，在作品上也不断超越自我。

(四) 微电影学习策略

1. 观摩式学习

(1) 观摩网络微电影

为了让小艺术家们能开拓思维，在各项课程学习中，鼓励他们首先观摩优秀的微电影作品，随后选择适合自己或自己感兴趣的题材进行演练。课程实施期间，孩子们在自我探索过程中逐步形成了草根搞笑型、青春校园型、励志奋斗型、感人亲情型、唯美风景型等系列微电影组品，也出现了各系列的代表作。

(2) 观摩经典国内影视作品

想让孩子乐于投入表演，首先就得选择孩子喜欢的作品。因此，鼓励他们观摩国内优秀儿童作品，如表现战争年代的《小兵张嘎》刻画出了深入人心的小英雄形象，诙谐幽默的《三毛流浪记》则向大家展示了一个命运坎坷的孤儿形象，感人至深的《暖春》传递给大家的是一段难忘的爷孙情，这些国内优秀儿童作品让孩子们喜于观看、乐于模仿，并在此过程中激发了孩子们的无限想象力和超强的模仿能力。

(3) 观摩经典国外影视作品

国内优秀作品有利于引起孩子们的共鸣，而国外的优秀作品更能开阔眼界，激发灵感，观摩国外影视作品对于极富挑战性、创造力、想象力的孩子来说是不可或缺的学习途径。在家长助力团的组织协调下，学生们模仿国外著名动画《冰雪奇缘》拍摄了真人版《冰雪奇缘》，不仅有声有色地开办首映礼，还将所得款项都捐给灾区，受到了多家媒体的报道。

2. 模拟式学习

(1) 模仿演练，体验人物特点

没有一个人天生就是演员，表演技巧可以通过自我揣摩和反复模仿练习体悟出来，小学生有很强的表演欲望，但往往无法准确抓住人物的心理特征，又或者他们的表演有时过于极端化，如过于夸张、过于拘谨等，因此，模仿可以说是最好的途径。模仿人物的说话语气、说话音色、说话语调，模仿说话者的表情、神态、肢体语言等，在模仿中让孩子去体验，从而主动迁移到其他人物上。

(2) 情景模拟，体验故事情节

模仿是分镜头的片段的模拟，在此基础上，通过设置情境，让小演员们在特定或随机情境中进行灵活机动的表演，在考验合作意识的同时，锻炼了即兴创作能力。只有孩子们能自如地理解情境中人物特有的心态，才能走进剧本中人物的内心世界，才能驾驭好剧本中人物的形象。

(3) 模客创作，体验模拟创作

模客，即模具创客的简称，它是指按照既定模具进行再创造的过程。孩子们先要灵活驾驭他人的剧本创作，进而进行属于自己风格作品的创作。他们会随时捕捉生活中的所见所闻，运用生动的故事情节活灵活现地进行演绎，从而折射出特有的思想内涵。例如，该校学生受国产动画片《葫芦娃》的启发自制了《七娃扑街》作品，深受全校师生的欢迎。

3. 磨合式学习

(1) 组建默契合作微型剧组

部分微电影在创作过程中，由于演员、技术、道具等特殊性，需要进行团队合作，默契合作的微型剧组就这样应运而生了。

（2）形成同质合作互助团队

在走班学习过程中，孩子们本着互帮互助、共创佳作的目标逐步形成了同专业合作互助小组。在团队的力量下，他们不仅创作出了风格各异的微电影作品，而且形成了属于自己的“娱乐圈”。

（3）造就异质合作互补团队

资源的合理嫁接与互补也成了微电影课程项目中孩子们创作的秘诀。我们必须承认不是每个孩子都能精通“编、导、演、拍、制”的各项技能，为了达到最佳的影片效果，孩子们在创作过程中创建微信群、QQ群，将请教融于练习，将探讨当作学习，渐渐地形成了一支支不同专业特长的异质合作互补团队。

4. 抹擦式学习

一部微电影需要的不仅仅是“编、导、演、拍、制”等技能，还需要良好的交际能力、灵活的应变能力等，来解决创作及制作过程中出现的特定演员、特殊场景、特制道具等具体困难。因此，孩子们要充分利用身边的一切资源，挖掘教师、家长、同学等一切可挖掘的资源，让自己的创作更加完善。如在《花季，雨季》拍摄过程中，孩子们寻找学校音乐老师作为特邀演员，并将音乐课的部分真实场景作为影片的部分内容，让整部作品更具看点和亮点。

创作源于生活，创作更源于想象。课程实施过程中，该校教师发现孩子们的很多创作具有相似性，多源于生活中的常见故事、他人作品的改编、校园文明行为习惯等。为了让孩子们打开创作思路，老师鼓励孩子们进行开放性的创作，使创作具有一波三折的、动人肺腑的，抑或是无厘头的剧情等。

在华泰小学的微电影课程项目中，让孩子创作微电影作品不是唯一的目标，而是更加鼓励孩子将学到的理论与实际相结合。富于创造力和想象力的孩子们也从各角度拓宽思路。该校学生的作品《斗诗篇》巧妙地结合语文诗朗诵，并通过从古至今的人物演绎阐述了古诗与现代诗的演变。让同学们在欣赏幽默诙谐微电影的同时复习了多首诗歌，有效激发了孩子们的学习兴趣和制作微电影的积极性。

（五）评价模式

1. 举办竞赛活动

（1）问题式晒影

微电影课程项目的建设旨在培养每一个孩子的综合素养，问题式微电影拍摄比赛有助于启发学生从不同角度观察事物。就微电影本身而言，它可以是剧本情节设置、拍摄场景、演员表演、音效制作、后期编辑等方面的差异，有助于促进学生全方位的互补互学，为他们缜密思维的建立奠定基础。学校曾开展6次问题式（非机动车乱停放、手机利弊、校园文明规范等）评比。如就如何解决放学期间家长电动车进校园接送孩子引起的安全隐患问题，任务一出就涌现出了好多电影新作，有现场访谈、剧本小品演绎、张贴正确停放车辆的说明等。影片经校园电视台播出后，大大改善了该问题。

（2）主题式亮影

主题式竞赛旨在启发学生观察、留心身边的一切，发现问题并自主解决问题。学校曾开展了8次主题式活动（年味、爱国、节气、倡导文明、亲情、友情、校园正能量、周三孝心作业）。如在以“倡导文明”为主题的微电影比赛中，孩子们以小组为单位呈现了不同风格的微电影。

学生“倡导文明”主题式微电影剧种

小组	剧种	剧本	剧情梗概
巧克力影院	穿越剧	《天哪，这是哪》	平时自由散漫的A无意间穿越到了古代，在古代国学风的浸润下认识到文明礼仪的重要性
爆笑小组	情景喜剧	《一颗橙星》	通过展现两位同学对待地上掉落的一颗橙星的不同处理方式，用诙谐的语言及幽默的桥段折射大公无私的精神
蒲公英小组	文明礼仪课	《走进身边的文明》	通过主持介绍及情境示范的方式，向同学们介绍正确的餐厅就餐方式及打扫的有效方法

（3）话题式现影

每一个孩子因其性格、爱好、认识等差异，对于作品的选材、拍摄呈现的方式也不同。因此，学校会为孩子们设置他们感兴趣的主题并开展开放性的竞赛，努力为学生搭建各个层面的自主创作和自由展示的平台，从班级小擂台到全校大PK，其间也涌现了众多各具特色的优秀作品。

2. 创设展评台

(1) 走进班级电影周

为提供更为广阔的微电影展示平台，学校鼓励每班每学期至少举办一次以“走进班级电影周”为主题的班会活动，活动形式不限。如五年级以年级段为单位开展了微电影主题班会活动，有微电影影片展示、影片创作故事讲述、现场问答等，活动内容丰富，现场气氛热烈。

(2) 举行亲子电影日

为扩大微电影创作影响力，学校每学期都将学生的微电影展示和亲子活动日相结合，把孩子们的微电影作品展示作为亲子活动日的一项观摩活动。同学们在亲子开放日电影展中和家长分享自己影片的制作心得，家长也和大家分享同学们在家的电影学习和家庭小剧组活动，深受大家喜欢。

(3) 开办个人电影秀

为鼓励部分微电影创作成绩特别优秀的孩子，学校学生发展中心和体艺发展中心帮助孩子们开办个人电影秀。由体艺发展中心的老师组织安排孩子们开展个人电影秀，学生发展中心的老师则结合学生的“七心”评价制度，邀请达到70颗心的孩子观看影片，目前已有6位同学或剧组开办过个人电影秀。

(4) 创办校园电影节

为吸引广大师生零距离接触并体会电影的制作，学校精心策划组织了“心动华小”电影节。活动历时一个月，共举办三项大型比赛：原创剧本征集大赛、“明日之星”首届校园影星选拔大赛和影片制作大赛，并在过程中产生各类“奥斯卡”电影奖，如最佳影片、最佳导演、最佳男演员、最佳女演员、最佳摄影、最佳原创剧本等奖项。电影节还模仿各类全球性的电影节举办盛大的电影节颁奖晚会，获奖同学登台展示才艺特长。比赛的开展和晚会的举办不仅激发了孩子们创作欲望，更有效带动了整个校园形成一股电影风。

（5）举办毕业电影展

华泰小学的毕业生们在毕业之际会用各自独立策划、拍摄并剪辑成的不同题材、形式各异的微电影“诉说”自己对母校、对老师、对同学的热爱，以及对未来的憧憬。这些微电影都由毕业生精心制作，不仅展现了他们学习的成果，也反映了他们即将踏上人生新征程的心绪。

3. 创建网络展示平台

在指导老师和家长的帮助下，小摄影师团队利用课余时间，设计并创建自己的个人空间，开通微博、微信，建立自己的电子相册等，上传展示个人或小组的作品。他们把自己和团队的作品以微电影的形式加以记录与呈现。

在微信公众号开通之前，学生的作品主要在校园网上呈现。校园网上开设了很多栏目，如“雏鹰风采”亮颜值、“学生作品”展佳作，“校园信息”推精彩等。随着微信公众平台的建立，学生的优秀作品、优秀学员事迹直接在微信中推送，被录用的摄影、摄像作品及事迹都经学校精心挑选，具有相当高的专业认可度。学生们通过网络平台互相学习，对于专业素养的提升具有很大帮助。

在经过组员集体创作及家长、老师的帮助修整后，老师会将孩子们优秀的作品上传到腾讯视频等公众媒体。目前已有16个较成熟学生作品发布在腾讯视频，其中学生作品《年味》在短短一星期内就获得六千多点击率；《绿色奇迹》被央视媒体关注，孩子们也因此登上了央视的舞台。

4. 学习效果评估

现代小学高段学生的特点之一就是他们具有较强的自我性，希望选择自己感兴趣或有需求的课程，有充分的自主权。微电影课程中，学生根据自己在微电影创作过程中的实践需求选择相应的拓展课程，从而实现感性自我认知与理性实践学习相结合，为微电影创作铺好每一块基石。至今，已有78%的学生通过自主诊断考核在自主实践中认识自我，在选课时做到有的放矢。

为有效激发学生学习兴趣，提高其自主学习效率，培养学生小组合作的责任感和集体荣誉感，在教学中，老师们通过“班级优化大师”这一软件，将学生在学习过程中的听课效率、作品完成情况、小组合作等方面进行数据与指标的直观量化。在这一软件的显性评价下，学生学习热情高涨，小组合作效率提高。实践证明，85%学生通过个性走读考核在课堂评价下发展自我，适时合理走班。

三、课程实施成果

（一）促进了学生综合能力的提升

华泰小学的微电影课程研究，关注学生的想法与做法，培养学生影视音乐、美术布景、文学创作、信息技术等学科综合的能力和小组合作与自主学习相结合的学习策略，同时引导学生拥有发现美、欣赏美、创造美、表现美的基本素养等，注重对学生创造力和实践力的培养。

随着近两年来的不断创作与深入研究，全校近五百位高段学生创造了近三百部5分钟左右的微电影，较成熟的占17%；在腾讯网、央视网、省市电视台等大众媒体中都能看到学生的微电影作品及活动报道。其中，微电影《绿色奇迹》还登上了央视《看我72变》节目；家校合作的微电影《冰雪奇缘》不仅举办首映礼，还把所获善款全数捐献给灾区，受到《鄞州日报》《东南商报》的报道；《二孩？二孩！》曾获区特等奖、市一等奖；《熠熠生辉的纸》获省中小学现场微电影大赛特等奖；微电影道具《纸塑人物》获区艺术节一等奖。学校被授予浙江省美术名师名校长联盟微电影项目教学基地、宁波市微电影教学基地称号。

近两年来各相关课程所获得的显著成绩

微电影课程项目	成果类别	获奖数量
微电影编剧	征文、文章发表	500人次
微电影导演	微电影创作	100人次
微电影演员	各级各类艺术比赛获奖	300人次
微电影拍摄	摄影比赛 市微电影基地	50人次
微电影制作	各级信息技术比赛、评比	100人次

学生们除了深入学习自己所选的专业课程技能外，还在老师的组织下开展课程间走读，将“五自”课程的基本内容融会贯通。同时，微电影拓展课的学生已熟知基本拍摄技巧（角度、色彩、光线等的运用），还热衷于尝试使用蒙太奇手法分镜头，以及镜头、场面、段落的安排与组合基本技巧，孩子们的自主探究、创新实践能力得到大幅度提升。

一部优秀的电影作品凝聚了编剧的深思熟虑、导演的高瞻远瞩、演员的切身领悟、制片的精湛技艺等，而这一切都不是孩子们与生俱来的。精湛的技艺需要孩子们通过课堂教学、线上自学、实际演练去逐步摸索；有深度、有内涵的剧本创作需要孩子们博览群书、融会贯通、举一反三。因此，微电影课程激发了孩子们的阅读兴趣和文学创作的热情。据不完全统计，华小每一位学生，每年的阅读量至少达到近百本，阅读量速度可达每分钟 300 字；参加微电影课程的学生每学期的文章发表或获奖人数占全校学生总数的 1/4，能胜任迎接外校来宾小解说员的占到全校学生总数的 1/5。

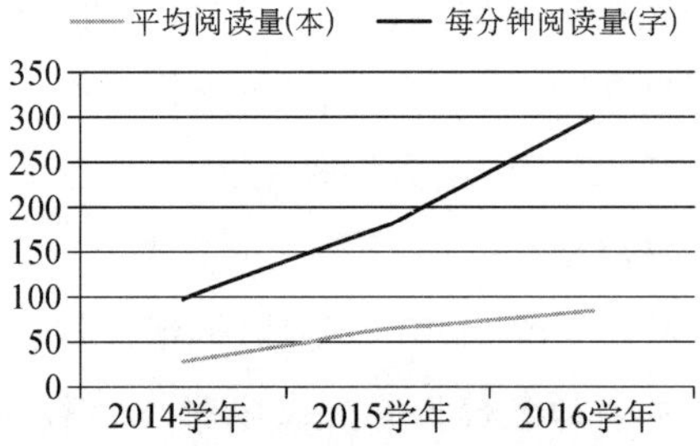

近三年学生年度阅读总量及每分钟阅读量的对比

（二）推动了一专多能型教师队伍的快速成长

强化教师形成“以生为本”的课程观和课堂观。鼓励教师以学生认知、生活、兴趣为出发点，以活动设计、指导、评价为切入点，以学生微电影概念下文学素养、画面感、角色感、细节感等培养为关键点进行实践探究，从而鞭策教师成为能从事自主研究的专业型教师。

随着微电影课程的开发，更多的老师乐于学习先进技术，进而善于利用智能化设备进行教学。例如 Airpaly 投屏、iMovie 剪辑、AirDrop 文件互传、

PPT 动态片头制作等。老师们利用这些技术实现微课制作、微信公众号编辑、视频(音频)剪辑等。老师们已经从单一学科教学走向了多学科整合、统整的新型教学之路,大大提高了教学和研究能力。

微电影课程从建立初期到整个实施过程都需教师自主开发,探索教学、活动设计,这无疑鞭策着教师整合原有课程资源,开发新课程,做一个研究型、创造型和科研型的新时代教师。通过该课程的实施,参与的 5 位老师、1 人成为市美术名师、1 人成为区美术骨干,共完成 1 项音乐课题(获市基础教育成果三等奖)、1 门美术区精品课程、1 节省优课,多节省、市、区展示课,15 篇与微电影相关的论文在《中国美术教育》《新课程评论》等期刊发表或在省、市、区级获一、二等奖。

这些成就的取得不仅增强了老师们的工作热情和自信心,更迁移到国家基础课程教学中,也引导了学校越来越多的老师进行精品课程的开发和研究,促进了学校教学质量的整体发展。

微电影课程参与教师近两年来相关科研成绩

成果名称	荣誉说明	荣誉获得者
荣誉称号		
浙江省微电影项目教学基地	浙江省美术名师名校长联盟	华泰小学教育集团
浙江省“视像中国”远程教育项目	宁波市教育局	华泰小学教育集团
宁波市微电影教学基地	宁波市微电影协会、宁波电视台	华泰小学教育集团
鄞州区数字影音实验室	鄞州区教育局	华泰小学教育集团
论　文		
《微电影课程“六自”趣味教学法探究》	《中国美术教育》2017 年第四期	许颖
《“读图时代”小学生视觉图像思维训练研究》	《中国美术教育》2016 年第三期	许颖
《“核心素养”要求下的小学美术图像思维训练研究》	《新课程评论》2016/07－08(总第 2 期)	许颖
《小学美术教学中巧用微电影培养学生高阶思维》	《中国篆刻书画教育》2017 年 6 月号	崔静
《核心素养下的图像思维》	省二等奖	许颖

续　表

成果名称	荣誉说明	荣誉获得者
《意象表达背后的理性思维》	市一等奖	许颖
《例谈利用微电影培养小学英语高段阅读教学中的高阶思维》	市一等奖、区一等奖	袁亚春
《基于21世纪核心素养的小学生微电影实践研究》	市一等奖、区一等奖	孙行旭
《谈小学美术微电影教学的核心素养培养策略》	市二等奖	孙行旭
《小学美术教学中巧用新媒体培养学生高阶思维》	区一等奖	崔静
课题成果		
《小学生微电影课程》	全国新教育卓越课程	课题组
《自媒体时代小学生微电影课程的实践研究》	市一等奖	课题组
《基于“微电影”的学校拓展课程统整项目研究》	宁波市基础教育教学行动研究项目中标	课题组
《三维创意》	市二等奖、区一等奖	课题组
微电影课程		
微电影课程	省信息技术应用大赛二等奖	孙行旭
《拍一部小电影》	市优课，报送省、部评选	许颖
《寻找美的化身》	中国课程现场展示	孙行旭
《新理念下的微电影课程与校园空间课程》	中国课程现场展示	许颖
《微电影剪辑蒙太奇》	现场展示课	孙行旭
微电影作品		
微电影《绿色奇迹》	央视《看我72变》优秀奖	吴昊　周晨
微电影《熠熠生辉的纸》	省中小学现场微电影大赛特等奖	孙行旭
微电影《香奈儿女孩》	中国课程现场展示	孙行旭
心理剧《二孩？二孩！》	区特等奖、市一等奖	胡琳琳　丁啸楠
微电影道具《纸塑人物》	区艺术节一等奖	许颖
讲座《让图像与思维共舞》	市美术教研活动	许颖
讲座《美术微课程的应用与设计》	市美术骨干教师讲座	许颖

(三)形成了特色鲜明且颇具影响力的办学品牌

微电影课程本着共进的思维,从“五自”入手进行课程重构,开展了扎实有效的研究,构建了微电影课程体系,简明地反映了微电影与教学的循环共融关系,开拓了核心素养下育人的有效渠道。

微电影课程中微电影“编—导—演—拍—制”五部曲,循序渐进、前后互补、相互关联,以此给予学生充分的时间和空间去创作,让学生将所学的学科知识和微电影实践制作相结合,在“自主、探究、合作”的过程中习得技能,提高素养。至今,该校 65%的高段学生能编写较为成熟的剧本,80%的学生加入影视合作小组进行影片的导与演,近 100%的学生能进行简易的拍摄和制作,其中 10%的学生能运用多项特效进行影片多样化编辑。

几年的实践研究,除了市、区教科室和教研室的共同关心以外,还特别得到了美术特级教师骆建钧、朱敬东,以及李力加、程明太、钱初熹、洪复旦等教授的指导,微电影课程在我区 10 所小学得到有效推广,甚至辐射到市、省乃至全国。浙江省微电影项目教学基地、2017 年全国新教育卓越课程、“视像中国”远程教育项目、宁波市微电影教学基地、鄞州区数字影音实验室等一系列成果的获得也进一步打响了华泰小学微电影课程的特色办学品牌。

第十三章

Art Education

雅教育——创生美育教学全新视角

华东师范大学宁波艺术实验学校

《论语·述而》:“子所雅言,《诗》、《书》、持礼,皆雅言也。”其中“雅”有语言的规范之意,“雅”在《诗经》《周礼》中也有较多表述,后形成“雅言”“雅学”“雅乐”“雅道”等说法。华东师范大学宁波艺术实验学校的“雅教育”就是在继承和发扬中华传统文化精髓的基础上,遵循教育和学生发展规律,按“雅教育质量观”育人,按“雅教学价值观”施教的教育。

学校确立了“高雅学生、儒雅教师、和雅家长”的核心价值观,旨在通过“雅教育”环境的营造和熏陶,使学生渐渐高雅起来。艺术教育是审美教育,更是让孩子们走向高雅的主要抓手。学校构建“雅之韵”课程体系,目的是让学生有一项艺术特长,用艺术陶冶情操,使气质高雅起来,让孩子的眼睛“会说话”,巧手“传情感”。“雅之韵”课程体系包括雅视、雅音、雅形三大课程。

雅视依托极具特色的“纸为媒”课程,主要以九个工坊作为实施场所,采用项目化学习方式,以纸为媒介,以“古法造纸”为起点,将平时学生用过的废作业纸、废报纸收集起来,重新做成纸浆,再用纸浆为原料创作美术作品。学校通过引入省级非遗项目“竹纸”的全套制作工艺,让学生亲历造纸全过程,并与时俱进,改进造纸工序,创意造纸。通过学习学生每人至少掌握一种造纸方法,在探索与尝试中感受传统文化的魅力,从而有效唤醒学生的科学意识、环保意识、审美意识和地域乡情,成为优秀传统文化的传播者、继承者和创造者。

雅音课程主要包括声乐与器乐,经过分类指导、分层培养,已形成合唱队、管乐队、弦乐队、管弦乐队、混编室内乐、民乐队等。雅形课程主要包括中国民族民间舞蹈、芭蕾基训、少儿原创舞蹈。通过“有趣、兴趣、志趣”三个不同层级的培养,目前学校已经组建1～3年级的低段学生舞蹈队和4～6年级的高段学生舞蹈队,形成梯队建设。

艺术教育是审美教育,也是发展形象思维、激发创新意识的教育,具有很强的参与性和实践性。学校鼓励学生积极主动地参与艺术实践活动,亲身感悟艺术的魅力,不断丰富审美体验。打破学科界限,通过在不同学科、不同领域、不同文化环境下跨界学习,激发学生潜能,促进学生的多元性、综合性、持续性发展;转变学生学习方式,形成关键能力,培养主动性和创造性的能力素养。

一、"雅之韵"课程体系

华东师范大学宁波艺术实验学校的"雅教育"秉持"小学校·大雅堂"的理念,突出艺术办学特色。将艺术类课程整合为"雅之韵"课程体系,目标指向"审美雅趣",涵盖美术、音乐与舞蹈,重构为"雅视、雅音、雅形"三大领域,以"有趣层级、兴趣层级、志趣层级"为实施框架,实行艺术课程的走班制,实现了"人人有一张艺术课程表"。

华东师范大学宁波艺术实验学校的"雅之韵"课程在常态教学条件下进行,将艺术作为育人的手段,不只是让学生学会艺术技能,更强调以艺养德,以艺促雅,促进学生"审美雅趣"目标的实现。在艺术教育的过程中继承与弘扬中华优秀传统文化,绵延中华民族的"根"与"魂"。经过几年的探索,学校的艺术之花绽放甬城,学生艺术作品层出不穷,文艺演出、作品展览已成常态,且备受社会关注,形成了艺术教育品牌。

(一)"雅之韵"课程内容与实施

学校围绕着"一校一品"特色课程及"雅教育"校园文化建设的需要,建立了"雅之韵"课程体系,设置了"雅视、雅音、雅形"三大领域。依据学生艺术兴趣和艺术能力水平,分为有趣层级课程(分科施教,达成课标)、兴趣层级课程(关注个性,培养特长)和志趣层级课程(提高水准,培育精英),即艺术基础层级课程、艺术拓展层级课程和艺术拔尖层级课程,在"有趣、兴趣、志趣"三个层级中,教学内容相连递进,又呈现出各自的特点。

艺术基础层级课程基于学生"有趣"需求的常规模式,面向全体学生,采用班级集体授课制。义务教育阶段的艺术教学不是培育艺术家,而是面向全体学生,培养其追求高雅的生活方式。针对普通学生要从他们的有趣需求出发,帮助他们体验、尝试艺术,在艺术中发现自我,获得快乐,为此,该校构建了学生、资源和教师三个层面的操作流程。艺术基础层级课程由本校音乐、美术专职教师采用班级集体教学的形式,在国家课程的基础上形成有趣、特色的校本课程,突出趣味性,让每个学生喜欢上有趣的音乐课、美术课。

艺术拓展层级课程基于学生“兴趣”需求的特长模式，面向部分有艺术特长的学生，采用年级段走班授课的形式。学生有了艺术方面的兴趣就会有特长形成的需求，学校为学生提供各种才能发挥的空间，使学生在表现中获得艺术特长上的自信和发展动力，有声乐、舞蹈、器乐、美术四大领域的艺术拓展课程体系，以走班制的形式，每周安排4～6个课时，让学生根据自己的兴趣和特长，选择艺术特长项目进行学习。学校聘请宁波市一流的艺术教育专家进行授课。艺术拓展层级课程重点是突出该艺术项目技能的专业性，发展学生艺术特长。

艺术拔尖层级课程基于学生“志趣”需求的精英模式，面向少数艺术上有天赋的学生，采取全校走班授课的形式。针对艺术上很有天赋的个别学生，有获得高超艺术技能的需求，学校提供最好的师资和条件，助力其成为出类拔萃的艺术人才。学生在艺术拓展层级课程学习的基础上，学校聘请艺术大师进校园，采用全校混年龄走班制的形式，每周安排2～4个课时，提供最高端的师资和教学条件。目前该校成立了精英美术创作校队、原创舞蹈校队、江南丝竹乐队、弦乐队、“雅韵童声”合唱校队等。

以上基于“三趣”需求的三大学习模式、三个层级艺术课程，从全体到个别，由浅入深，循序渐进。对普通学生的教学更偏重于兴趣与快乐的审美素养培养；对特长学生的教学上更偏重于优秀展演素养的培养；对出类拔萃学生的教学更偏重于高超技能素养的掌握。

（二）“雅之韵”课程的评价

“雅之韵”课程采用基于激励作用的多元化课程评价体系，主张采用过程取向和主体取向的评价，既关注学生参与艺术实践活动的经历、艺术课程学习水平，也关注参加艺术类的表演、展览、竞赛等活动。强调评价主体自我反思、自我评价的能力。探索采用“雅量评价、雅质评价、雅性评价”等多元化的评价体系，反馈学生的学习现状，激励学生朝着新的目标不断努力。

“雅之韵”课程评价体系

评价的种类	评价的性质	评价的价值取向
雅量评价	过程性评价	关注艺术学习过程，激励不断进步
雅质评价	表现性评价	关注艺术专场表演、展览，展示个人或集体艺术成果
雅性评价	结果性评价	关注艺术竞赛活动，检验水平，寻找差距

评价方面，采用“学科卡”“艺术卡”“艺术之星”三个层面的评价，既针对全体学生，又能激励特长学生和精英学生，在学习的过程中发挥评价的激励作用，让学生有明确的逐级提高的努力方向。

二、雅视品牌“纸为媒”

（一）“纸为媒”课程概况

学校创建“雅视”品牌，实施“纸为媒”课程开发与研究，培养学生创意素养，通过转变学习方式，加强项目化、主题化、系列化的应用实践以及跨学科、跨领域、跨文化的融合。

自实施“纸为媒”课程以来，学校建立了四条创意生长的研究路径，以文化的浸润为始，逐步让学生自由创想，进行综合创意，最终达到实际应用的目的。通过不断的实践探索，寻找到创意萌发的七个要素：主题、材料、技法、造型、组合、展示、评价。将七要素融入课程体系方面，开展了九大项目化课程：纸浆智造、古法造纸、百变折纸、缤纷染纸、纸藤编织、剪纸工坊、衍纸部落、纸版拓印、纸形纸塑。在探索项目化、主题化、系列化的学习过程和实施途径中，形成一套量化评价方案：1 会、3 能、6 艺、9 坊、12 式、36 技、72 变。在课程实施期间举办了梁祝、DIY 服装秀、化蛹成蝶等主题展览，让课程成果得到完美的展现。

结合理论与实践，华师大宁波艺术实验学校建构了“纸为媒”课程的基本框架和实践体系，从而有效培养学生的工匠精神、材料意识、工艺意识、空间概念、整体思维、想象能力和创意思维等，实现学生创意素养的多元性、综合性、持续性发展。

学生创作的“梁祝”主题纸版画和“化蛹成蝶”立体造型

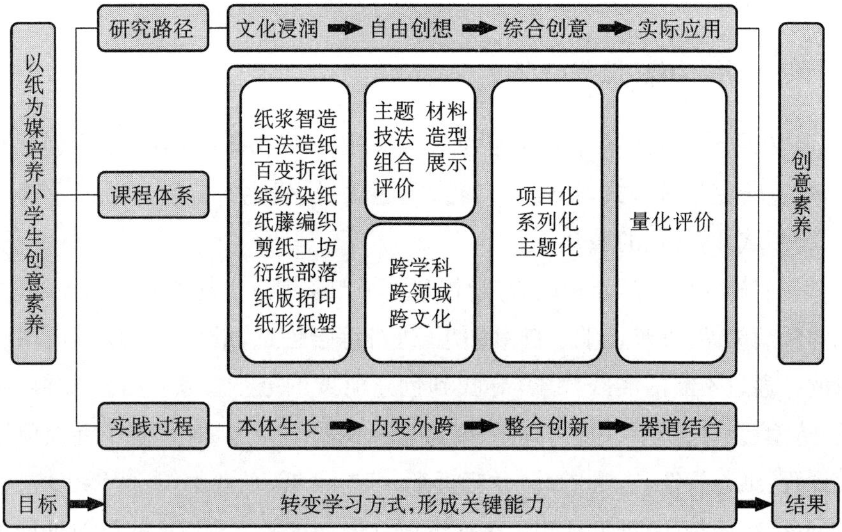

“纸为媒”课程的基本框架和实践体系

（二）“纸为媒”课程体系

1. 传承与创新“古法造纸”工艺

在“纸为媒”课程中，学生所用的材料都是利用废旧纸张加工而成的，由此使学生明白垃圾分类与利用的重要性，从而树立起环保意识，作品的创意与创作培养了学生的发散思维和创作兴趣，整个过程提高了学生的动手能力，并在共同合作的过程中掌握交流沟通的方法和技巧。

“古法造纸”工艺的引入是为了帮助学生亲身体验造纸的全过程，增强对造纸工艺的科学认识，了解造纸技术对社会和文化所产生的影响。

(1) 传承非遗，体验古法工艺

为了能够更好地传承传统技艺，该校教师走进奉化棠岙，不仅引进省级“非遗”竹纸的全套制作工艺，更聘请了棠岙造纸专家多次来学校进行指导，让每一个学生都能亲身体验古法造纸的全过程，初步感受切麻、洗涤、浸水、蒸煮、舂捣、打浆、抄纸、晒纸等工艺。

(2) 因地制宜，改进造纸流程

棠岙造纸专家进校园指导

为了使古代造纸工艺在学校教学中得到更好的实施，符合小学生学习的实际要求。学校引入纸浆机，简化打浆流程；用纱网替代纸帘、用塑料池当抄纸槽，替换传统抄纸工具，以适应学生体力；用电热墙、烘衣机替代传统的烘房，降低晒纸成本。这一系列工艺设备的改造，为开展各类造纸体验活动提供了有利的条件，让纸张制作成为每个人都能胜任且乐于尝试的一项活动。

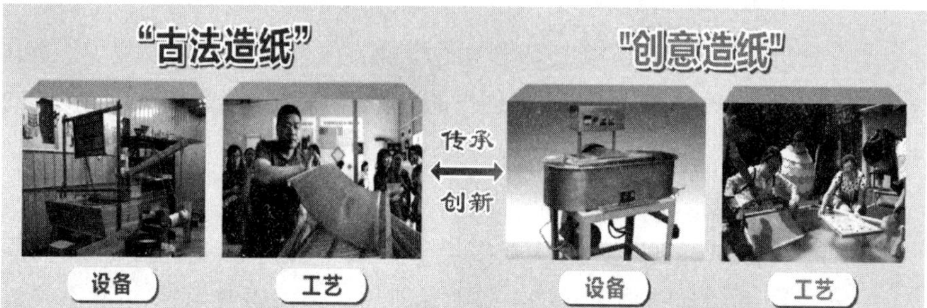

改进造纸流程，设备工艺传承与创新

(3) 与时俱进,创意造纸

在课程体系“3 能”评价的要求中,不仅要让学生人人会造纸,而且要求每人都能制造出 3 种以上风格迥异的手工纸,这促使学生在造纸的每个环节萌发创意。在开展的创意造纸活动中,学生会将自己收集的废纸,用纸浆机打碎成再生纸浆,然后再添加进碎布料、木屑、花瓣等纤维,最后进行染色,从而制作出颜色、纹理、材质不同的手工纸。例如,在宁波书城举办的活动中,该校学生定制了不同尺寸、肌理的特殊纸张,制成长 8 米、高 3 米且骨质纹理清晰的恐龙纸模。

通过制造手工纸,学生不仅能在实践中进一步了解材料选择、工艺变化、肌理纹路对纸张制造的影响,而且能在探索与尝试中感受造纸术的演变给文化、生活所带来的深远影响,从而有效唤起学生的科学意识、环保意识、审美意识和地域乡情。

风格迥异的手工纸

宁波书城《远古的呼唤》恐龙折纸作品展

2. 建构与拓展“百变折纸”课程

“百变折纸”课程的建构主要是为了增强学生对折纸技艺的认识,提升学生对纸艺变化的体验,积累纸艺创作的经验,为后续“纸为媒”课程领域的拓展奠定基础。

(1) 技法开发,一形多变,举一反三

师生从“百变折纸”入手,从众多操作方法中提炼出 2 种符号、3 种原形、6 大方法,并归纳整理出 9 个一级基本形、36 个二级基本形、108 个三级变式,形成了“百变折纸”拓展课程教学结构图。学生在认识掌握 2 种符号(峰线、谷线),学会“3 形”(方形、圆形、多边形)和“6 法”(对折、连折、内翻折、外翻折、凹陷折、剪贴画）后，就能运用基本形举一反三、层层推进，创造出个性迥异的折纸作品。这一过程让学生认识到折纸具有无限的可能性，并对折纸创造从无到有、从简到繁的方法产生了兴趣。

学生尝试“百变折纸”

学生制作的纸三角装饰品

(2) 学法探索，内变外跨，推陈出新

师生借助对折纸本身技法的革新与创造，结合了不同领域的智慧和经验，从而探索出折纸的主题、材料、技法、造型、组合等“7 法”“3 跨”“21 变”，帮助学生积累折纸创意的活动体验。

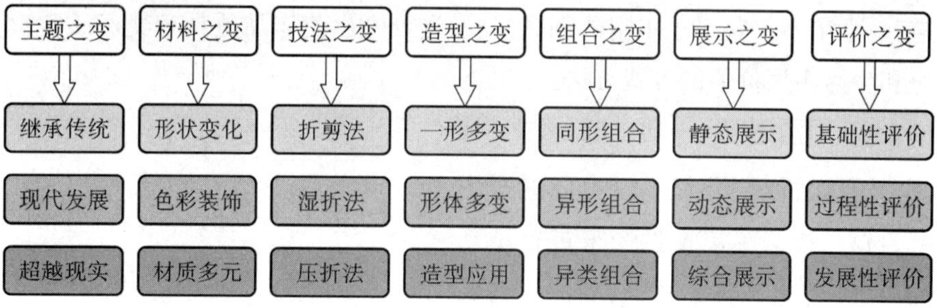

“7 法”“3 跨”“21 变”

如“主题之变”，学生既可以选择传统的农耕牧渔、现代的机械航空，也可以选择未来的科技幻想，制造出古船、战舰、四脚神兽等。“材料之变”中可以将无纺布、塑料、金属、纳米材料等交叉使用，跨界整合。“技法之变”中可以借鉴雕塑中的湿折法、运用刻绘机刻出复杂折痕，使折纸作品呈现出塑性与韧性等不同质感风格。

在展示和评价中运用内变外跨的思维，也能带来意想不到的效果。如该校学生将自己制作的纸艺服装与舞台表演整合，就成了服饰文化的演绎。从评价环节来说，可以从美术教师评价到非美术学科教师评价，再到同伴、家庭、社会的评价；也可以从作品展示到视频、图像、微信、QQ 的展示；还可从静态展示到节目化动态展示，这些都能激起学生折纸的新情趣、新动力。

“内变外跨”示意图

总而言之，“7 法”“3 跨”“21 变”，变的是“跨界之法”，创的是“融合之道”。学生不仅获得了丰富的创意经验，还摸索出使作品更具有美术欣赏价值和生活实用价值的方式方法。

(3) 用法跨界，一功多能，触类旁通

“百变折纸”课程不仅可以通过主题、材料、技法等单一途径来进行革新与发展，还能够实现视野、功能、风格、形象及属性的创新跨越，更可以综合运用多种途径，实现造型百变、多元跨界的教育价值。以传统的“千纸鹤”基本形为基础，转换不同花色、材质、大小的纸张，就能折叠出三头鹤、书签鹤、扇尾鹤等不同造型。同理，运用上述所说的

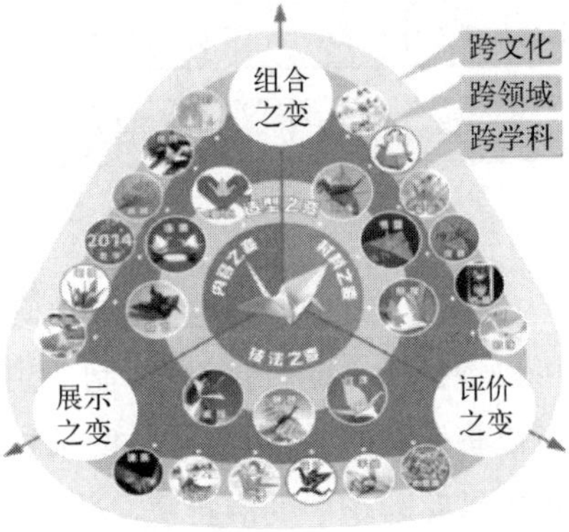

纸鹤基本型“内变外跨”示意图

主题、技法的改变，就产生了造型百变的纸鹤作品。

在此基础上再展开跨文化、跨学科、跨领域的实践，结合“组合、展示、评价”等要素，创造出风铃鹤、信笺鹤，并根据不同需要通过广场展示、公益活动等进行交流评价。由点到线再到面，层层发散，打破思维定式，形成新的视角结构。

(三) 生成与深化“以纸为媒”的综合创造

纸艺的综合创造赋予了作品鲜活的生命力，学生不仅能基于单一的表现技法展示自己对文化的理解，更能基于“9 坊”“12 式”“36 技”的综合运用，创造出丰富、灵动、内涵深刻的作品，表达对艺术、生活的理解与赞美。

学习纸艺的技法可采用“以点带面”的策略，实现纸艺技能与认知的有效迁移。该校在“百变折纸”的基础上，不断汲取不同美术形式的精髓，衍生出九大美术工坊。纸艺工坊让学生以“玩”的形式构建教学过程，在“折、剪、刻、绘、印、染、拼、贴、压、扎”等 36 种技法的基础上，迁移、重组、拆分、迭替，推陈出新；又以“坊”的形式承载主要课程，全程深度互助，从而享受“人人为师，人人创造”的乐趣，创作出众多妙趣横生的佳作。

九大工坊既可独立存在，也可两两组合，还可多元整合，形成线性、链式、网状等不同创意形态，打造环环相扣、互为融通的课程体系。

“纸为媒”九大工坊

学生正在创作缤纷染纸

(四) 形成与发展“器道结合”的创意素养

纸艺的教育价值不仅在于美术教学价值，还在于其他学科、其他领域、其他文化中可创造性应用的价值。因此，该校通过整合、跨界与创生，促进纸艺项目化、主题化、系列化实施，实现在不同学科、不同领域、不同文化环境下的跨界创造。

1. 以纸为媒，跨学科，促动知识融合

纸艺与学科的整合，有助于纸艺本身及其他学科从另一视角发现更多的可能性。如在“百变花瓶”的实践中，需要解决的是插花的植株过高、过重而导致花瓶不稳的问题，要对花瓶的高度、重量、底面积和材质进行研究改良。常态的玻璃或者陶瓷材质花瓶，因外观不易变形的客观因素会给研究带来阻碍。在项目学习中，学生选择“纸三角”作为基础素材，通过有计划地改变花瓶的高度、底面积，改变纸张的材质、叠加层次来进行项目研究，经历了问题提出、假设检验、数据分析、效果检测等系列过程，最终完成项目报告，提升了实际问题解决能力。

学生在“百变花瓶”实践中制作的纸花瓶

2. 以纸为媒，跨领域，促进能力提升

主题化综合创意活动能打破学科界限，激发学生潜能，锻炼学生能力，促进学生的多元化发展。如学校开展以“一带一路”为核心内容，聚焦“衣食住行”四大领域，形成十里红装（家居）、追梦东方（服饰）、江南水乡（建筑）、宁波海鲜（美食）等十个单元的主题化学习序列，以艺术为基点，实现艺术与科学、人文学科之间的跨界融合。又如，该校学生曾以“世博情”为主题，设计制作了千余件不同造型的作品，参展上海世博会，并独立组队完成布展、组织、宣传、义卖等活动。

"世博情"主题活动

3. 以纸为媒，跨文化，促成情感升华

纸艺总能以小小的作品寄托浓浓的文化情丝。例如，中日韩"纸为媒"文化交流，香港圣雅阁小学结对文化互访；又如，世界华人美术大会主席陈怡倩女士带领大会主席团全体成员考察该校，并邀请学校师生参加世界华人美术大会。学生在这一系列活动中，不仅提高了综合素养，学会理解和沟通，还体会了跨国文化，培养出具有一定国际视野的小公民。

从实践研究的效果看，"纸为媒"创意素养的实践应用既打破了现有美术教学的壁垒，又创生了美育教学的全新视角，为基础教育注入了新的生机与活力。学生通过"纸为媒"课程学习，人人能造纸，并能在"古法造纸"基础上能制作 3 种以上手工纸；全校 92％的学生掌握了 6 种艺术形式；81％的学生能准确选择花纹、肌理、材质不同的"12 式"纸张，运用"36 技""72 变"，创作出创意纷呈、妙趣横生的作品。

三、雅形品牌"舞韵飞扬"

为了提升全体学生艺术素养，提升艺术教师专业能力，凸显舞蹈的特色品牌，满足不同学生对舞蹈学习的需求，进一步深化学校艺术特色，实现区域舞蹈发展资源共享，该校依托"雅之韵"课程体系中的雅形课程，创建实施小学舞蹈“三级课程”。针对不同程度的学生，按照舞蹈学习的常规、特长、精英三种级别，安排不同的教学内容，采取不同的课程形式、实施策略、课程评价，真正做到因材施教、有教无类。

(一) 舞蹈“三级课程”的设置

依据学生艺术兴趣和艺术能力水平，在雅形课程框架下，学校将舞蹈“三级课程”分为“快乐舞蹈，第一级课程”“储备人才，第二级课程”“自信绽放，第三级课程”。在三个层级中，教学内容层层递进，又呈现出各自的特点。

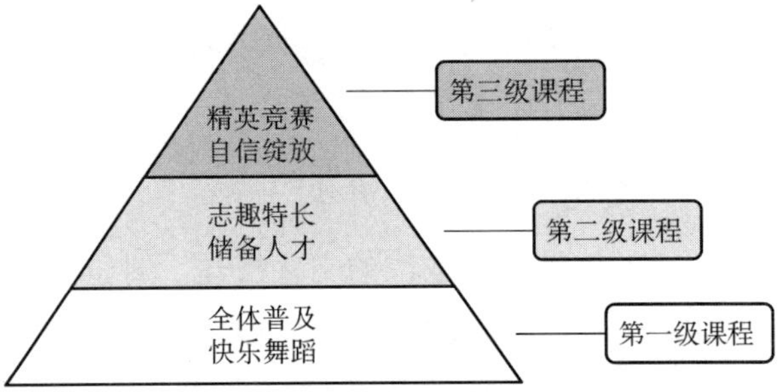

小学舞蹈“三级课程”结构图

第一级课程“快乐舞蹈”为普及性课程，面向全体学生，每周 1 次课，时长为 70 分钟。以班级授课形式，人人参与，让每一个学生都体验舞蹈艺术，感受舞蹈的快乐。

第二级课程“储备人才”，面向有志趣的或在舞蹈方面有特长的学生，以一个年级为单位，在同年级内实行走班制，以小班化的形式授课，每周 2 次课，每次时长为 70 分钟。通过第二级课程的学习，培养舞蹈特长，学生们除了掌握基本的舞蹈技能以外，还能欣赏舞蹈，评价舞蹈，提高审美能力。

第三级课程“自信绽放”，面向在舞蹈方面实力最佳的一部分学生，通过教师与家长、学生的双向选择，突破年级的局限，以全校走班形式，每周 1 次课，每次时长为 90 分钟。在有演出或比赛任务时，适当增加课次及课时进行集训。学校为这一部分的学生提供走上舞台的机会，参与各类的演出及比赛，让他们得到更好的展示平台。

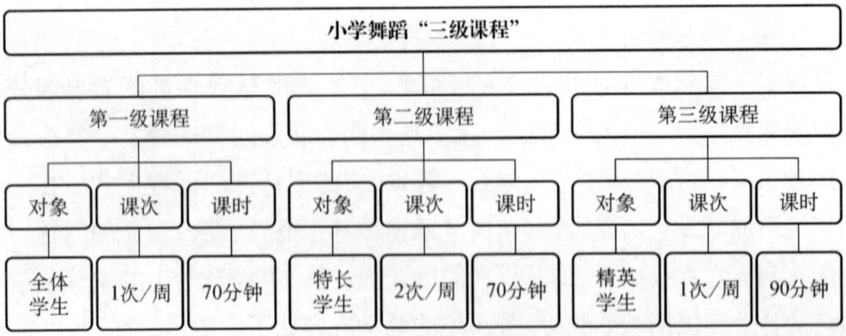

小学舞蹈“三级课程”实践操作表

(二)舞蹈“三级课程”的实施

按照课程设置，第一级课程、第二级课程、第三级课程分层实施。

1. 第一级课程

第一级课程以形体芭蕾为主要授课内容，着重训练学生的芭蕾基本功，即脚位、手位、方位和将来组合中所要用到的舞蹈动作元素。根据第一级课程教学进度表，训练学生逐步熟悉芭蕾术语和芭蕾技术特点，培养学生对简单组合掌握的协调性、准确性及控制能力，对不同的音乐风格有所理解和表达，并且在舞蹈学习中增强自信，提高沟通表现能力。

第一级课程教学进度表

一年组	以形体芭蕾作为舞蹈启蒙，培养舞蹈兴趣；养成良好的舞蹈习惯
二年组	养成良好的站姿、坐姿习惯；加入简单的软开度训练和地面组合训练，培养身体直立与腿部伸直、外开的意识
三年组	解决基本的软开度，加强地面组合训练，并加入简单的把上训练；了解简单的芭蕾术语
四年级	在地面组合与把上组合的基础上，加入中间训练；能够演绎简单的风格性组合和小舞蹈
五年级	能简单了解芭蕾艺术的发展史，欣赏、评价芭蕾舞剧中的各个经典片段
六年级	能较深入地理解芭蕾艺术的发展史，理解不同时期的芭蕾艺术特征；能欣赏、评价完整的舞剧，可以从舞蹈的动作、音乐、服饰、道具等方面分析舞蹈人物的特点

2. 第二级课程

根据不同年级专业水平的不同需求，第二级课程教学进度表再细分为三门子课程，分别为中国舞课程、芭蕾基训课程和民间舞课程。一年级开设中国舞课程，旨在培养学生的学习兴趣，适应舞蹈特殊的课程形式。在二至四年级增加开设芭蕾基训课，解决舞蹈中最基本的开、绷、直、立的问题。学生进入到五六年级后，增加开设民间舞课程，进一步提升学生的舞感。根据制订的各个年级的教学目标，各年级的教学内容如下表所示。

二级课程各年级教学内容

一年级舞蹈专业教学内容
(1) 学习舞蹈的基本体态(包括站姿、坐姿等)，养成良好的舞蹈习惯 (2) 基本解决学生的身体软开度 (3) 掌握简单的地面基训内容 (4) 学习中国舞蹈家协会中国舞蹈考级第三级的考级内容并通过该等级的考级测试
二年级舞蹈专业教学内容
(1) 进一步提高身体软开度的要求，为芭蕾基训以及舞蹈表演打好基础 (2) 学习中国舞蹈家协会中国舞蹈考级第四级的考级内容并通过该等级的考级测试 (3) 学习芭蕾舞的基本体态，基本手位、脚位，解决芭蕾舞的直立问题 (4) 通过学习，初步达到芭蕾舞的开、绷、直、立等基本要求 (5) 学习舞蹈小片段，提高舞蹈协调性，培养舞感和乐感
三年级舞蹈专业教学内容
(1) 进一步提高身体软开度的要求，为芭蕾基训以及舞蹈表演打好基础 (2) 学习中国舞蹈家协会中国舞蹈考级第五级的考级内容并通过该等级的考级测试 (3) 学习芭蕾基训内容，解决芭蕾舞的直立问题 (4) 通过学习，达到芭蕾舞的开、绷、直、立等基本要求 (5) 学习舞蹈小片段，提高舞蹈协调性，培养舞感和乐感
四年级舞蹈专业教学内容
(1) 进一步提高身体软开度的要求，为芭蕾基训以及舞蹈表演打好基础 (2) 掌握简单的舞蹈技巧 (3) 学习中国舞蹈家协会中国舞蹈考级第六级的考级内容并通过该等级的考级测试 (4) 通过学习，达到芭蕾舞的开、绷、直、立等基本要求 (5) 学习舞蹈小片段，提高舞蹈协调性、培养舞感和乐感

续 表

五年级舞蹈专业教学内容
(1) 进一步提高身体软开度的要求，为芭蕾基训以及舞蹈表演打好基础 (2) 掌握简单的舞蹈技巧 (3) 学习中国舞蹈家协会中国舞蹈考级第七级的考级内容并通过该等级的考级测试 (4) 通过学习，达到芭蕾舞的开、绷、直、立等基本要求，加入足尖训练 (5) 掌握藏族舞的基本体态、动律、基本步伐，掌握其风格特点 (6) 掌握东北秧歌的基本体态、动律、手绢花技巧，掌握其风格特点
六年级舞蹈专业教学内容
(1) 进一步提高身体软开度的要求，为芭蕾基训以及舞蹈表演打好基础 (2) 掌握简单的舞蹈技巧 (3) 学习中国舞蹈家协会中国舞蹈考级第七级的考级内容并通过该等级的考级测试 (4) 通过学习，掌握芭蕾舞的开、绷、直、立等基本要求，加入足尖训练 (5) 掌握蒙古族舞蹈的基本体态、动律、基本动作，掌握其风格特点 (6) 掌握维吾尔族舞蹈的基本体态、动律、基本动作，掌握其风格特点

第二级课程教学进度表

中国舞	
一年级	培养舞蹈兴趣，养成良好的舞蹈习惯，掌握中国舞蹈家协会中国舞蹈考级三级内容
二年级	解决身体软开度，认识舞蹈表演性，掌握中国舞蹈家协会中国舞蹈考级四级内容
三年级	进一步巩固软开度，教授简单的地面技巧，掌握中国舞蹈家协会中国舞蹈考级五级内容
四年级	巩固身体软开度，教授简单的中间技巧，掌握中国舞蹈家协会中国舞蹈考级六级内容
五年级	加强身体软开度要求，加入简单的技巧，掌握中国舞蹈家协会中国舞蹈考级七级内容；提升舞感
六年级	掌握一定的技巧动作，掌握中国舞蹈家协会中国舞蹈考级八级内容，理解舞蹈内涵，鼓励二次创作
芭蕾舞	
二年级	兴趣舞蹈，以地面组合为主，规范地面动作，培养上身的直立感，感受开、绷、直、立的美感
三年级	以地面组合为主，加入把上练习，学习简单的芭蕾术语，感受开、绷、直、立的美感
四年级	地面、把上、中间的系统训练，初步解决开、绷、直、立的问题；加入小舞蹈的教授与学习
五年级	课程逐渐专业化，加强腿力量和脚腕力量的训练，进行半脚尖和重心转换训练，为立足尖打好基础
六年级	地面、把上、中间的系统训练，尝试立足尖；成品剧目的学习

续 表

民间舞	
五年级	掌握藏族、傣族舞蹈的风格特点，学习基本动律、基本手型、基本步伐，完成表演性组合
六年级	掌握藏族、蒙古族舞蹈的风格特点，学习基本动律、基本手型、基本步伐，完成表演性组合

3. 第三级课程

第三级课程每学年完成1～2个成品群舞的学习与排练，每两年创作一个原创舞蹈作品。根据第三级课程教学进度表，让学生在排练的过程中培养团队意识，提高学生舞蹈表演的表现能力与创作能力，所排练的剧目参加各类比赛与演出，让学校的舞蹈特色具备更强的竞争力。

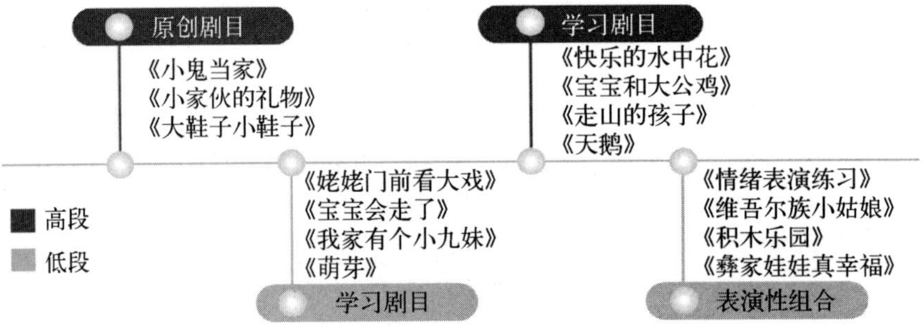

第三级课程教学进度图

(三) 舞蹈“三级课程”的评价与拓展

1. 舞蹈“三级课程”的评价

为了积极促进舞蹈艺术在校园内的普及与发展，学校用具有过程性、激励性的方式进行评价，改变传统的单一评价模式，让学生有各自不同的努力方向。面向“学科卡”“艺术卡”“艺术之星”三个层级的评价，既针对全体学生，又能激励特长学生和精英学生。

“学科卡”即在第一级课程中面向全体学生，由授课老师采用当场评价的方式，课堂表现优秀的学生在每周课程结束时可以获得一张。

课程评价体系一览表

级别	课程	评价周期	评价条件	评价主体
学科卡	一级课程	每周1次	课堂表现优秀	形体老师
艺术卡	二级课程	每月1次	校级以上表演	舞蹈专业老师
艺术之星	三级课程	每学期1次	累计艺术卡10张以上,或在区级以上艺术比赛中获奖、电视台展演、被市级以上新闻媒体报道等	校艺术发展中心

“艺术卡”即在第二级课程中面向舞蹈特长学生,同时还借助中国舞蹈家协会的舞蹈考级机制,经过一年二级课程的学习,学生需要通过中国舞蹈家协会的舞蹈考级。一年级学生需通过三级考试,以此类推。

“艺术之星”即在第三级课程中面向舞蹈校队学生,通过参加教育行政部门组织的各级各类比赛、展演来评价。校舞蹈队的学生要获得“艺术之星”的荣誉必须代表学校参加区级以上教育行政部门组织的艺术比赛并获奖,或参加区级以上演出,得到区级以上新闻媒体的宣传报道,等。

学校舞蹈“三级课程”评价体系的设计与实施,使校园艺术氛围更加浓厚,这不仅提升了全体学生艺术素养和艺术教师专业能力,更凸显了学校舞蹈的特色品牌。舞蹈项目也在教育行政部门组织的各项艺术展演中硕果累累。共荣获省级一等奖2次,三等奖1次;市级一等奖4次;区级一等奖5次。学校被评为鄞州区中小学艺术特色(舞蹈)项目培育基地及宁波市艺术联盟第一批理事单位,充分展现了该校舞蹈艺术的传承与创新,并在省、市、区具有一定影响力。

2. 小学舞蹈原创作品的探索

随着学生舞蹈表演能力的不断提升,创意思维悄然萌发。2014年3月,学校开始着手尝试创作原创舞蹈作品。该校教师遵循艺术创作的共性与个性,以情感为基础,创意为动力,立足儿童的身心特点,从儿童独特的视角出发,在作品的选材、构思、表现手法上深入挖掘,创作了一个个具有童真童趣、富有时代风貌的舞蹈作品。

第一个原创少儿舞蹈《小鬼当家》的灵感来源于孩子们在超市购物的场

景。孩子在超市推购物车时不会像大人一样只把它当作装载物品的工具，他们会把它当作碰碰车、滑板车、代步车……抓住这一情感表达方式，利用购物车，将扩指、勾脚、跳跃、滑等元素，设计成艺术化的主题动作，充分展现孩子们活泼好动的天性。在舞台调度上，选用大量的直线调度来表现孩子们看到超市里琳琅满目的商品后，准备热火朝天地大干一场的情境，这一设计，不仅充分利用舞台方位和空间，丰富画面感，更变化了舞台节奏，增强其戏剧性。孩子们推着满满一车的礼物盒出现在舞台上，原来这是他们从超市买来，要送给爸爸妈妈、爷爷奶奶、外公外婆的礼物。至此，舞蹈作品所表达的寓意得以体现与升华，观众们无不被这群天真活泼、真挚热情的孩子们所感动，孩子们更是用他们所喜爱的方式，学会爱，表达爱。这个作品在2014年浙江省中小学生艺术展演活动中获得小学群舞组比赛一等奖。

原创少儿舞蹈《小鬼当家》

第二个原创少儿舞蹈作品《小家伙的礼物》的切入点是在母亲节来临之际，一群活泼可爱的孩子想用自己的画笔为妈妈画一条漂亮的花裤子作为节日礼物。该舞蹈巧妙地运用道具，加上舞台上多层次的造型结构变化和30名舞蹈队员的精彩表演，得到舞蹈界专家们的一致好评，先后获得市级、省级一等奖。今年，他们的第三个原创少儿舞蹈已经开始着手准备了。

在华东师范大学宁波艺术实验学校，艺术不是目的，而是手段。学校旨在通过“雅教育”，用一项艺术特长来陶冶孩子的情操，让孩子的眼睛会说话，让孩子的气质高雅起来。党的十九大以来，习近平总书记多次强调要传承和弘扬中华优秀传统文化，他指出："中华文明源远流长，孕育了中华民族的宝贵精神品格，培育了中国人民的崇高价值追求……"我们认为，能够代表中华优秀传统文化精髓，体现中华民族精神品格和崇高价值追求的，就是"雅"！中国乃礼仪之邦，"雅"代表着中国古代礼仪规范之正统，学校作为传承和发扬优秀传统文化的重要场所，有责任和义务传承与发扬好"雅"，让"雅"在校园扎根、开花，结出累累硕果。

原创少儿舞蹈《小家伙的礼物》

华师大宁波艺术实验学校的艺娃们，就像一株株才露出尖尖角的小荷，沐浴在艺术的阳光里，汲取着艺术土壤的养分，静待着绽放的花期！孩子们正在用点滴汗水，浇灌着自己的艺术成长之路。我们希望看到艺娃们能够踏踏实实、坚韧不拔地一路走下去，这一路的风景，必将成为他们一生的财富，享之不尽，用之不竭！

后记

在国家系列政策导向下，艺术教育受到了前所未有的重视，艺术教育综合改革得以进一步深化。鄞州区的艺术教育正是在这样的时代背景中不断优化提升，以战略的眼光、开放的思维探索与前进。本书的编撰汇集了鄞州区艺术教育的创意与智慧，站位在艺术教育品质有效落实的基础上，强化区域优势，构建艺术教育项目课程，拓宽乡村艺术教育思维，一个个鲜活的艺术教育实验案例纷纷呈现。

本书由鄞州区教育局局长王建平、副局长仇建辉主持与统稿，区教育局体艺卫科励明海科长、胡红霞老师参与组织和协调，区音乐教研员周琦与美术教研员周信达负责书稿框架的搭建和理念的提炼，宁波市镇安小学林小桃作为项目组的学术秘书，对具体工作进行有效落实。

在书稿的撰写过程中，我们有幸得到了教育部《义务教育音乐课程标准》研制组组长王安国教授、教育部《义务教育美术课程标准》研制组组长尹少淳教授、浙江省正高级特级教师骆建钧的指点，在此一并致谢，感谢他们为鄞州区艺术教育辛勤的付出与贡献的力量。

本书的编撰离不开鄞州区各个特色艺术教育学校相关校长的支持与各位艺术教师的供稿，他们分为鄞州实验中学(李优治、朱佳娴)，宁波市第七中学(崔景刚、吴相撑)，鄞州区塘溪中学(蒋勇、程金和)，华东师范大学宁波艺术实验学校(陈伟忠、徐波、姜全林、余应勇、王倩、蒋燕),鄞州区横溪镇中心初级中学(程思傲、沈海明),宁波市新城第一实验学校(陆琦、邵利萍、范赡尹、张璐),鄞州外国语中学(王海浩、李晨辉),鄞州区董玉娣中学(王勤勇、蓝霞),宁波市荷花庄小学(陈跃旭、卓玲儿),鄞州区咸祥镇中心小学(钟辉、徐建科),宁波市四眼碶小学(刘光霞、张挺峰),鄞州区塘溪镇第二中心小学(童士峰),宁波市行知实验小学(谢增焕、水波),鄞州区华泰小学教育集团(许颖、孙行旭、邵盈燕),鄞州区江东中心小学(竺柯斌、陈珺、黄颖),鄞州区王笙舲小学(王洪波),鄞州区云龙镇甲南小学(陈兵、俞丹),鄞州区东吴镇中心小学(李碧湧、钱文倩),鄞州区东南小学(纪峥斌、胡敏)。

鄞州区的艺术教育还在持续发展推进,全方位整合提升品质,深化与更新艺术项目课程,传承地域特色,发展乡村艺术教育,培养具有艺术水准、审美能力和综合素质的未来公民,适应时代发展的节奏。让鄞州艺术教育在创新实践中聚力与延伸,积聚能量,诞生、创造更多的可能性,绘出鄞州艺术教育最润泽、最美丽的风景。